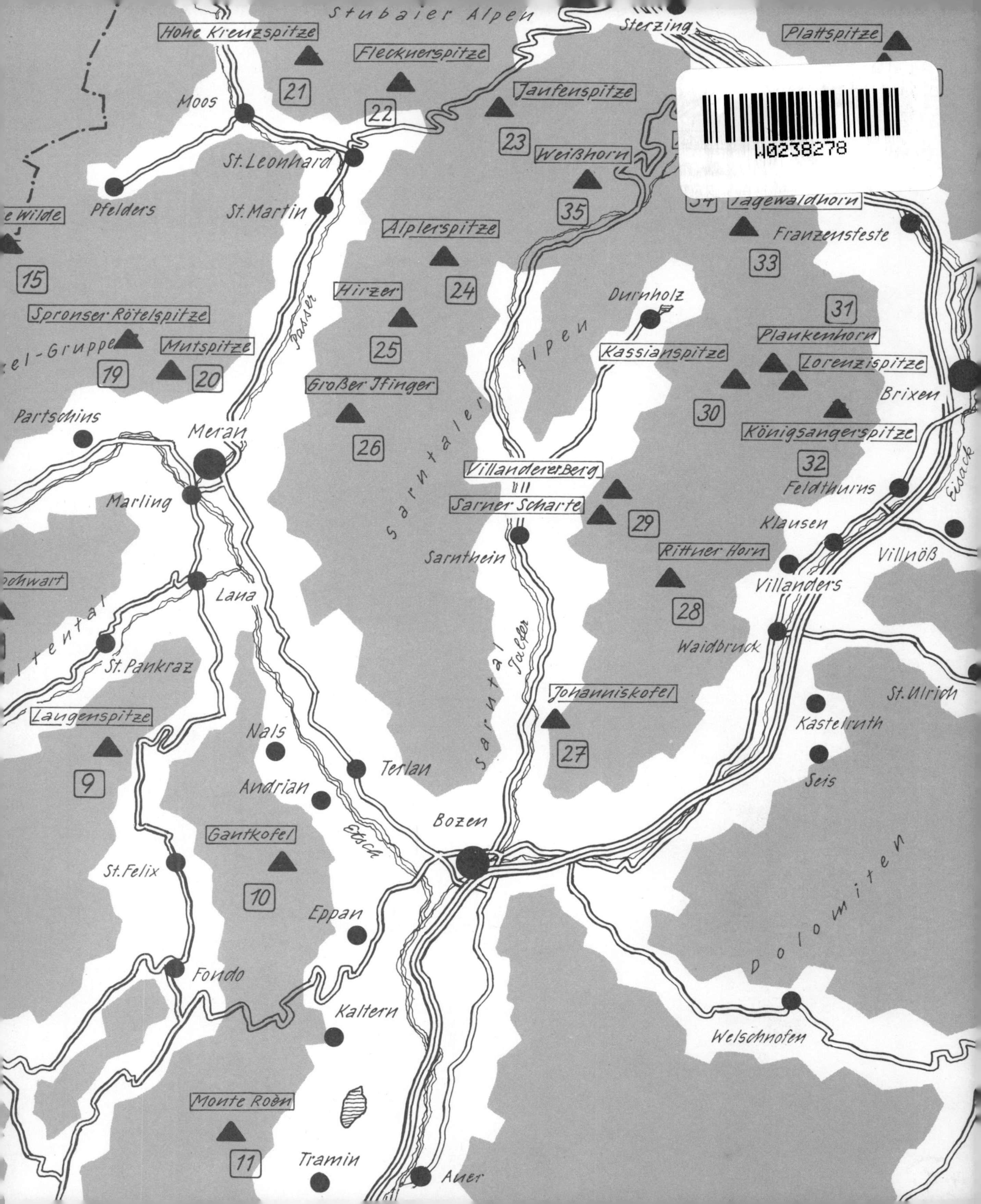

Stubaier Alpen
Sterzing
Hohe Kreuzspitze
Plattspitze
Fleckuerspitze
21
Moos
22
Jaufenspitze
23
St. Leonhard
Weißhorn
Pfelders
St. Martin
35
Wilde
Jagewaldhorn
Franzensfeste
Alplerspitze
15
33
Hirzer
24
Durnholz
31
Spronser Rötelspitze
el-Gruppe
Mutspitze
25
Sarntaler Alpen
Kassianspitze
Plankenhorn
Lorenzispitze
19
20
Großer Jfinger
Partschins
30
Brixen
Meran
26
Königsangerspitze
32
Villandererberg
Eisack
Marling
Sarner Scharte
Feldthurns
29
Klausen
Sarnthein
Villnöß
Rittner Horn
Lana
Villanders
28
Waidbruck
St. Pankraz
Talfer
St. Ulrich
Johanniskofel
Langenspitze
Sarntal
Kastelruth
Nals
27
9
Terlan
Seis
Andrian
Bozen
Gantkofel
Etsch
St. Felix
Dolomiten
10
Eppan
Fondo
Kaltern
Welschnofen
Monte Roën
11
Tramin
Auer

Gipfelziele
Südtirol

Helmut Dumler

Gipfelziele

Südtirol

50 Touren
zwischen Ortler und Pustertal
sowie vom Brenner
bis zum Kalterer See

mit 101 Fotos, davon 88 in Farbe,
15 Fotos mit eingezeichneten
Anstiegsrouten, 45 Kartenskizzen
und einer Übersichtskarte

Bruckmann München

Einband-Titel:
Am Gipfel der Jaufenspitze (Tour 23).

Einband-Rückseite:
links: Auf dem Weg zum Rittner Horn bei der Villanderer Alm (Tour 28/29), Blick zu den Dolomiten;
rechts: Die Fanealm mit der »Klamm« am Weg zur Wilden Kreuzspitze (Tour 40).

Gegenüber der Titelseite:
Am Gantkreuz (Tour 10). Ausschau ins Etschtal und über Meran auf die Texelgruppe.

Anmerkung:
Die Schreibweise der Namen sowie die Höhenangaben zu Orten, Hütten und Gipfeln weichen in den verschiedenen Karten- und Führerwerken teilweise erheblich voneinander ab. Da für Südtirol amtliche Karten in Wanderkartenausgaben nicht allgemein verfügbar sind, hält sich dieses Buch weitgehend an die Angaben der Freytag & Berndt-Wanderkarten 1:50000, die auch als Tourenbegleiter empfohlen sind.
Der Maßstab der Kartenskizzen ist einheitlich und entspricht etwa 1:75000, d. h. 1 Kilometer in der Natur sind ca. 1,3 Zentimeter in der Kartenskizze.

CIP-Titelaufnahme der Deutschen Bibliothek

Gipfelziele Südtirol: 50 Touren zwischen Ortler und Pustertal sowie vom Brenner bis zum Kalterer See / Helmut Dumler. –
München: Bruckmann, 1989
ISBN 3-7654-2209-6
NE: Dumler, Helmut [Bearb.]

Herstellung: Bruckmann München
Printed in Germany
ISBN 3-7654-2209-6

Inhaltsverzeichnis

Zur Einstimmung

Gipfel fangen mit ihrer Geometrie meine Gedanken ein. Sie nähren Wünsche und Hoffnungen, verursachen emotional zitternde Spannung. Auf Gipfeln werden flackernd neue Horizonte geboren: unentrinnbares Schicksal – lebenslänglich! – in vitaler Leidenschaft des Bergsteigens, süchtig vom Gletschersilber, von Felsfarben ohne versöhnenden Liebreiz, archaischem Blockgewirr, Karseen wie Tropfenspiele, buntbetupften Wiesen, herbstlichem Goldgelb. Den Gipfel prägt in der Eindeutigkeit seiner Formen kühle Erstarrtheit, weder Getändel noch Regung; indes erregt sein Dasein. Gipfel bedeutet Dimension und persönlicher Maßstab, schließlich Vollendung – Kompendium der Existenz.

Gipfelziele sind in diesem Falle gesammelte Bergtouren aus dem Südtiroler Raum, mit Ausnahme der Dolomiten, jenseits von Eisack und Pustertal. Serviert werden Normalwege beziehungsweise die am wenigsten schwierigen Routen auf 50 Gipfel zwischen den »Polen«: Zentralalpen – Tramin, Stilfser Joch – Gsieser Tal. Abgesehen vom Ortler, der als Höchster des Landes einfach nicht fehlen darf (obwohl seine Anforderungen den hier gesteckten Rahmen förmlich überflügeln), habe ich mich bei der Zusammenstellung für weitgehend eisfreie Anstiege entschieden, um der Mehrheit aller Bergbesucher zu dienen. Hin und wieder ist etwas Kletterfertigkeit notwendig, jedoch nur in Bereichen, die sich Trittsichere und Schwindelfreie bei guten Verhältnissen zutrauen dürften. Man findet namhafte Ziele in Modegebieten ebenso wie stille, wenig populäre Bergräume. Manche Spitze wird erstmals ausführlich in solcher Buchform präsentiert. Etliche Touren verlaufen weglos, frei vom Gängelband roter Farbkleckse. Auf andere können sogar kleinere Kinder mitgenommen werden. Breitgefächertes Angebot der Südtiroler Berge!

Daß vielfach keine Oasen des Gestrigen erscheinen, liegt an unserer von Technik und geistlosem Fortschrittsdenken sklavisch dirigierten Gesellschaft und ihrem gestörten Verhältnis zur Schöpfung. Ein »Vorzeige-Südtirol« als pauschales Wunschbild, wie es sein könnte, würde an den Realitäten vorbeizielen. Zugegeben, ich habe da und dort harte Worte gewählt, wirklichkeitsnahe meinen Eindrücken nach, angesichts permanenter Landschaftszerstörung. Doch gerade die letzten Katastrophenjahre brüllten gequält, daß die Uhr schon 12 geschlagen hat...

Ende 1987 registrierte das Landesforstinspektorat 15,3 Prozent geschädigter Bäume (im Vorjahr 14,1 Prozent). Diese Zahl verwundert, denn das benachbarte Trentino weist 44,5 Prozent auf (Zunahme gegenüber 1986 um 21 Prozent), Nordtirol rund 40 Prozent, die Schweiz 56 Prozent, Bayern 61,8 Prozent. Südtirol – inmitten des Waldsterbens eine Insel der Glückseligkeit?

Meine Kritik soll von den Verantwortlichen – Kommerz und Politik – als für die Zukunft konstruktiv aufgefaßt werden. Aber auch beim Leser und Wanderer ist Nachdenklichkeit gewünscht, beharrliche Konsequenz. Der französische Philosoph Jean Paul Sartre sagte einmal hinsichtlich der von Menschen vernichteten Kulturen und deren Träger: »Es genügt, daß sie uns zeigen, was wir aus ihnen gemacht haben, um zu erkennen, was wir aus uns gemacht haben«. Das gilt symbolisch auch für tourismusgemarterte Alpenregionen. Gebirge ist nämlich nicht isolierte Struktur, sondern auch Quelle und Wesenhaftigkeit des Landes sowie seiner Menschen. Nur ein ursprünglicher Erlebnisraum ermöglicht elementare Kontrasterfahrungen, als Chance und Fluchtweg, die Fesseln der Konsumzwänge zu sprengen. Ich möchte gerne positiv denken und empfinden, meine zweite Heimat bei Gott nicht verbal mit dem Knüppel prügeln. Dafür floß dort zuviel Herzblut, ein halbes Leben lang, zwischen blütentrunkenem, einschmeichelndem Frühjahr und warmem, fallendem Herbstlaub.

Südtirol – Klimaschleuse am Alpensüdhang – öffnet sich als eine Art Vorposten bereitwillig dem Mediterranen. Die Sonne kann quasi Stammgast sein. Höhe schützt vor den schweißtreibenden Temperaturen der Mittelmeergefilde. Wenn's im Mai auf den Gipfeln noch schneit – spätestens in Brixen oder im Burggrafenamt trifft man den Frühling an. Allein in dem von der Natur angelegten botanischen Garten um Meran ist alles vereinigt, was Europa an Pflanzenvielfalt vom Nordkap bis zur Adria aufzubieten hat. Schrauben Sie schon jetzt Ihre Vorfreuden so hoch wie möglich!

Was der Sommer reifen ließ, das soll man erntefrisch am besten gleich verkosten: Wein und Kastanien. »Törggelen« an sonnendurchtränkten Rebhügeln, im

Prächtige Aussicht von der Rötlspitze auf den Ortler.

Glas funkelt der »Rote«, auf dem Brettl ein Stück Speck. Apropos Speck: für viele Leibspeise in Südtirol. Mittlerweile garantiert nur das Gütesiegel »Original Südtiroler Bauernspeck«, daß das Produkt von Schweinen stammt, die in Südtirol zumindest gezüchtet und geschlachtet wurden, nicht in Holland beispielsweise...

Derzeit werden fast 1350 Almen bewirtschaftet, zur Hälfte in über 2000 Meter Höhe. Sie beschäftigen saisonmäßig rund 2500 Senner und Almbauern. Zahlreiche Almen – nicht zu verwechseln mit den oft »Alm« genannten Schnapsbuden – bieten als Nebenerwerb einfache Speisen an: Schmarrn, Omelett, halbfetten Käse, gewürzten Topfen mit heißen Erdäpfeln, Milch oder Buttermilch. Leider sind alte Rezepte wie die des »Melchermuses« (Butter, Buttermilch, Weizenmehl) oder der »Preßknödel« in Vergessenheit geraten, hingegen haben sich »Kasnocken« wieder durchgesetzt, auch in Gasthäusern.

Neben dem Fremdenverkehr, der vielerorts wetteifernd den Haupterwerbszweig darstellt, sowie dem hinlänglich bekannten Weinanbau, stellt Kernobst einen wesentlichen Wirtschaftszweig dar. Knapp 17 Millionen Apfelbäume und 130000 Birnbäume stehen auf 16600 Hektar Kulturgrund. Seine Fläche hat von 1976 bis 1987 um 10 Prozent zugenommen.

Reich ist das klassische Durchzugsland auch an kunsthistorischen Sehenswürdigkeiten. Hier begegnen uns sämtliche Stilepochen Europas: Ottonik, reine Romanik, strenge Gotik, jubelnder Barock, prächtiger Rokoko, aufbrechende Renaissance, schwerer Klassizismus, verspielter Biedermeier und Jugendstil, nicht zuletzt auch typisch faschistische Architektur (in Bozen). Burgen raunen aus finsterem Mittelalter, erinnern an Herrschaften und Knechte, an Regieren und Unterdrücken, an Reichtum und Fron.

Die einst gefürstete Grafschaft Tirol kam mit der Abdankung ihrer letzten Regentin, Margarethe, 1363 an die Habsburger. Von nun an teilte das »Land an der Etsch und im Gepirg« sein Schicksal hauptsächlich mit dem Österreichs, bis Ende des Ersten Weltkrieges. Im Friedensvertrag von Saint Germain, am 10. September 1919, wurde das südliche Tirol ein Teil Italiens. England und Frankreich hatten bereits im Londoner Vertrag von 1915 Italien die Brennergrenze versprochen, für dessen Kriegseintritt zugunsten der westlichen Alliierten. Wilson, Amerikas Präsident, der an dieses Zugeständnis nicht gebunden war, stimmte nach längerem Zögern ebenfalls der Zerreißung Tirols zu. Italien erhielt im Friedensvertrag keinerlei Auflagen zwecks Schutz der deutschen (und slowenischen) Minderheiten, also der Südtiroler. Schon geisterte der Faschismus durch das Land. Am 29. Oktober 1922 übergab der schwache König Viktor Emanuel die Regierung und damit die Macht an den »Duce« der Partei, Benito Mussolini. Seine Absichten im nördlichsten Italien umreißt Dr. Friedl Volgger: »Entnationalisierung der Südtiroler, Massenansiedlung von Italienern und Aussiedlung der Südtiroler«. Unter anderem »wird jeder Unterricht in deutscher Sprache verboten«, schreibt Volgger im »Südtirol Handbuch 1984«. Eine »Säuberungswelle« terrorisierte die Bevölkerung. Der Alpenverein wurde aufgelöst, sämtliche deutschen Hütten enteignet.

Mussolini »verbrüderte« sich mit Adolf Hitler. Der erklärte bei einer Tischrede am 7. Mai 1937 in Rom: »Es ist mein unerschütterlicher Wille und mein Vermächtnis an das deutsche Volk, daß es die von der Natur uns beiden aufgerichtete Alpengrenze immer als eine unantastbare ansieht«. 1943 schloß Italien mit den Alliierten Waffenstillstand. Deutsche Truppen marschierten ein. Der Tiroler Gauleiter Franz Hofer wurde zum Obersten Kommissar der sogenannten »Operationszone Alpenvorland«. Sie bestand aus den Provinzen Bozen, Trient und Belluno. Hofer rekrutierte in Südtirol vier Polizeiregimenter. Auf Verweigerung stand die Todesstrafe. Im Mai 1945 brach glücklicherweise der Widerstand des Naziregimes zusammen. 1946 schlugen die Westmächte erneut Südtirol zur Republik Italien, verliehen aber ein Autonomiestatut. Es ist mittlerweile in den meisten Punkten zur Durchführung gelangt. Dafür mußte gekämpft werden!

Heute leben in den 116 Gemeinden auf 7400 Quadratkilometern der italienischen Provinz Bozen – gleichbedeutend mit Südtirol – rund 430000 Menschen: 65 Prozent Deutsche, 29 Prozent Italiener, 4 Prozent Ladiner sowie etwa 2 Prozent Ausländer beziehungsweise Italiener ohne gültige Sprachgruppenzugehörigkeitserklärung. Wenn auch von Südtirolern wie Italienern von Fall zu Fall nationales Gedankengut aufgewirbelt wird – berechtigt oder unberechtigt – und Neo-Faschisten neuerdings stärkste italienische Kraft im Landtag sind, vertragen sich die Bürger untereinander beobachtungsgemäß mehrheitlich nach dem Motto »leben und leben lassen«.

Augsburg, Frühjahr 1989 *Helmut Dumler*

Tour 1

Rötlspitze, 3026 m

Über dem Stilfser Joch

Halbtagestour.

Überwiegend ausgeprägte Wege, im unmittelbaren Gipfelbereich felsig; Markierungen. Kein Schatten.

Unschwierig. Stellenweise Trittsicherheit ratsam.

Beste Jahreszeit: Ende Juli bis Spätherbst.

Genau genommen gehört die Rötlspitze gar nicht mehr zur Provinz Bozen, denn ihr höchster Punkt, besetzt durch einen Steinmann mit Holzstange, liegt bereits im Kanton Graubünden – etliche Schritte seitwärts des Südtiroler Vorgipfels beziehungsweise westlich des felsigen Grenzschärtchens. Trotz unterschiedlicher Schreibweisen – Röthspitze, Rotspitze, Rötelspitze (italienisch: Punta Rossa) – auf diversen Karten und im raren Schrifttum über das Gebiet, ist die geographische Situation klar. Rostrotes, dunkelbraunes Urgestein personifiziert den Berg zweifelsfrei, die an sich unscheinbare Erhebung bar jeglichen »Spitzcharakters« im Chavalatschkamm der südlichsten Sesvennagruppe (Münstertaler Alpen), die das Tal von Trafoi im Westen abschirmt und Grenze ist. Der von einem grau-gelben Querstreifen gezeichnete Gipfelaufbau zeigt sich nördlich der Dreisprachenspitze in breitem Wuchs – lediglich eine Stunde entfernt, und, was mich hinsichtlich des Rummelplatzes Stilfser Joch verdutzt hat, wenig erstiegen, obwohl es sich um den am schnellsten und bequemsten erreichbaren Dreitausender Südtirols handelt.

Außerdem besitzt die Rötlspitze kostbaren Aussichtswert: zur Verwunderung im Südwesten, rechts des Monte Braulio, die gleißenden Firndiademe der Bernina, nordöstlich die Ötztaler Alpen von der Weißkugel über den Similaun, im Osten: Tschenglser Hochwand, Angelus, Vertainspitze und – als Krönung – die Gralsburg des Ortlers mit seinen dräuenden Eismassen. Man sieht ohne Fernglas die Spur des Normalanstieges ab der Payerhütte. Sie hebt sich deutlich vom Tabarettagrat ab. Sogar die Alpinisten sind als dunkle Punkte im blendenden Weiß des Oberen Ortlerferners zu erkennen. Hinter dem Ortler erscheinen der Monte Zebrù und der wächtenschwangere Suldengrat der Königsspitze. Im Anschluß des Ortlerpasses die Eiskögelen, die herausfordernde Thurwieserspitze, Schneiden und Flanken der Trafoier Eiswand, etwas vorgeschoben die drei Madatschspitzen, am Grenzkamm Tuckett-, Payer- und Geisterspitze, von der die heutige Provinzgrenze ins Stilfser Joch zieht. Rechts dieser schnurgeraden Grenzlinie erzählt der eisfreie Monte Scorluzzo (3095 m) als Schlüsselposition des Joches im Ersten Weltkrieg vom Husarenritt des Kaiserjäger-Hauptmannes Andreas Steiner und seiner Handvoll Gendarmerie-Soldaten, die den Berg dem Feind entrissen. Dadurch konnte Österreich weiter südöstlich ins ewige Eis vorstoßen.

Mit der Kriegserklärung Italiens am 23. Mai 1915, 19.00 Uhr mitteleuropäischer Zeit, wurde der Raum um die Rötlspitze Front, nur durch Stacheldraht von der Schweiz getrennt. Die Österreicher schoben ihre Stellungen auf einer Länge von 10 Kilometern so knapp wie möglich an die Eidgenossen heran, um »unter dem Schutz der Neutralität die wichtigsten Baracken und Unterkünfte zu errichten, welche von der Feindesseite, da die Geschoßflugbahnen neutrales Gebiet nicht kreuzen durften, nicht wirksam, höchstens nur ganz schräg, beschossen werden konnten«: Freiherr von Lempruch, Kommandant der

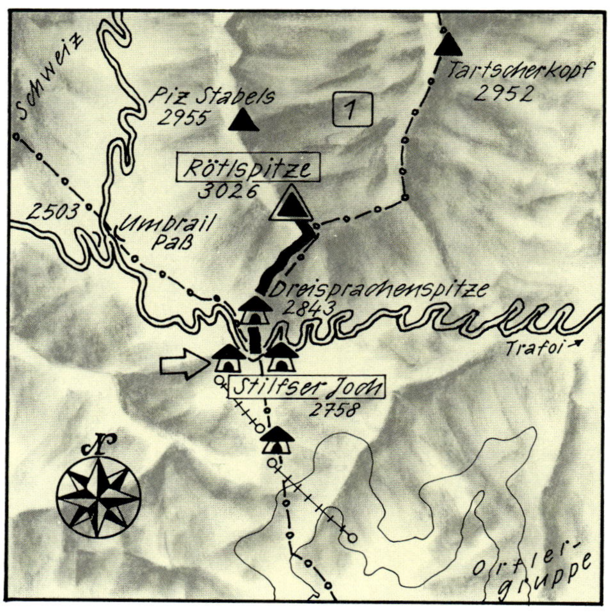

164. Infanteriebrigade, als Buchautor (»Der König der deutschen Alpen und seine Helden«) zur Sicherheitslage. Im sogenannten »Lebensversicherungsgraben« wagte sich selbst Kaiser Karl anläßlich der Inspektionen 1917 und 1918 gefahrlos an den Kriegsschauplatz. Nach Lempruch wurde jenes Lager getauft, das wir auf unserer Tour etwa 20 Minuten ab der Dreisprachenspitze passieren. Verrostete, deformierte Konservendosen liegen unweit der ehemaligen Küche herum, hier und dort Stacheldrahtstücke, Blechfetzen undefinierbarer Herkunft; Mauerwerk, halbverschüttete Schützen- und Laufgräben, geröllgefüllte Drahtkonstruktionen als künstliche Böschungen zeugen von starker Wehrbereitschaft. Eine Kuppe deckte die Mulde gegen Einsicht durch italienische »Alpini« auf der Trafoier Eiswand sowie vor Artilleriegranaten. »Für das Wohlbefinden der Besatzung wurde durch Erholungsräume, einen Kantinenbetrieb, durch Anlage eines Bades, eines gut eingerichteten Hilfsplatzes, zahlreiche Menageaufzüge zu den Stellungen und ähnliche Annehmlichkeiten gesorgt. Auch eine Nutzwasserzisterne wurde geschaffen und durch den Abfluß aus den Schneefeldern gespeist«, betont Lempruch. Bedingt durch den Vielvölkerstaat der Monarchie mußten die Tagesbefehle in neun Sprachen ausgegeben werden. Das mit Strom versehene Barackendorf barg 80 militärische Objekte; ferner hatten die Verantwortlichen an ein Gärtchen gedacht. Von idyllischen Zuständen konnte allerdings in annähernd 3000 Meter keine Rede sein. Winters sanken die Temperaturen zeitweise bis 44 Grad...

Dreisprachenspitze! Eine kleine, platte Kuppe, 86 Höhenmeter über dem Stilfser Joch, das der Verfasser als häßlichste Ecke Südtirols empfindet. Hier stößt Schweizer Staatsgebiet keilförmig auf Italien. Hier prallen drei Sprachräume zusammen: Deutsch (in Südtirol), Italienisch (im Veltlin/Lombardei), Rätoromanisch (in Graubünden/Schweiz). Während des Krieges kontrollierten eidgenössische Sicherheitsbesatzungen im Hotel Dreisprachenspitze die Geschehnisse. Von der Kuppe fällt der Grenzgrat ab in den Umbrailpaß, das alte Wormser Joch, jenseits dessen sich der 3032 Meter hohe Piz Umbrail aufschwingt.

Unabhängig vom großen Weltenbrand, bewegt sich unsere Tour anfangs auf geradezu historischer Trasse, einem Teilstück des Wormissionssteiges, dem ältesten nachweisbaren Stilfser-Joch-Übergang. Ausgehend in Bormio, dem früheren Worms, führte der Saumpfad durch das Valle del Braulio zum Joch, anschließend dem heutigen Wanderweg Nummer 20 entsprechend an die Basis der Rötlspitze, vorbei am Goldsee zum Kleinboden (Furkelhütte) und über die Stilfser Höfe nach Prad. Auf diesem Steig marschierten 1499 Truppen des Herzogs von Mailand als Verstärkung der Kämpfe des Engadiner Krieges bei Glurns-Taufers. 1633 zogen 12000 Mann Infanterie und 1600 Pferde ins Trafoier Tal.

Die Rötlspitze vom Normalweg ab der Dreisprachenspitze.

Die Geltung des Stilfser Joches als Nabel von und zur Lombardei – bis 1859 Bestandteil der Monarchie – gab schließlich den Ausschlag für den Bau der Straße (1820–1825) mit ihren 46 Haarnadelschleifen: Vor 1936 mit 2757 Meter höchster befahrbarer Alpenpaß (dann der Col de l'Iseran, 2769 m, in Frankreich), Wasserscheide von Etsch und Adda, hingegeben dem Sommerskizirkus und dessen landschaftsschändenden Begleiterscheinungen auf den südlichen Gletschern.

Ruckzuck-Dreitausender

Auf dem *Stilfser Joch*, gegenüber dem Hotel Perego, neben einem Kiosk mit Markierung 20 die Stufen hoch, vorbei am Haus der italienischen Finanzwache – erste Schützengräben – in 10 Minuten auf die im Frühsommer 1915 unter Hauptmann Kalal befestigte *Dreisprachenspitze* (2843 m).

Vom kleinen Restaurant nun in schwach nordöstlicher Richtung neben der Schweizer Grenze den rotgelben Farbzeichen folgen über den stumpfen Breitekamm. Links des Weges befindet sich eine Marmortafel zum Gedenken an die österreichischen Verteidiger.

Hinter der Mulde des »Lempruchlagers« verschmälert sich der Weg. Ungefähr 5 Minuten später sind wir einige Meter unterhalb einer Scharte vor dem Felsaufbau der Rötlspitze. Vom Ausgangspunkt 35 Minuten.

Links hinauf (geradeaus setzt sich der Stilfser-Joch-Höhenweg fort; siehe Dumler, »Höhenwege im Vinschgau«) in die Scharte. Von dort rechts auf weißrot markiertem Pfad kurz steil empor, rechts um eine Felsecke herum und nun die schottrige, felsdurchsetzte Südostflanke des Berges ansteigend queren, in ¼ Stunde zum abgeflachten Nordostrücken. Links (westlich) auf deutlichem Weglein, den Grenzstein von 1911 zurücklassend, empor auf den Vorgipfel (3020 m) und durch ein Schärtchen hinüber zum Kulminationspunkt der *Rötlspitze.*

Touristische Angaben

Talorte: Trafoi, siehe Tour 2.
Ausgangspunkt: *Stilfser Joch* (2757 m), 14,5 km von Trafoi, 31 km von Spondinig (Vinschgauer Staatsstraße). Erster Bus ab Trafoi zwischen 1. Juli und 13. September um 8.45 Uhr. Auf dem Paß Hotels, Gasthöfe.
Zwischenstation: Restaurant auf der Dreisprachenspitze, 10 Minuten vom Stilfser Joch.
Höhendifferenz: 300 Meter.
Gehzeit: Aufstieg nicht ganz 1¼ Stunden; hin und zurück 2¼ Stunden.
Karten: Mapgraphic Wanderkarte 1:25000, Blatt 4 Ortlergruppe; Freytag & Berndt Wanderkarte 1:50000, Blatt S6 Ortlergruppe, Martell, Val di Sole.

Tour 2

Ortler, 3905 m

Südtiroler Bergkönig

Zweitagestour.

Bis zur Payerhütte Wanderung, die im letzten Abschnitt Trittsicherheit erfordert. Danach hochalpiner Gang in die Gletscherregion. Bei Nebel oder Wetterstürzen gefahrenbringende Orientierungsprobleme. Am »Wandl« Steinschlaggefahr.

Voraussetzung: Erfahrung auf Gletschern. Eisneigung bis 35 Grad, Felspassagen gesichert. Meist Spur vorhanden. Steigeisen, Pickel, Seil.

Beste Jahreszeit: Abhängig von den Schneeverhältnissen Anfang August bis September.

Sobald man den Reschenpaß hinter sich hat, zieht im Süden der schneeweiße Dreikant des Ortlers die Blikke geradezu magisch an, fesselt den kundigen Beschauer, der bereits hier – rund 40 Kilometer Luftlinie entfernt – die scharfe Trennlinie zwischen Ortlerferner (über den die Normalroute führt) und Nordwand ausmacht. Mit dem Eintauchen in den Vinschgau, nach dem romanischen Mals, entrückt der Zauber wie eine Fata Morgana. Erst kurz vor Sulden tritt der Berg wieder augenscheinlich hervor, seine Nordabstürze, die, aus der Froschperspektive gesehen, in scheinbar harmloser Rücklage hochragen. Prächtig sind die Ortleranblicke vom Zaytal, am Weg Kanzel–Düsseldorfer Hütte (Tour 4/5), von der Aussichtsplattform Schaubachhütte (Tour 3), vom Gipfel des Monte Zebrù; am großartigsten aber vom Höhenpfad Stilfser Joch–Furkelhütte, also von Westen, wo der Eiskoloß den Himmel zu stützen scheint.
»Der Ortler galt unseren Vorfahren als heilig«, erzählt M. Thöni, Heimatkundler aus Trafoi, »als der Erhabene, als die Wohnung der Seelen der abgeschiedenen Stammesfürsten.« Nicht zufällig trägt der End'-der-Welt-Ferner oberhalb von Sulden seinen Namen, »denn über ihm hörte die Welt auf und begann das Überirdische, die Geisterwelt«. Im Zumpanel, dem nördlichsten Ausläufer des Tabarettakammes über Gomagoi an der Mündung des Suldentales ins Trafoital, schlummert der rätoromanische Wortstamm für »Heiligwald, heiliger Hain«, folgert Thöni ahnungsvoll. Und zu Füßen des Ortlerstockes, beiläufig 3 Straßenkilometer südlich von Trafoi, träumt das ursprünglich keltische Quellheiligtum Drei Brunnen. Dorthin wird ab der Dorfkirche die Gnadenmutter seit Generationen alljährlich am Pfingstmontag getragen, in feierlicher Prozession unter frommer Anteilnahme der Bevölkerung; 3000 Wallfahrer sind keine Seltenheit. Zu »Michaeli«, das heißt am Sonntag vor oder nach dem 29. September, kehrt die Angebetete wieder zurück.
Bei den Heilig-Drei-Brunnen, im Schatten des düsteren Madatsch, aus dessen unerforschlicher Felsbrust sich riesige Wasserfälle ergießen, einer der eindrucksvollsten Winkel in den Ostalpen, brachen am 27. September 1804 Joseph Pichler aus St. Leonhard im Passeier, Johann Leitner und Johann Klausner aus Zell am Ziller zur Eroberung des Ortlers auf. Sie hatten in Trafoi beim Kurat Anton Frank genächtigt, der ihnen anderntags frühmorgens den gewünschten Segen spendete. Pichler, seiner Herkunft wegen »Psairer Josele« gerufen, klein, schmächtig von Statur, mit auffallender Hakennase, scharfäugig, etwas über 40 Jahre alt, Jäger an der Churburg, war der Kopf des Trios. Er handelte indirekt im Auftrag des

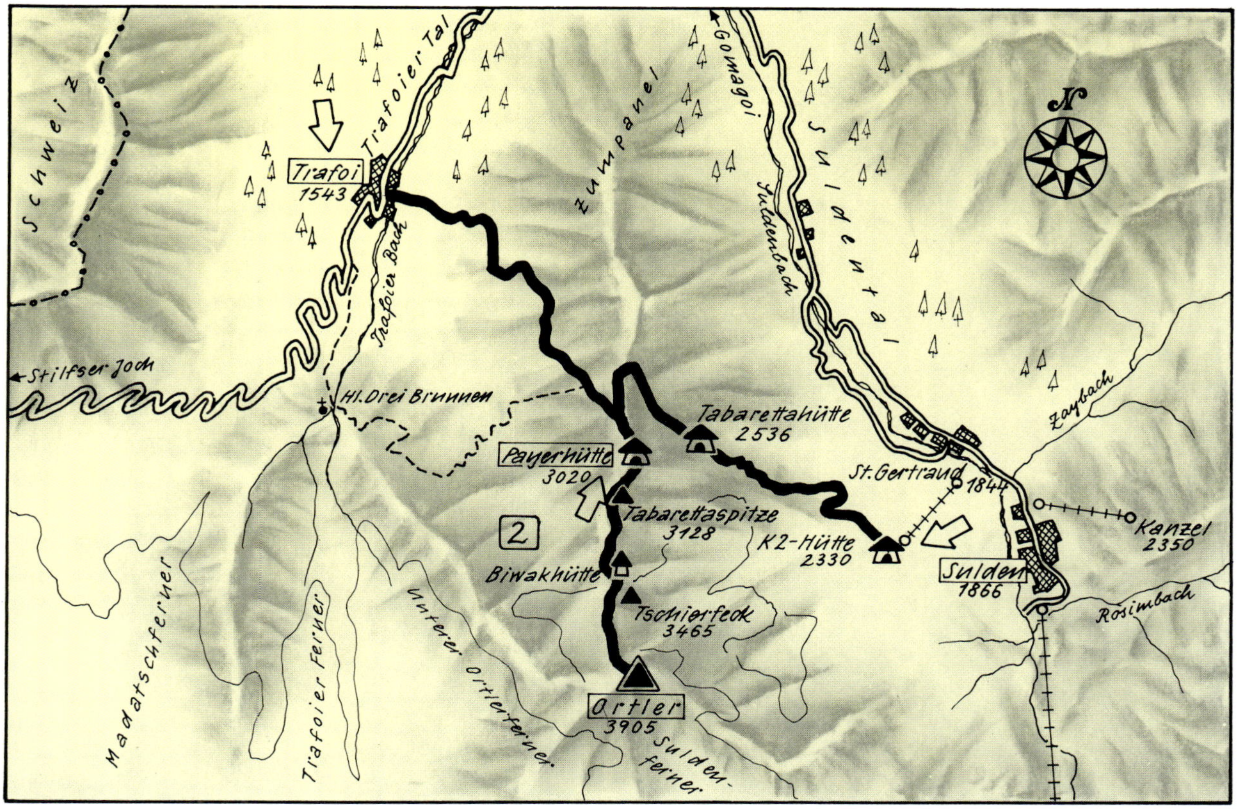

Bergoffiziers und Vermessungsingenieurs Dr. J. A. Gebhard, den wiederum Erzherzog Johann drängte, die Ersteigung des »Ortlers« zu veranlassen, was dieser auch schon erfolglos auf der Suldener Seite getan hatte. Erzherzog Johann war auf seinen Reisen zu der Ansicht gelangt, »daß dieser Berg den höchsten Gipfeln von Savoyen und der Schweiz nur wenig nachgeben dürfte«. Daß der Ortler »der höchste Spitz im Land Tirol« ist, wußte bereits Peter Anich in seinem 1774 erschienenen »Atlas Tyrolensis«.

Pichler war bei Dr. Gebhard in Mals vorstellig geworden. Der Ortler sei ihm nicht unbekannt, beteuerte das »Josele« wahrheitsgetreu. »Wenn der Herr will, nochr steig i aui!« sagte er voller Selbstbewußtsein, denn Gebhard mochte ihm die Tat offensichtlich nicht zutrauen: »So klein und so einen großen Berg!« warf er ein. »Kloan woll, aber hitzig«, konterte der schlagfertige Passeier. »I geah nit wegen dem Geld aloan, Herr, i will den Ortler packen; zwing i den Spitz, nochr nimm i gearn, was der Herr den anderen boten hoat, zwingt er mi, so loss i mi in Mals nimmer sechn.«

Herbst um Heilig-Drei-Brunnen. Birkensträucher flammten in schönstem Gelb. Die sonst rauschenden Gletscherbäche plätscherten jetzt nur mehr in leisem Murmeln vor sich hin. Genau 2300 Meter höher dräut der Gipfelfirn des Ortlers. Über den Standort der 1884 vom Hamburger Dr. Arning gestifteten Berglhütte (oder rechts davon durch Geröllrinnen), vorbei an einer bruchsteingefügten Hirtenhütte erreichten die drei den Niederen Ortlerferner und kämpften sich anschließend durch die grausige, etwa 500 Meter hohe Felsbarriere der »Hinteren Wandln«, ausgerüstet allein mit Holzstangen, zum Dach des Oberen Ortlerferners, über den sie das Haupt des Berges gewannen, gegen Mittag, ungefähr 9 Stunden nach ihrem Aufbruch. Schon im nächsten Jahr, 1805, glückte dem Gemsjäger die Erstersteigung des Ortlers von Sulden über den seither beliebten Hintergrat. 1834, am 21. August, wiederholte er seine Neufahrt über die »Hinteren Wandln« mit dem k. u. k. Genieoffizier (Pionier-Offizier) Schebelka in Begleitung der Einheimischen M. Gamper, F. Timel, J. Brunner. Und gar als Siebziger ging Pichler diesen Weg, unterstützt von seinem

Sohn Felix – er blieb unterhalb der Spitze zurück – sowie von Gamper, als Führer des bergbegeisterten Kramsacher Priesters Peter Carl Thurwieser zum dritten Male.
An der Stilfser-Joch-Straße erinnert 4 Kilometer oberhalb von Trafoi ein Marmorobelisk angesichts der Ortlerkrone an den ersten »Extremen« der alpinen Geschichte. Das »Josele« ruht auf dem Friedhof von Schluderns. Die »Hinteren Wandln« sind in Vergessenheit geraten, obwohl dort Koryphäen wie Gino Soldà (1934) und Reinhold Messner (1976, mit Hermann Magerer, Bergsteiger-Moderator des Bayerischen Fernsehens) extrem schwierige Führen eröffneten.

Die heute gängige Route ab der 1875 durch die Alpenvereinssektion Prag eingeweihten Payerhütte, benannt nach dem böhmisch-österreichischen Polarforscher Julius Ritter von Payer (1842–1915), einem verdienstvollen Pionier der Ortlergruppe, fand der Engländer Headlam im Spätsommer 1864, nachdem bereits am 5. August seine Landsmänner Francis Fox Tuckett und das Brüderpaar Buxton mit den Schweizer Führern Franz Biener und Peter Michel von Trafoi über das Bergl und durch die »Hohe Eisrinne« in direkterem Ablauf zum Ortlerfirst vorgedrungen waren. Unsere Zeit behandelt die Trafoier Zugänge stiefmütterlich. Wenn schon, dann nimmt man die Hüttenspur, die unterhalb des Hotels Tannenheim bei der

Abstieg über den Ortlerferner. Payerhütte (am oberen Bildrand auf dem Tabarettagrat) und Bivacco Lombardi aus der »Vogelperspektive«.

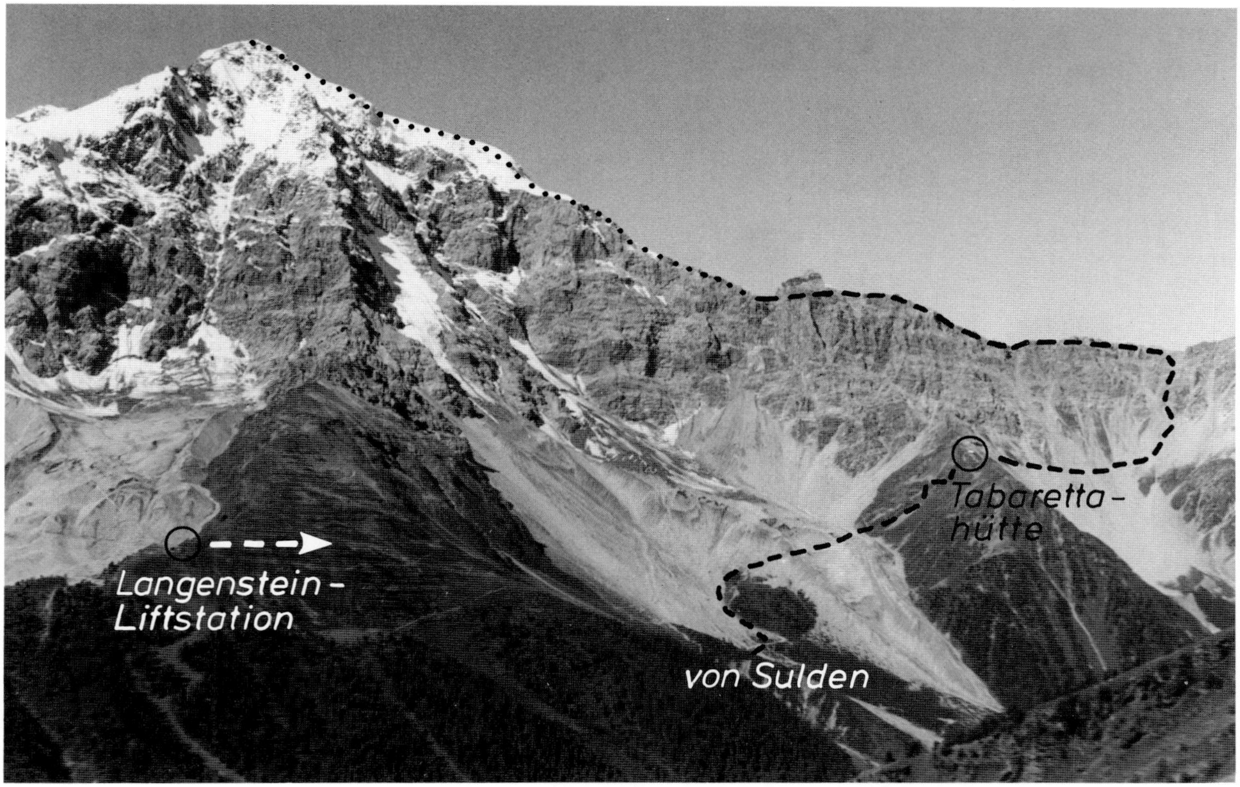

Der Ortler aus dem Zaytal, von Nordosten gesehen, mit der üblichen Route über die Payerhütte.

Tafel »Rifugio Payer« mit Nummer 19 beginnt. Sie passiert die dem Zusammenbruch ausgelieferte Alpenrosenhütte sowie die brandgeschädigte Edelweißhütte und führt in die Tabarettascharte. Dort trifft man die Leute, die von Sulden hochkommen, schätzungsweise 80 Prozent der Normalweg-Aspiranten. Ab Sulden spart man allemal 350 Höhenmeter, bei Benützung des Langenstein-Sesselliftes gar 700 Meter. Sulden ist der propagiertere Talort, während es in Trafoi ruhiger geblieben ist, unverfälschter.

Nach einem Drittel, für »Konditionsbüffel« auf halber Strecke Payerhütte–Gipfel, steht das Bivacco Lombardi. Es wurde vom Club Alpino Italiano als Unterschlupf in Notfällen konzipiert, ist allerdings dermaßen verdreckt und verwahrlost, daß man sich angewidert abwendet und, wie wir es getan haben, an Fronleichnam im undurchsichtigen Nebelgrau nach der 10. Durchsteigung der Ortler-Nordwand, lieber im Freien friert.

An Sonnentagen, hauptsächlich nach Schlechtwetterperioden beziehungsweise im August, erklimmen manchmal ganze Rudel die höchste Firnspitze der Ostalpen östlich der Schweizer Grenze, suchen unterhalb ein freies, trockenes Plätzchen um das eiserne, im Fels verankerte Gipfelkreuz, das 1884 vom Österreichischen Alpen Club aufgestellt wurde, wie die Sockelinschrift verrät. Im Laufe von jetzt bald 200 Jahren wurden sämtliche Grate überklettert, die Rinnen und Wände durchstiegen (einige mit Ski befahren). Es handelt sich, Normalroute sowie Hintergrat ausgeklammert, um teilweise objektiv gefährliche und sehr schwierige, lange Touren. Als jüngste Eroberung der 500 Meter hohe, brüchige Nordostpfeiler. Felsschwierigkeiten: III und IV bis V+. Eissteilheit eine Seillänge 60 Grad im Finale auf den Ortlerferner ein gutes Stück unter dem Gipfel. Bewältigt von Hubert Wegmann und Kurt Fritz 1987 in 10 Stunden.

Über die Payerhütte

Sie zählt zu den sechs Schutzhütten Südtirols in mehr als 3000 Meter Höhe und war (nach Hirzerhütte und

Felsaufschwung im unteren Teil der Ortlerroute ab der Payerhütte; stellenweise gesichert.

Laugenhütte) der dritte alpine Stützpunkt des Deutsch-Österreichischen Alpenvereins im südlichen Tirol. Infolge ihres exponierten Standortes auf dem scharfen Tabarettakamm hebt sie sich in der Silhouette deutlich ab, allseits von weitem zu erkennen. Im Ersten Weltkrieg schaukelte eine Material- und Personenseilbahn von Sulden hier herauf, mit nur einer Zwischenstütze bei der Tabarettahütte. Vorher mußten Verpflegung und Munition für die Ortlerbesatzung von 100 kriegsgefangenen Russen transportiert werden.

Der Pächter, ein Trafoier, heißt kurioserweise so wie der Berg. Er gibt hilfsbereit Auskünfte über die vorherrschenden Verhältnisse auf dem »Felsenweg«. Es kann durchaus passieren, daß gleich zu Anfang, auf der Traverse im Nordwesthang der Tabarettaspitze, Schnee liegt oder diese Passage im September vereist ist. Etwas später, vor dem »Wandl«, bildet sich häufig ein Rückstau. Die *Schlüsselstelle* befindet sich schon 130 Höhenmeter oberhalb der Hütte. Der durch schmale Bändchen gestufte Urgesteinsaufschwung ist jedoch durch eine Leiter, Eisenstifte und Ketten entschärft. Am Ausstieg der Felsen (Einstieg für den Rückweg merken!) fußte ein Fixpunkt des Materialaufzuges im Bergkrieg 1915/18. Der Ortlergipfel blieb unbesetzt, im Oberen Ortlerferner indes hausten bis zu 30 Soldaten im Eis, wo Stollen zu den Postenständen leiteten.

Der ausgetretene Trampelpfad bringt uns in längerer, ansteigender Querung zum Tschierfeck und zum *Lombardi-Biwak* (3316 m); von der Hütte 1½ bis 2 Stunden. Die gleiche Zeit muß für die zweite Etappe zur Spitze eingeplant werden! Spaltengefahr!

Schritt für Schritt über die ermüdenden Eisfelder des Ortlerferners. Westlich faszinieren die Schleifen der 1825 mit einem Kostenaufwand von 1146000 Gulden fertiggestellten Stilfser-Joch-Straße. Ein Steilaufschwung (ca. 35 Grad) vermittelt den Zustieg auf das flachere »Ortlerplatt«. Beim einen oder anderen werden die Schritte langsamer aus dem letzten Sattel heraus. Schließlich nähern wir uns der 4000-Meter-Zone!

Touristische Angaben

Talorte: *Sulden* (1844 m), Fraktion der Gemeinde Stilfs im oberen Suldental. Hotels, Gasthöfe, Pensionen. Von Gomagoi 11 Kilometer, regelmäßige Busverbindungen.

Trafoi (1543 m), im gleichnamigen Tal nordwestlich des Ortlers. Hotels, Gasthöfe, Pensionen. Von Gomagoi 4 Kilometer, von Spondinig (Vinschgauer Staatsstraße) 16,5 Kilometer, regelmäßige Busverbindungen. *Sehenswert:* Wallfahrtsstätte Heilig-Drei-Brunnen. Führer-Broschüre liegt in der 1986 restaurierten Kirche auf. Sollte sie geschlossen sein, ist der Schlüssel im Polizei-Erholungsheim am Ende der Straßenzufahrt von Trafoi erhältlich.

Ausgangspunkt: *Payerhütte* (3020 m), CAI-Sektion Mailand, bewirtschaftet von Anfang Juli bis Mitte September, knapp 100 Schlafplätze in Betten und Lagern. Tel. 0473/75410. Von Sulden (St. Gertraud) 3¼–3½ Stunden, von der Bergstation des Langen-

Tabarettaspitze und Tabarettagrat mit der Payerhütte aus dem Suldental bei St. Gertraud.

stein-Sesselliftes etwa ½ Stunde weniger. Von Trafoi 4¼–4¾ Stunden.
Höhendifferenzen: Ab Payerhütte etwas mehr als 900 Meter; von Sulden 2100 Meter; von Trafoi 2400 Meter.
Gehzeit: Aufstieg ab Payerhütte 3–4 Stunden.
Karten: Mapgraphic Wanderkarte 1:25000, Blatt 4 Ortlergruppe; Freytag & Berndt Wanderkarte 1:50000, Blatt S6 Ortlergruppe, Martell, Val di Sole.

Tour 3

Hintere Schöntaufspitze, 3325 m

Intakte und kaputte Natur

Halbtagestour ab Schaubachhütte (Seilbahnbergstation); Tagestour ab Zufallhütte.

Markierte Wege und Steige; im Madritschtal bei dichtem Nebel eventuell Orientierungsprobleme. Kein Schatten.

Unschwierig. Der Gipfelaufbau kann bei Vereisung oder hartem Altschnee etwas unangenehm werden. Trittsicherheit ratsam.

Beste Jahreszeit: Mitte Juli bis Spätherbst.

Intakte Landschaft ergötzt den Wanderer im Aufstieg von der Zufallhütte im Osten durch das flächige, sacht geneigte Madritschtal, empor in das mit mächtigen Gneisblöcken verbarrikadierte Madritschjoch, aus dem sich nördlich die Hintere Schöntaufspitze aufrichtet.
Zerstörte Landschaft schockt auf der Westseite im geröllgefüllten Hochtal an der Fassung des Ebenwandferners, ab der Bergstation Sulden-Seilbahn oder von der etwas tiefer stehenden, 1876 errichteten Schaubachhütte. Sie erfreute sich schon um die Jahrhundertwende regen Zustromes. Theodor Christomannos registrierte »fröhliche Scharen von Fußgängern und Reitern«. Was jedoch die Massenpsychose des Skisportes bewirkte, sprengt meines Empfindens das Erträgliche. Zum »Glück« trottete ich in einer »Waschküche« durch jagende Schneeschauer und feuchte Kälte. Aus dem Grau dröhnte im Stakkato ein Dieselmotor, vermutlich der eines Raupenfahrzeuges. Auspuffgestank. Die Moränenrücken sind von Baggerschaufeln gebrochen worden, wie abrasiert. Schleppliftmasten, herumliegendes Plastikzeug, Rohre, häßliche Ölspuren, Kübel, Unrat. Brutaler Zynismus wider die Schöpfung!
Gewiß, auch in der Umgebung der Zufallhütte, 1882 von der Alpenvereinssektion Dresden im sogenannten »Paradies am Cevedale« erbaut, wimmelt es an schönen Tagen: Ausflügler von den Parkplätzen im hintersten Martelltal. Ein Teil marschiert unumwunden weiter zu der vor hehrer Gletscherkulisse tribünenähnlich thronenden Marteller Hütte. Nur einzelne nehmen den wesentlich längeren Weg in Richtung Hintere Schöntaufspitze, zumal diese vollkommen untergeordnet erscheint, rechts neben der markanten Madritschspitze. Herausragend ist unser Gipfel von keiner Seite, aber immerhin ein Dreitausender – der einfachste in den Ortleralpen –, im Lass-Marteller-Kamm, der vom Eisseepaß über die in ihren Nordflanken vergletscherten Pederspitzen zum Vinschgau zieht. Hintere Schöntaufspitze deshalb, weil sie hinter der Vorderen Schöntaufspitze – von Sulden aus – steht. Erstbesteiger: Edmund von Mojsisovics, 1862 Gründungsrat des Österreichischen Alpenvereins, zusammen mit Sebastian Janiger im August 1865, einige Wochen nach Whympers Sieg am Matterhorn. Den einzigen Reiz des Berges bieten packende Ausblicke: Königsspitze samt »Schaumrolle« (Gipfelwächte), der zerborstene Königswandferner, Monte Zebrù, im Profil der Ortler-Hochjochgrat, im Draufblick sein Hintergrat, die träge Masse des Suldenferners. Südlich leuchtet die Riesensichel von Zufallferner – Cevedale – Zufallspitze, südöstlich über Gletscherbetten die Veneziaspitzen, direkt im Norden die doppelgipfelige Vertainspitze. Sulden wie ein Spielzeugdorf am Auslauf des Rosimtales. Zu diesen Eindrücken gesellt sich der Überraschungseffekt des Weges von der Zufallhütte, wenn mit dem Erreichen des Madritschjoches schlagartig die ganze Ortler-Prominenz ins Auge springt.

Aus dem Martelltal

Das »Zufall« des *Rifugio Nino Corsi* weist keinen Zusammenhang mit dem Glücksfall auf, sondern bezieht sich auf den nahen Wasserfall der Plima, der in einer nahen, 30 Meter tiefen Felsklamm donnert. Rui-

Zufallspitzen (von links), Cevedale und Monte Pasquale von der Hinteren Schöntaufspitze.

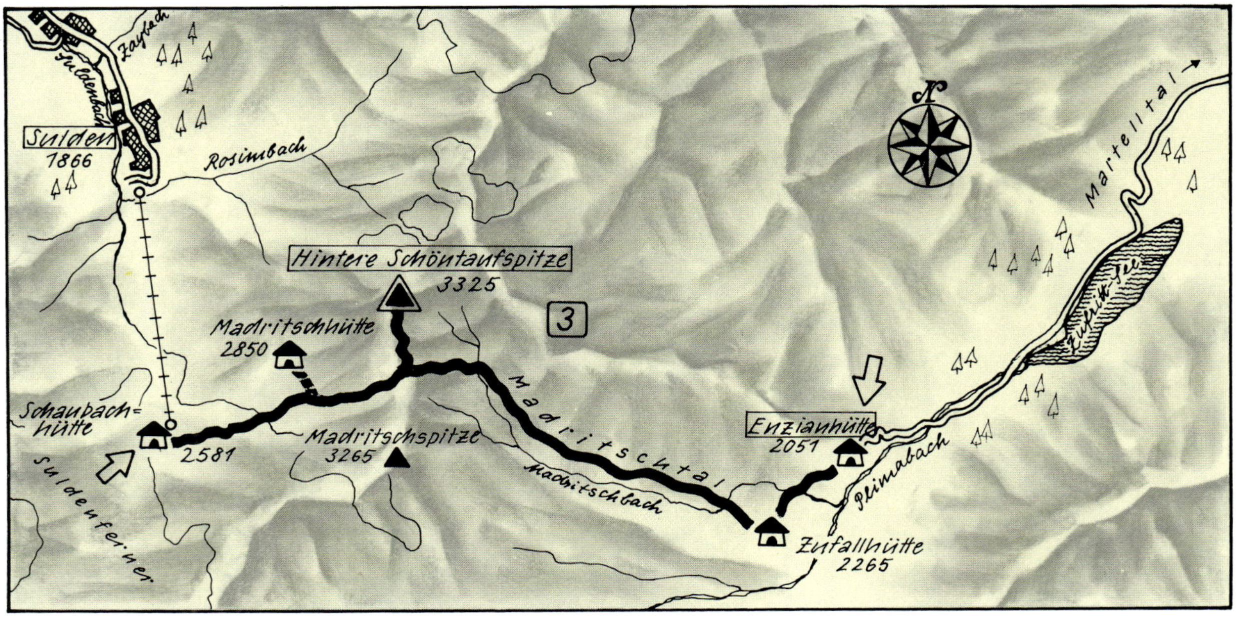

nen stehen herum, Reste des österreichischen Cevedale-Abschnittskommandos im Ersten Weltkrieg. Auf der Kuppe schwach südwestlich der Zufallhütte, dem »Klösterle«, sei früher ein Hospiz beziehungsweise ein Nonnen- und Mönchskloster gewesen, weiß eine trübe Legende. Weil die monastische Gesellschaft das Keuschheitsgelübde unbeirrt gebrochen haben soll, sei die Zelle aufgehoben worden...

Vor der Kriegs-Gedächtniskapelle wendet man sich rechts, Wegnummer 151 folgend, am Kreuz vorbei, kurz abwärts, dann aus dem Kessel ansteigend über den Madritschbach ins Hochtal, in dem man langsam an Höhe gewinnt. Der Pfad durchmißt die Südhänge unter der spornähnlichen Sonnenwand, hält sich eine Weile nordwestlich, um dann westlich in Richtung des *Madritschjoches* (3123 m) einzuschwenken. Von der Hütte etwa 3 Stunden.

Aus dem Sattel nordwärts, rechts des Felsrückens einige Meter auf einer Leiste querend. Danach schlängelt sich ein Steig über den stumpfen, schottrigen Südrücken zum geräumigen *Gipfel,* wo Steinmäuerchen vor den zeitweise eisigen Winden bescheidenen Schutz gewähren.

Von der Seilbahnstation (Schaubachhütte)

Östlich der Seilbahnstation nicht unbedingt unter dem Lift, sondern halbrechts in einer Mulde. Dort schwach linkshaltend auf eine Moräne. Bald stößt man auf gelb-rote Farbzeichen. Das Madritschjoch wird nach 1 Stunde sichtbar, ebenso der links hochziehende Südrücken der Hinteren Schöntaufspitze. Vor einem Fernerrest rechtshaltend in feinem Geröll ins *Madritschjoch* (3123 m). Von der Seilbahn 1½ Stunden. Nun wie vorstehend beschrieben in ½ Stunde auf den *Gipfel.*

Touristische Angaben

Talorte: *Enzianhütte* (2051 m), Gasthaus am Ende der asphaltierten Straße im oberen Martelltal, 27 Kilometer von Goldrain (Vinschgauer Staatsstraße). Busverbindungen vom 1. Juli bis 30. September.

Sulden (1866 m), Fraktion der Gemeinde Stilfs im oberen Suldental. Hotels, Gasthöfe, Pensionen. Von Gomagoi 11 Kilometer, Busverbindungen.

Ausgangspunkte: *Zufallhütte* (2265 m), CAI-Sektion Mailand, bewirtschaftet von März bis Mitte November, 120 Schlafplätze in Betten und Lagern. Tel. 0473/70485. Von der Enzianhütte 35 Minuten.

Seilbahn-Bergstation (2615 m), Restaurant. Betriebszeiten der Seilbahn im Sommer von 8.30 bis 17.00 Uhr. – *Schaubachhütte* (2581 m), CAI-Sektion Mailand, ganzjährig bewirtschaftet, 53 Schlafplätze in Betten und Lagern. Tel. 0473/75402. Einige Minuten unterhalb der Seilbahnstation. Von Sulden-Gampen 1¾ Stunden.

Höhendifferenzen: Ab Zufallhütte rund 1100 Meter, ab Enzianhütte 1350 Meter; ab Seilbahnstation 710 Meter.

Gehzeiten: Aufstieg von der Zufallhütte etwa 3½ Stunden; von der Seilbahnstation 2 Stunden.

Karten: Mapgraphic Wanderkarte 1:25000, Blatt 4 Ortlergruppe; Freytag & Berndt Wanderkarte 1:50000, Blatt S6 Ortlergruppe, Martell, Val di Sole.

Tour 4

Hinteres Schöneck, 3143 m

Aussichtskanzel über Sulden

Tagestour.

Rundwanderung in felsig-schrofigen, überwiegend grasigen Hängen, streckenweise im Geröll. Kein Schatten. Die Route zum Gipfel ist von der Düsseldorfer Hütte einzusehen.

Unschwierig. Trittsicherheit notwendig. Im Aufstieg stellenweise Drahtseile. Gefährlich bei Nässe oder Schnee.

Beste Jahreszeit: Mitte Juli bis Spätherbst.

Als die Düsseldorfer Alpenvereinsleute am 24. August 1892 ihre Hütte im Zaytal gegenüber dem Ortler einweihten, erschlossen die Rheinländer eine erlesene Tourentafel. Sie schlummerte bis dahin im Abseits, obwohl sämtliche Gipfel im stattlichen Halbrund des mit Moränenschutt übersäten und von Gletschern gepanzerten Hochtales erobert waren und

Anstieg von der Düsseldorfer Hütte zum Hinteren Schöneck. Auf der gegenüberliegenden Seite des Suldentales Ortler (rechts) und Monte Zebrù.

Die Düsseldorfer Hütte mit dem üblichen Anstieg auf das Hintere Schöneck.

sich auch Zuspruches erfreuten. Nun besaß also die Zaytal-Bühne ihren Stützpunkt: »auf gekauftem Grunde in Mauerwerk erbaut, innen vertäfelt, enthält Keller, im Erdgeschoß Küche, Speisezimmer, Führerstube, im Obergeschoß 3 Zimmer mit 5 Betten und Schlafraum mit 6 Matratzenlagern, unter dem Dach Lagerstätte für Führer und Wohnraum für die Wirtschafterin. Baukosten nebst Inventar 8200 Mark«, ließ die Zeitschrift des Deutschen und Österreichischen Alpenvereins anno 1894 wissen.
Der »Reitweg« begann beim Hotel Sulden und führte am Völlsteinhof vorbei ins Zaytal. Dort bauten Knappen vom 14. bis zum 18. Jahrhundert Eisenerz ab, das im Völlsteinhof sowie draußen in der »Schmelz« von Prad verhüttet wurde. Gäste blieben nicht aus: 550 Personen im Eröffnungsjahr, die Damen hoch zu Roß im weiten, langen Rock. 1892 wurde auch die Straße Gomagoi–Sulden ihrer Bestimmung übergeben, ausgebaut auf drei bis vier Meter als »Hofmannsstraße«. Leopold Freiherr von Hofmann, Legat im österreichischen Finanzministerium und langjähriger Vorsitzender der Wiener Alpenvereinssektion Austria, hatte dem Bauherrn (Alpenverein Meran) in seinem Testament 24 000 Kronen vermacht.
Trotz Besitzerwechsel (Enteignung 1922), Umbenennung in Rifugio Alfredo Serristori durch die CAI-Sektion Mailand, blieb es in deutschsprachigen Kreisen bei Düsseldorfer Hütte – bereits in der vierten Generation, musterhaft bewirtschaftet von der eingesessenen Suldener Familie Reinstadler. Als Chef zeichnet Walter Reinstadler, Führer wie sein unvergessener Vater Otto. Beide sorgten eigenhändig für zweckdienliche Markierungen, versahen mehrere Routen – Tschenglser Hochwand, Hoher Angelus, Vertainspitze – an kritischen Passagen mit Drahtseilen und ähnlichen Sicherungen. Allerdings sind die Hauptgipfel, ausgenommen Tschenglser Hochwand (siehe Tour 5), tabu für Nichtkletterer. Das Hintere Schöneck jedoch, unschwierigster Gipfel im Hüttenbereich und vortrefflicher Aussichtsplatz, lädt trittsichere Wanderer ein. Zwar handelt es sich beileibe um keinen herausstechenden Berg, sondern um eine sekundäre Erhebung am Ende des von der Tschenglser Hochwand südwestlich streichenden Kammes. Das Hintere

Schöneck ist jedoch ein Dreitausender. Die mit der Gipfelbesteigung verbundene, beschriebene Rundtour preist Peter Holl im Alpenvereinsführer Ortleralpen als »schönsten Höhenspaziergang Suldens«. 1985 bereicherten Reinhold Messner und Paul Hanny, ein Suldener, das obere Zaytal mit einer angemessenen Attraktion: fünf Yaks aus Tibet, Rinder der zentralasiatischen Hochländer. Als Messner zwei Jahre später in Begleitung seiner fünfjährigen Tochter Leila die kleine Herde wie gewohnt von Sulden zu ihrer Sommerfrische trieb, waren vier Tiere bereits hier geboren. Die kräftigen, zotteligen Gesellen weiden gelassen, zwischendurch Grunzlaute ausstoßend, an den Zaytalseen hinter der Hütte, meist bis um den 10. Oktober. (Nicht zu nahe treten, nicht füttern!)

Via Düsseldorfer Hütte

Vom *Hotel Zebrù* in Sulden bringt uns der Sessellift zur *Kanzel* (2350 m). Die Königsspitze-Nordwand erstrahlt wie überirdisch im hellen Licht des frühen Tages. Der Ortler scheint seine Umgebung zu erdrükken. Nördlich auf dem breiten Weg Nr. 12. Schon nach 5 Minuten zeigt sich die Düsseldorfer Hütte über einer Geländestufe im Zaytal. Links davon, am Auslauf eines gezackten Felskammes, haben wir das Hintere Schöneck nun dauernd vor Augen. Etwa 10 Minuten unterhalb der Hütte mündet links der »Reitweg« von Sulden. Er nimmt 2¼ Stunden in Anspruch, während wir ab der Liftstation 1¼ Stunden benötigen.

Nordseitig der *Düsseldorfer Hütte* (2721 m) nehmen uns gelbe Farbzeichen an die Hand. Auf einem Holzsteg über den Zaybach. Vorerst hoch in langgezogenen Spitzkehren durch Geröll und graskarge Hangzonen bis unter die Felsrippen des Kammes. Dort schwenkt der Pfad links in westliche Richtung ein, quert eine Schuttreiße und einen felsbesetzten Rükken. Auch das folgende Kar wird im schrofigen Gelände ansteigend traversiert. Felspartien überlistend, gewinnen die Schlangenlinien des Steiges das *Hintere Schöneck.* Königsspitze, Monte Zebrù und Ortler beherrschen die alpine Szenerie. Am Tabarettagrat des Ortlers sieht man die Payerhütte. Hinter dem Tabarettagrat der Chavalatschkamm der südlichen Sesvennagruppe.

Südwestwärts absteigen! Ein Vorgipfel (3128 m) wird passiert. Auf dem Rücken in einer knappen halben Stunde zum kaum ausgeprägten *Vorderen Schöneck* (2908 m). Etwa 10 Minuten später verläßt Weg 18 den stumpfen Rücken rechts und setzt sich in den Stieralmhängen fort. Vor einem Bachlauf links, in ½ Stunde hinunter zur *Stieralm* (2248 m). Von hier links, direkt auf Sulden zu, in den Hangwald. An der Wegeteilung nach 10 Minuten bei einem Rastplatz entscheiden wir uns links für den schmaleren Weg – Nummer 19 – im Forst des Ruhmerwaldberges. Beim Hotel Marlet sind es dann nur noch 10 Minuten zum *Hotel Zebrù* an der Sessellift-Talstation.

Touristische Angaben

Talort: *Sulden* (1866 m), Fraktion der Gemeinde Stilfs im oberen Suldental. Hotels, Gasthöfe, Pensionen. Von Gomagoi an der Stilfserjochstraße 11 Kilometer; regelmäßige Busverbindungen. Parkplätze entlang der Straße vor dem Hotel Zebrù bei der Talstation des Kanzel-Sesselliftes.

Ausgangspunkt: *Kanzel* (2350 m), Bergstation des Sesselliftes von Sulden. Betriebszeiten von Ende Juni bis Anfang Oktober von 8.00 bis 18.00 Uhr, Mittagspause von 13.00 bis 14.00 Uhr.

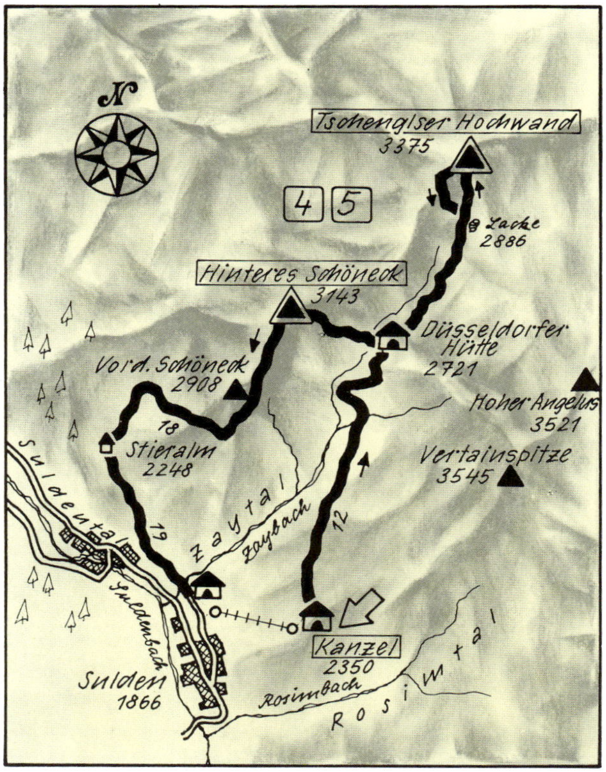

Zwischenstation: *Düsseldorfer Hütte* (2721 m), CAI-Sektion Mailand, bewirtschaftet von Anfang Juli bis Mitte September sowie vom 20. Februar bis 20. April. Etwa 50 Schlafplätze in Betten und Lagern. Von der Kanzel-Liftstation 1¼ Stunden.
Höhendifferenz: 800 Meter.
Gehzeit: Kanzel-Liftstation – Gipfel 2½ Stunden.
Karten: Mapgraphic Wanderkarte 1:25000, Blatt 4 Ortlergruppe; Freytag & Berndt Wanderkarte 1:50000, Blatt S6 Ortlergruppe, Martell, Val di Sole.

Tour 5

Tschenglser Hochwand, 3375 m

Der verborgene Berg

Tagestour.

Hochalpines, aber nicht wegloses Gelände; gletscherfrei. Streckenweise etwas mühsam in grobblockigen Moränen; der Sonne ausgesetzt.

Trittsicherheit und Schwindelfreiheit notwendig; einige Stellen I. Am Otto-Erich-Steig Leitern und Drahtseile. Auf der Abstiegsroute lockere Drahtseilsicherungen. Steinschlaggefahr durch Unaufmerksame. In der Rinne unter dem Südwestgrat bis in den Frühsommer Schneereste.

Beste Jahreszeit: Juli bis Spätherbst.

Von Tschengls, dem 500-Seelen-Dorf am südlichen Saum der fruchtbaren Vinschgau-Talebene zwischen Prad und Laas, ist die nach der Ortschaft getaufte Spitze – 2500 Meter höher – kaum wahrzunehmen. Sie wird von dort auch nie erstiegen. Als gebräuchliche Basis dient die Düsseldorfer Hütte nordöstlich von Sulden. Im Umkreis des Schutzhauses (siehe auch Tour 4) wölben sich bemerkenswerte Gletscherschliffe. Eine Tafel erklärt die Berge des Halbrunds in verzerrten Perspektiven. Bei angestrengtem Hingukken erkennt der Neugierige im Nordosten das Kreuz auf der Tschenglser Hochwand, von der der Ostgrat rechts zum Ostgipfel (3267 m) abfällt. Bei oberflächlichem Betrachten verschmilzt die Tschenglser Hochwand in einem vorgelagerten Felsblock. Dabei ist sie der meistbestiegene, zudem am wenigsten schwierige ausgesprochene Hochgipfel – dritthöchster – in dem mit Dreitausendern gespickten Zaytal-Rahmen des Laas-Marteller-Kammes der Ortlergruppe.
Die Erstbesteigung holte sich kein Geringerer als Hans Pinggera (1837–1916), laut Alpinhistoriker Wilhelm Lehner (»Die Eroberung der Alpen«, Leipzig 1924) der »einzig taugliche Führer Suldens« und die »glänzendste Führererscheinung in den 60er und 70er Jahren«. Er behob die Misere, die Julius Payer beklagte, weil »man im eigenen Lande keine geeigneten Führer erziehen will«. Pinggeras »Markenzeichen« war ein großer roter Regenschirm. Peter Grimm, ein detailbewußter Chronist unserer Tage, charakterisiert ihn: »Untersetzt, stark, von sicherer Kühnheit, munterem, bescheidenem Wesen und wahrhaft verläßlich.« Obwohl seine Vorliebe dem Eis galt, führte er am 3. September 1871 den Prager Viktor Hecht aus dem Zaytal über den Südwestgrat zum Gipfel – die Route, die bis in die siebziger Jahre als Normalweg Gültigkeit besaß. Heutzutage entscheidet sich die Mehrheit für den Otto-Erich-Steig durch die 400 Meter hohe, gegliederte Südwand, weil dort Otto Reinstadler, 44 Jahre Pächter der Düsseldorfer Hütte, und dessen Stuttgarter Stammgast Erich Groll Sicherungen angebracht hatten. Allerdings war die Südwand schon am 12. Mai 1899 vom Suldener Führer Hans-Sepp Pinggera mit Georg Löwenbach und A. Kuntner durchklettert worden.
Sollten Sie statt dessen den *alten Normalweg* vorziehen, dann nicht wie im Alpenvereinsführer beschrieben aus der Geröllrinne »gerade in die Scharte«, sondern schon ein Stück unterhalb der selbst im Sommer mit meterhohen Wächten bewehrten Scharte schwach rechtshaltend zu Drahtseilen und zum Südwestgrat, an dem dann noch zwei gesicherte Stellen folgen. Kurz vor dem großen Kreuz mündet von rechts der Klettersteig. Er zweigt etwa ¼ Stunde vor dem Erreichen der erwähnten Drahtseile aus der Schlucht rechts ab, angezeigt auf einer Tafel, und führt mit Hilfe von Eisen- und Holzleitern abwechslungsreich zum Gipfel. Die Aussicht übertrifft jene von dem benachbarten, höheren Angelus und auch von der Vertainspitze.
Anmerkungen zur weiteren Tourenpalette der Düsseldorfer Hütte: Unmittelbar südöstlich beginnt der rund einen Kilometer lange Nordwestgrat der *Ver-*

Tschenglser Hochwand: Einstieg in den Otto-Erich-Steig.

tainspitze (3545 m), wo einst die Feen die Seelen ihrer Männer besucht haben sollen... Lassen Sie sich von den zum Grat leitenden gelben Farbklecksen nicht verführen: IIIer Stellen, lediglich 10 Meter Drahtseilsicherung. Auch der »Walter-Steig« (nach Hüttenwirt Walter Reinstadler) am Nordostgrat ist nicht ganz einfach, wohl leichter als der Nordwestgrat, doch im Aufstieg zur Angelusscharte bis 45 Grad Eis, das durch den Gletscherschwund steiler wird. Aus der Angelusscharte umgeht man die ersten drei Grattürme südlich (Spalten!) und gewinnt den Grat bei einem Steinmann (mit Stange); ab hier gelbe Farbzeichen.

Im Nordosten der Hütte schwingt sich der Nordwestgrat des formschönen *Hohen Angelus* (3521 m) in eleganten Linien empor. Die »Reinstadler-Route« (nach Otto Reinstadler, der die Sicherungen anbrachte) weist in dem von der Hütte einzusehenden Gratvorbau zwei Drahtseile von jeweils 10 Meter Länge auf, Felsschwierigkeiten I, maximal II, im Eis bis 35 Grad. Also auch der Angelus-Nordwestgrat nur für Experten!

Otto-Erich-Steig

Hinter der *Düsseldorfer Hütte* talein, gelb markiert in die Mulde der Zaytalseen, wo eine Yakherde weidet

(siehe Tour 4). Nach 5 Minuten teilen sich die Wege (rechts, gelb-rot bezeichnet zum »Angelus«). Links durch das Geröllbett der Bäche, in ¼ Stunde über die Geländestufe in einen flachen Kessel mit gletschergeschmirgelten Felsen. Links halten, zwischen haushohen Moränenwällen durch grobes Blockwerk der ausgetretenen Spur – teilweise instabile Blöcke – durch das Tälchen folgen, das Kreuz der Tschenglser Hochwand anpeilend, die nun auffallender hervortritt. Aus der Moränenmulde nach ¼ Stunde links und weiter durch die Geröllwüste im hinteren Zaytal.
Ungefähr ¾ Stunden nach der Hütte gabeln sich die Pfade erneut. Geradeaus zeigt der Wegweiser zum Zayjoch. Wir halten uns schwach links, oberhalb eines Seeleins (2886 m) vorbei zu den Schutthalden unter dem gelblich-rötlichen Stock der Tschenglser Hochwand. In ansteigender Querung hinauf in eine breite Geröllrinne. Dort kehrenreich zu der beschilderten Rechtsabzweigung (ca. 3000 m) des *Otto-Erich-Steiges*, auf der Tafel »Neuer Weg« genannt. Von der Hütte knapp 1¼ Stunden. Etwas höher lehnt die erste kurze Eisenleiter am Fels; gleich danach ein Drahtseil. Anfangs hält sich unser Steig links der pfeilerähnlichen Südwand, der Geröllrinne zugewandt. Später schwach rechts und auf den *Gipfelgrat*.
Abstieg: Zunächst auf dem Herweg, dann weiter am Südwestgrat, eine gesicherte Platte bewältigen, bis sich die Route links vom Grat entfernt. In gestuftem Fels (lockere Drahtseile) hinunter in das Geröll der Rinne – nicht zu früh rechts queren! – und zur vertrauten Spur des Aufstieges.

Touristische Angaben

Talort: *Sulden* (1866 m), Fraktion der Gemeinde Stilfs im oberen Suldental. Hotels, Gasthöfe, Pensionen. Von Gomagoi an der Stilfserjochstraße 11 Kilometer; regelmäßige Busverbindungen. Parkplätze entlang der Straße vor dem Hotel Zebrù bei der Talstation des Kanzel-Sesselliftes.
Ausgangspunkt: *Kanzel* (2350 m), Bergstation des Sesselliftes von Sulden. Betriebszeiten von Ende Juni bis Anfang Oktober von 8.00 bis 18.00 Uhr, Mittagspause von 13.00 bis 14.00 Uhr.
Zwischenstation: *Düsseldorfer Hütte* (2721 m), CAI-Sektion Mailand, bewirtschaftet von Anfang Juli bis Mitte September sowie vom 20. Februar bis 20. April. Etwa 50 Schlafplätze in Betten und Lagern. Von der Kanzel-Liftstation 1¼ Stunden.
Höhendifferenzen: 1050 Meter ab Kanzel; 660 Meter ab Düsseldorfer Hütte.
Gehzeiten: Knapp 4 Stunden von der Kanzel zum Gipfel; von der Düsseldorfer Hütte etwa 2½ Stunden.
Karten: Mapgraphic Wanderkarte 1:25000, Blatt 4 Ortlergruppe; Freytag & Berndt Wanderkarte 1:50000, Blatt S6 Ortlergruppe, Martell, Val di Sole.

Blick von der Düsseldorfer Hütte ins oberste Zaytal zur Tschenglser Hochwand (etwa Bildmitte).

Tour 6

Orgelspitze, 3305 m

Zwischen Martelltal und Laaser Tal

Tagestour.

In den höheren Regionen alpines Gelände. Schatten nur im Waldgürtel oberhalb Stallwies; bei Hitze sehr mühsam, deshalb – und wegen der Länge der Tour – früher Aufbruch ratsam.

Trittsicherheit notwendig. Anstrengend. Markierung bis in die Mulde vor der Südflanke, von dort selbst im Sommer durch Firn. Vorsicht beim Abstieg!

Beste Jahreszeit: Mitte Juli bis Spätherbst. Schneefrei meist nur im September und Oktober.

Laaser Spitze liest man vorrangig in allen Karten, teilweise als alleinigen Bergnamen. Die Einheimischen sagen Orgelspitze (Orgelspitz). Davon sprechen auch die Wegweiser, weshalb ich mich für diese Schreibweise entschieden habe. Laaser Spitze hängt mit der Vinschgauer Ortschaft Laas zusammen. Sie besitzt infolge ihres weißen, gut polierfähigen Marmors, der im Laaser Tal nachweislich seit dem 15. Jahrhundert gewonnen wird, internationale Geltung.
Schwach südöstlich von Laas entragt die Orgelspitze als letzter Dreitausender den Ausläufern des Laas-Marteller-Kammes der Ortlergruppe, am Rand des

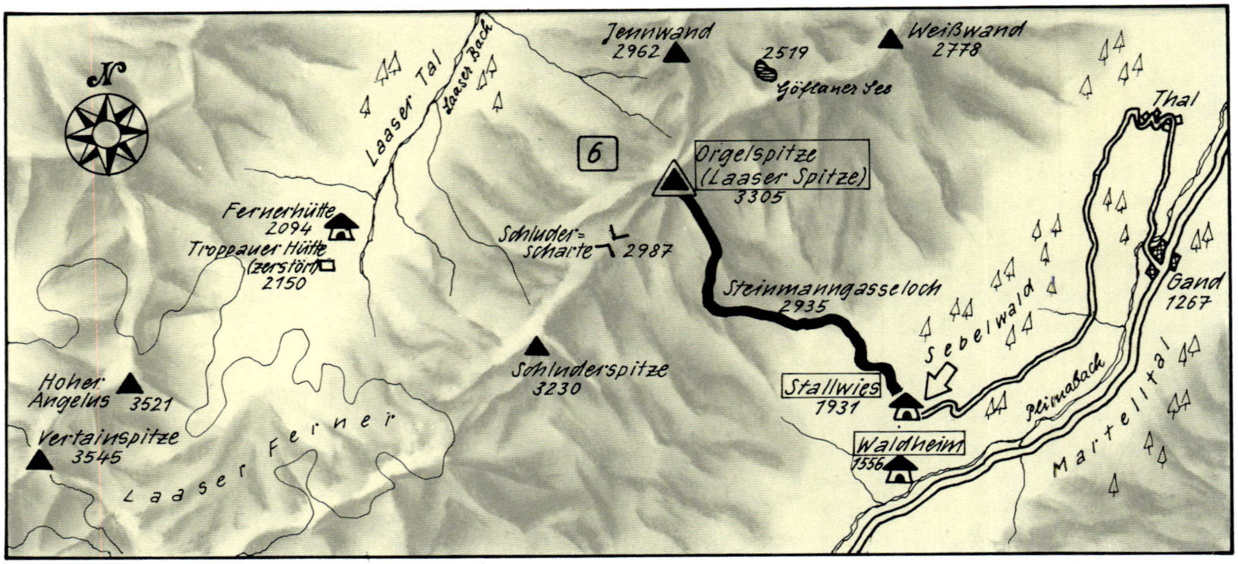

Nationalparks Stilfser Joch. Ein Verbindungsgrat, Schwarze Wand, führt von der Orgelspitze nördlich zur breitgelagerten, aus Marmor aufgebauten Jennewand (2962 m). Nordöstlich erstreckt sich ein Kamm zur Weißwand (2778 m), deren Gipfel ebenfalls aus Marmor besteht. Der Südwestgrat neigt sich in die Schluderscharte (2987 m), dem einzigen Übergang Laaser Tal – Martell.

Einst, als die lawinenzerstörte, vor der Jahrhundertwende durch die mährische Alpenvereinssektion Silesia im hintersten Laaser Tal zu Füßen der Fernerwand erstellte Troppauer Hütte (2150 m) noch existierte, 15 Personen Unterkunft bietend, erfolgten Besteigungen hauptsächlich von dort: über die Schluderscharte und den Südwestgrat, runde 4 Stunden. Der Aufstieg von Laas kann selbstverständlich nachvollzogen werden, dauert allerdings 7 bis 8 Stunden, ohne bewirtschaftete Zwischenstation, denn die von der Südtiroler Alpenvereinssektion Lana betreute Blockhütte der Oberen Laaser Alm ist nur an Wochenenden geöffnet und bedingt einen Umweg für die Orgelspitze.

Stallwies bildet inzwischen den günstigsten Startplatz, es ist der höchstgelegene Marteller Bauernhof. Bis Anfang der achtziger Jahre galt er auch als höchster Kornhof Tirols. Hier fielen oft Ernte und Aussaat zeitlich zusammen. »Verbrannte« der Reif die Ernte, reichte der Ertrag kaum zur neuen Aussaat. Der Stallwieser hat sozusagen umgesattelt, die Kornmühle abgerissen – jammerschade! – und aus dem Wohnhaus einen Berggasthof gemacht. In der heimeligen Stube ist die Geschichte des Anwesens nachzulesen. Aus dem Martelltal kommt ein Sträßchen hoch, bringt Kaffeetanten und Alpinisten. Wo sich das Rad der Kornmühle drehte, erklären Tafeln die Tour auf die Orgelspitze. 5 Stunden als Zeitangabe entspricht ungefähr den Anforderungen.

Als erster bekannter Bergsteiger taucht 1855 ein Mann namens J. Feuerstein auf. Vor ihm waren aber schon Hirten und Jäger am Ziel. 1882 rückten die Wiener Brüder Emil und Otto Zsigmondy mit M. Wachter über den Nordostgrat an. Ende Juli 1892 erhielt der Südwestgrat seine Erstbegehung. Im August 1926 fand der Alleingänger J. Tinzl einen Zugang vom Göflaner See in die Scharte zwischen Jennewand und Orgelspitze und über den Nordgrat.

Laut den Karten könnte man als Rückweg die Route Südwestgrat – Schludernscharte einschlagen, von dort das Schludertal absteigen, um mittels einer Hangquerung wieder Stallwies zu erreichen, doch weist der Weg Nummer 8 a im Schludertal keinerlei Markierungen auf, ist natürlich länger und erfordert nebenbei am Südwestgrat stellenweise leichte Kletterei in brüchigem Fels. Erkenntnis: Abstieg wie Aufstieg.

Aus dem Martelltal

Ab den Parkplätzen ein Stück vor dem *Stallwieshof,*

Die weitläufigen Rodungsflächen von Martell (Thal). In der Mitte die Weißwand, links die Orgelspitze (Laaser Spitze).

orographisch rechts des Bächleins, dem bezeichneten Weg Nummer 5 folgen, begleitet von Lärchen in den *Sebelwald*. Oberhalb der Baumgrenze, knapp 1 Stunde nach Stallwies, erklärt der auf einen Stein gepinselte Pfeil den rotmarkierten Weiterweg halblinks (nicht rechtshaltend, Spuren), nordwestlich auf einen Steinmann zu. Die Flanke wird merklich steiler, schrofig, empor zu einem Vorberg (2954 m). Seiner Kuppe rechts ausweichend, überrascht uns das kleine Seeauge (2935 m) im *Steinmanngasseloch*. Vom Parkplatz nicht ganz 3 Stunden. Rast! Die größte Steilheit ist geschafft. Der bereits sichtbare Steinmann auf der Orgelspitze unterdrückt den verständlichen Wunsch nach längerem Verweilen, denn 1½ bis 2 Stunden liegen noch vor uns, abhängig von den Verhältnissen. Erfahrungsgemäß betritt man im Sommer den Schnee über der geröllgefüllten Mulde des Steinmanngasseloches. In der Regel sind ausgetretene Fußstapfen vorhanden, Steinhäufchen. Es geht nordwestwärts, bis unter den Südwestgrat, dann rechtshaltend. Vor der Scharte zwischen Südwest- und Nordostgipfel weiter über Urgesteinsplatten und durch die Felsen zum 1969 aufgestellten Gipfelkreuz. Theodor Trautwein unterstrich in seinen alten Führerwerken die »höchst lohnende Aussicht über Laaser und Marteller Gipfel, Cevedale, Königsspitze, Ötztaler Gruppe und das ganze Etschtal bis Meran«.

Touristische Angaben

Talort: *Martell-Gand* (1267 m), Fraktion der Gemeinde Martell am Plimabach, 1987 von Unwetterfolgen schwer heimgesucht. Hotel, Gasthof, Pensionen. 10,5

Kilometer von Goldrain (Vinschgauer Staatsstraße); regelmäßige Busverbindungen.

Ausgangspunkt: *Stallwies* (1931 m), Berggasthof. Von Martell-Gand teilweise asphaltierte Fahrstraße über Martell-Thal, 8 Kilometer. – Vom *Gasthaus Waldheim* (1556 m) an der Martelltalstraße, 3 Kilometer von Gand, Bushaltestelle, steiler Fußweg über den malerischen Löcherhof (1760 m) und Hochegg, etwa 1 Stunde.

Höhendifferenz: Stallwies – Gipfel 1380 Meter.

Gehzeit: Anstieg 4 bis 5 Stunden.

Karten: Freytag & Berndt Wanderkarte 1:50000, Blatt S2 Vinschgau, Südliche Ötztaler Alpen oder Blatt S6 Ortlergruppe, Martell, Val di Sole.

Tour 7

Hasenöhrl, 3257 m

Östlichster Gletschergipfel der Ortlergruppe

Tagestour.

Hochalpines Gelände, jedoch ohne nennenswerte Gletscherberührung. Im Spätsommer meist aperer Gipfelgrat. Wege und Steigspuren; markiert. Kein Schatten.

Trittsicherheit und Schwindelfreiheit erforderlich. Am Grat hinter der Blauen Schneid einige Eisenstifte mit Seilschlingen. Bei Neuschnee oder Vereisung gefährlich.

Beste Jahreszeit: August bis Spätherbst.

Vinschgau oder Ultental? Die Frage des günstigen Zuganges läßt sich pauschal nicht beantworten. Bei den Überlegungen spielt neben anderem der Standort des Urlaubers eine Rolle. Die zwei üblichen Annäherungen verlangen die gleiche Gehzeit, 4 Stunden von den hochgelegenen Ausgangsplätzen: im Vinschgau die *Tarscher Alm* (1939 m), zu der ein Fahrsträßchen führt. Auf beiden Seiten sind irreparable Eingriffe in die Natur geschehen, hier in Form von Liftanlagen und Skipisten, dort durch den Ende der sechziger Jahre fertiggestellten Arzkar-Stausee und alles was störend damit zusammenhängt. Für die Ostflanken aus dem Jauntal – so die Einheimischen –, dem Tal des Schmiedhoferbaches, der ins Ultental mündet, spricht der zeitlich individuell festlegbare Aufbruch, während der Tarscher-Alm-Lift werktags frühestens ab 9.00 Uhr verkehrt und man auf die letzte Abfahrt (18.00 Uhr) angewiesen ist. Das kann unter Umständen eng werden!

Die Route des ersten bezeugten Ersteigers Alexander Burckhardt, im August 1895 aus dem Flimjoch über den Südwestgrat, findet keine Beachtung mehr. Unser Interesse gilt dem Nordgrat, durch Burckhardt im Abstieg begangen. Er trennt Hasenohrferner und Kuppelwieser Ferner.

Den 12 Meter hohen Längsbalken des Gipfelkreuzes schleppten 1955 Vinschgauer Bergfreunde von der Tarscher Alm ohne technische Hilfsmittel auf den Schultern. Am Abend des zweiten Tages war das Kreuz gesetzt. »Einzelne Teilnehmer weinten damals vor Freude«, erinnerte Alois Kofler aus Tarsch, als am 3. August 1980 Hunderte das 25. Jubiläum feierten.

Hasenöhrl, Hasenohr – fürwahr ein drolliger Bergname! Dr. Josef Rampold leitet ihn vom romanischen »Asinèara« (Eselsteig) ab, was auf einen alten Saumpfad hindeutet, vermutlich über das Tarscher Joch oder das Flimjoch, seit jeher Übergänge zwischen Martelltal beziehungsweise Vinschgau und dem Ultental.

Beide Hasenöhrl-Zugänge begegnen sich am Tarscher Paß. Aus dem Ultental kommend, geht es anschließend über das Hohe Marchegg. Beim Aufstieg von der Tarscher Alm wendet sich der Verlauf am Wetterkreuz unterhalb des Joches halbrechts, identisch zum Tarscher Jochwaal. Seine Konstruktionsmerkmale geben uneingeweihten Besuchern Rätsel auf. Die 2,5 Kilometer lange, künstliche Wasserleitung des 19. Jahrhunderts, um die Jahrhundertwende nach Bränden (Brandstiftung?) der Holzkandeln (Kandel = Kanal, Rinne) dem Verfall preisgegeben, versorgte die Tarscher Almwiesen mit ersehntem Naß vom Kuppelwieser Ferner. Tarsch hatte 1782 seinen Latscher Nachbarn den Kauf der Ultener Kuppelwieseralm und die damit verbrieften Wasserrechte gewissermaßen vor der Nase weggeschnappt. »Einer der eindrucksvollsten und höchstgelegenen Jochwaale nicht nur Südtirols, sondern der Ostalpen«, doziert Hanspaul Menara in seinem lesenswerten Buch »Südtiroler Waalwege«. Im Latscher Joch (2507 m) stehen noch massive, bis 4 Meter hohe, aus Steinen

Luftbild der Orgelspitze (Laaser Spitze, rechte Bildhälfte). Links die plattige Jennwand.

geschichtete Pfeiler als Aquäduktreste. Sie trugen die hölzernen Leitungsrinnen. Dieses Relikt verklungener Bergbauernkultur rechtfertigt alleine schon die Tour!

Von der Tarscher Alm

Badeanzüge und Bikinis sind auf dem Sonnenbalkon der Tarscher Alm mindestens ebenso reichhaltig vertreten wie zünftige Wanderkluft. Im Südwesten spitzt das Hasenöhrl hervor: links der Blauen Schneid über dem Kuppelwieser Ferner. Weg Nummer 1 steigt südlich auf der Pistenschneise an zum Stall des »Jochpfarrer« (2281 m), gesprochen mit offenem »a«. Pfarrer hat in diesem Falle nämlich nichts mit Priester zu tun. Es ist die Bezeichnung für eingehegte Flächen, wohin das Vieh bei plötzlichen Wetterstürzen getrieben wird.

An der Wegeteilung geradeaus (Nummer 2 a), rechts an den Quellen *»Sieben Brunnen«* vorbei zum großen *Wetterkreuz* (2436 m). Jetzt nicht vollends hoch zum Tarscher Paß, sondern halbrechts dem Wegweiser »Hasenöhrl« anvertrauen. Somit folgen wir den Spuren des Tarscher Jochwaales, die Marchegg-Nordwestflanke querend, ins *Latscher Joch* (2507 m). Von der Tarscher Alm etwa 1¾ Stunden.

Aus der breiten Einsattelung, in die Weg »H« von der Arzkar-Stausee-Werkstraße mündet, zur nächsten Scharte. Der Waal setzt sich links fort. Wir steigen an einem schrofigen, blockigen Grat hinauf zur rückenähnlichen *Blauen Schneid* (2915 m). Ein Stück waagrecht auf der Schneide, dann über Blöcke turnend auf den mit Steinmännern besetzten *Punkt 3026.* Nun erstreckt sich im Vorblick der leicht gekrümmte, instruktiv einsehbare Nordgrat als dunkle Linie zwischen den Gletschern.

Vor dem Erreichen des Schlußgrates gilt es, am luftigen, horizontalen Zackenkamm die »Schlüsselstelle« zu bewältigen. Etliche im Fels fixierte Eisenstifte verleihen Sicherheit. Demgegenüber erweist sich der

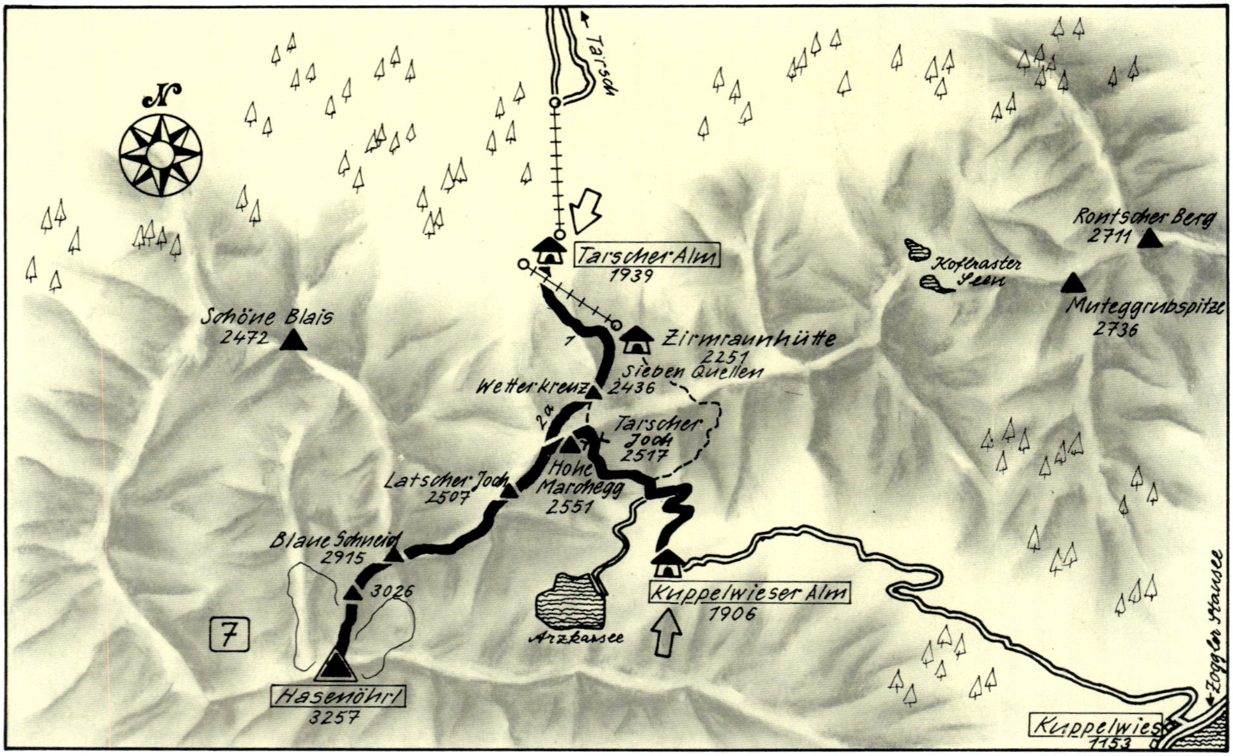

abschließende, bei guten Verhältnissen firnfreie Grat als harmlos.

Aus dem Ultental

Etwa 200 Meter nach den Parkplätzen bei der *Neuen Kuppelwieser Alm* gebietet eine Schranke dem öffentlichen Verkehr Einhalt (kein Parkraum). Weiter auf dem Sträßchen, noch ungefähr 40 Minuten, bis nahe der letzten Haarnadelkurve eine Tafel den rechts abzweigenden Steig erklärt: Nummer 1, rot bezeichnet. Kehren leiten in die Mulde des sogenannten *»Alten Geheges«*. Rund 1 Stunde braucht man ab der Werkstraße zum *Tarscher Joch* (2517 m). Links, das *Hohe Marchegg* (2551) überschreiten und auf Steigspuren hinunter ins *Latscher Joch* (2507 m), zum Weg von der Tarscher Alm.

Touristische Angaben

Talorte: *Tarsch* (816 m) im Vinschgau, Fraktion von Latsch. Hotel, Gasthöfe, Pensionen. 2,5 Kilometer von Latsch, 3,5 Kilometer von der Vinschgauer Staatsstraße. Busverbindungen. *Sehenswert:* Pfarrkirche St. Michael, ursprünglich romanisch, 1522 umgebaut, gotisches Netzgewölbe, Chor von 1685. Im Inneren fragmentarisch erhaltene romanische Fresken. Im barocken Hochaltar des Jahres 1694 der Schrein eines gotischen Flügelaltars. Auf einem Murkegel steht St. Medardus (»Sammedárn« im Volksmund), ehemals ein Johanniter-Hospiz, romanisches Kirchlein aus der 2. Hälfte des 12. Jahrhunderts, flachgedecktes Langhaus, halbrunde Apsis.
Kuppelwies (1153 m), Häusergruppe am Zoggler Stausee im Ultental zwischen St. Walburg und St. Nikolaus, 22 Kilometer von Lana. Bushaltestelle. *Sehenswert:* In St. Nikolaus das Ultener Talmuseum im alten Schulhaus (Hausnummer 107, hinter dem Feuerwehrhaus). Geöffnet vom 1. Juni bis 31. Oktober dienstags, freitags und sonntags von 11.00 bis 12.00 Uhr sowie von 15.00 bis 18.00 Uhr, übrige Zeit an Sonntagen von 11.00 bis 12.00 Uhr und von 15.00 bis 17.00 Uhr.
Ausgangspunkte: *Tarscher Alm* (1939 m), Gasthaus. Nordöstlich des Hasenöhrls. Betriebszeiten des Liftes von Anfang Juni bis Ende September: 9.00 bis 12.00 Uhr, 13.00 bis 14.30 Uhr, 15.30 bis 18.00 Uhr. An

Sonntagen erster Lift um 8.00 Uhr. Die Talstation (1200 m, Parkplätze, Gasthaus) ist von Tarsch auf einer Asphaltstraße (3,5 km) erreichbar.
Neue Kuppelwieser Alm (1906 m), im Sommer Jausenstation, Zwischenstation der Werks-Seilbahn zum Arzkar-Stausee. Parkplätze. Die asphaltierte Zufahrtsstraße (10 km) zweigt gleich nach dem Sägewerk, vor den Kuppelwieser Häusern, rechts von der Landesstraße 9 bzw. vom Nordufer des Zoggler Stausees ab (Hinweisschilder: Schwemmalm) und führt über die Jausenstation Steinrast. Von Lana 32 Kilometer.
Höhendifferenzen: Ab Tarscher Alm 1320 Meter; ab Kuppelwieser Alm 1400 Meter.
Gehzeiten: Anstieg jeweils ungefähr 4 Stunden.
Karten: Kompass Wanderkarte 1:50000, Blatt 53, Meran; Freytag & Berndt Wanderkarte 1:50000, Blatt S2 Vinschgau, Südliche Ötztaler Alpen oder Blatt S6 Ortlergruppe, Martell, Val di Sole.

Auf der Blauen Schneid. Die Route zum Hasenöhrl setzt sich über den Grat zwischen den beiden Fernern zum Gipfel fort.

Tour 8

Naturnser Hochwart, 2608 m

Am schönsten über das Vigiljoch

Tagestour.

Anfangs schattiger Weg im Siebenbrunner Wald. Danach freie, aussichtsreiche Höhen. Zuletzt felsiger Steig; markiert.

Unschwierig. Am Gipfelaufbau ist Trittsicherheit ratsam, bei Nässe und Schnee rutschig.

Beste Jahreszeit: Ende Juni bis Spätherbst.

Wir befinden uns an den nordöstlichen Ausläufern der Ortlergruppe, die fast bis vor die Tore Merans ausschweifen. Tourenziel ist der 40 Kilometer (Luftli-

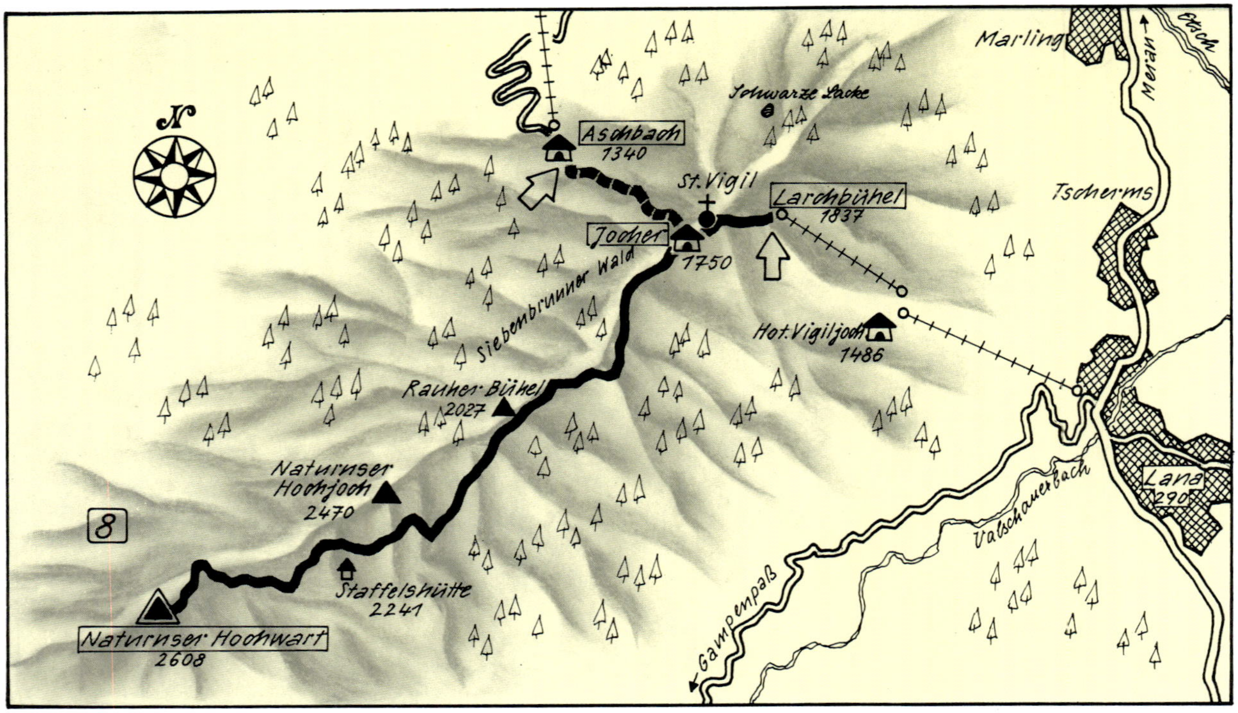

nie) lange Marteller Hauptkamm vom Cevedale über Veneziaspitze, Zufrittspitze, Hasenöhrl, Rontscherberg, Hochwart, Lärchbühel samt den Waldkuppen um St. Vigil. Dort sprudeln jene radioaktiven Quellen, die den soliden Ruf Merans als Kurort begründen. Dieser Kamm bildet die Scheidewand zwischen Martelltal und Ultental, Untervinschgau und Burggrafenamt.

Von dem halben Dutzend roter Wanderwegelinien in den Karten wird hauptsächlich die genußvolle Höhenroute aus dem Vigiljoch begangen, denn die Anstiege unmittelbar ab den Talsohlen weisen abschreckende Höhenunterschiede – 2000 Meter von Naturns, 1800 Meter von St. Pankraz/Ultental – auf und entbehren der typischen Reize der bevorzugten Wanderung, sind eher eintönig, natürlich auch anstrengender.

St. Vigil ist einer der belagerten Picknickplätze in Merans Umgebung. Das Kirchlein thront in 1795 Meter auf einer grasigen Kuppe, zum Gedächtnis des hl. Vigilius, erster Bischof von Trient (ca. 385–388), verehrt als Bringer des Christentums. Der fromme Mann erlitt im Sarcatal (nördlich des Gardasees) den Märtyrertod: Aufgebrachte Einheimische erschlugen ihn, als er eine verehrte Saturnstatue stürzte. Sämtliche Vigiliusstätten sind sehr alt. Wenn auch das Kirchlein erst 1452 urkundlich auftaucht, dürften die Langhausmauern der Romanik angehören. Im 16. Jahrhundert wurde der Chor umgebaut, im 17. Jahrhundert das Langhaus eingewölbt. Hervorragend der Freskenschmuck aus der 2. Hälfte des 14. Jahrhunderts.

Nördlich der Kirchenkuppe, 10 Minuten entfernt, ruht das Biotop Schwarze Lacke (1750 m). Aus dem See, in dessen Unergründlichkeit Pilatus einen Bußprediger ersäufen habe lassen, ertöne ein furchtbares Grollen, sobald ein Gewitter aufziehe, überliefert Ignaz Vinzenz Zingerle in »Sagen aus Tirol«. Ein Wetterkreuz neben dem Gasthof Seespitz soll das heidnische Gedankengut verscheuchen.

Der Reiz des Aufstieges beginnt beim Verlassen des Siebenbrunner Waldes auf dem flachen Höhenrükken, hinaus zu großräumigen Almwiesen, wo das Glockengeläute des Grauviehs ertönt. In der Tiefe öffnet sich zunehmend das Ultental. Südlich dominiert die Laugenspitze, rechts davon das Marauner Tal, aus dem eine Straße hinüber zum Deutschnonsberg – Proveis und Laurein – geplant ist, um die dortige deutschsprachige Bevölkerung wenigstens verkehrsmäßig mit Südtirol zu verkoppeln.

Ein windschiefes Wetterkreuz steht am Weg. Im Tümpel der feuchten Mulde, einem verlandeten See, wimmelt es von Kaulquappen. Stellenweise verliert sich die Pfadspur, dafür weisen Farbkleckse auf den Steinen die Route, vorbei an mannshohen Steinmännern, die die Hirten offensichtlich aus Langeweile geschichtet haben. Zwei Stunden nach dem Vigiljoch tritt die Hochwart in Erscheinung, die Naturnser Hochwart, im Gegensatz zur 20 Meter höheren Ultener Hochwart im Süden, jenseits des Ultentales. Der oder die Hochwart? Peter Holl spricht den Berg im Alpenvereinsführer maskulin an, landläufig heißt es aber *die* Hochwart. Dem pflichte ich überzeugt bei, denn der Name wird sicherlich von Hoher Warte abgeleitet. Und das ist der Gipfel in Vollendung – eine Aussichtswarte par excellence! Man kann sich kaum sattsehen vom Dargebotenen, vor allem am Wall der Texelgruppe nördlich über dem Vinschgau. Schwach im Südwesten sieht man die Eisflanken des Hasenöhrls. Nördlich ist links über dem Eingang des Schnalstales Schloß Juval zu erkennen, Reinhold Messners Domizil.

Aus dem Vigiljoch

Südwestlich des Kirchleins, unterhalb des Gasthauses Jocher, befindet sich der tiefste Punkt des *Vigiljoches* (1750 m). Wir folgen Nummer 9 in Richtung des Wegweisers »Hochwart«. Südlich auf breitem Weg ansteigen, rechts an einem italienischen Ferienheim vorbei, in ½ Stunde zur Wegegabel im Siebenbrunner Wald. Geradeaus – Rückblick auf St. Vigil –, an der nächsten Teilung ebenso gerade, bergan zur Höhe mit einer Skiliftstation und Eisengittermasten der Überlandleitung. Über eine Wiese, abermals in ein Waldstück. Unser Zeichen bleibt die 9. Bald erscheint voraus der lange Fels- und Schrofenrücken des Naturnser Hochjoches (der auf manchen Karten einge-

Das malerische Vigiliuskirchlein oberhalb des Vigiljoches, Ausgangspunkt der Tour zur Hochwart.

Auf dem Weg vom Vigiljoch zur Hochwart.

zeichnete Weg über den Rücken kann nicht empfohlen werden!). Wir schlendern östlich um den *Rauhen Bühel* herum. Nach insgesamt 1 Stunde gibt uns der Wald endgültig frei.

Linksabzweigungen bleiben unberücksichtigt. Die Hochwart erscheint. Unterhalb des Hangweges duckt sich das natursteingemauerte, wellblechbedeckte *Staffelhüttchen* (2241 m). Die Traverse in den Südosthängen des Kammes bringt uns in die »Murmentengrube«, eine weite Karmulde angesichts der Hochwart. Hier, und auch weiter oben, lagert bis in den Sommer Schnee. Gut ausgebaut senkt sich der Pfad und schlängelt sich durch Blockwerk. An der Gabelung geht es mit den Markierungen halbrechts, hinauf in das Schneeloch des »Kalten Kellers«, weiter in die aussichtsreiche Einschartung (2372 m) am Hochwart-Nordostrücken. Vom Vigiljoch 2¾ Stunden. Wie mit einem Schlag präsentiert sich die Texelgruppe. Nun links, südwestlich dem Weglein am Kamm folgen. Etwa 5 Minuten später münden Weg 5 von Naturns sowie 5a über die Altalm (Zehntenalm). Die *Hochwart* zeigt uns ihre felsig-zerschrundenen Nordabstürze. In ¼ Stunde zu einer Kammschulter, von der es nur mehr wenige Minuten zum Kreuz sind. Erholung neben Gleichgesinnten im Gras der Südflanke. Gipfelglück.

Touristische Angaben

Talorte: *Lana* (290 m), größte Obstbaugemeinde (Anbaufläche 1152 Hektar) Südtirols, südlich (8 km) von Meran; Busverbindungen. Hotels, Gasthöfe, Pensio-

nen; Campingplatz. Die Talstation der Seilbahn in Richtung Vigiljoch befindet sich in Oberlana, Parkplätze, Bushaltestelle. *Sehenswert:* In der Pfarrkirche Niederlana größter (14 Meter hoch) Flügelaltar Tirols: »Schnatterpeck-Altar« nach dem Allgäuer Meister Hans Schnatterpeck, unter dessen Leitung der gotische Schnitzaltar, bereichert mit Tafelbildern des Nürnbergers Hans Schäuffelein aus dem Dürerkreis, in den Jahren 1503 bis 1511 entstand. Führungen nur werktags stündlich von 10.00 bis 12.00 Uhr und von 14.00 bis 18.00 Uhr. – Jausenstation Runggöglhof; Zufahrt von der Gampenpaßstraße am Ortsrand von Lana halbrechts (Wegweiser). Eine der originellsten Jausenstationen der Umgebung.
Aschbach (1340 m), aussichtsreicher Bergweiler, Fraktion von Algund, südlich von Rabland im Vinschgau. Die asphaltierte Zufahrtsstraße (10,5 km) zweigt südöstlich von Partschins, bei der Töll, von der Vinschgauer Staatsstraße ab. Gasthöfe, Privatzimmer. Betriebszeiten der Seilbahn nach Aschbach (Talstation am südlichen Ortsrand von Rabland, jenseits der Etsch; Parkraum): stündlich von 7.00 bis 20.00 Uhr und nach Bedarf.
Ausgangspunkt: *Vigiljoch* (1750 m), nordöstlich der Hochwart. Schnellster Zugang von Lana: Seilbahn und Sessellift auf 1820 Meter. Von dort absteigend über den »Jocher« ¼ Stunde ins Vigiljoch. Betriebszeiten der Bahnen: Seilbahn von 8.00 bis 19.00 Uhr, Lift zwischen 1. Juli und 31. August von 8.00 bis 18.30 Uhr, Mittagspause von 12.00 bis 13.00 Uhr.
Von Aschbach: Auf der Rückseite der Häuser zum Waldrand, wo die Wegnummern 28 und 29 rechts abzweigen (Wegweiser). Nach 10 Minuten mit Nummer 27 durch den Wald aufwärts ins Vigiljoch, 1¼ Stunden.
Höhendifferenzen: 900 Meter aus dem Vigiljoch.
Gehzeiten: Anstieg 3¼ Stunden aus dem Vigiljoch.
Karten: Tabacco Wanderkarte 1:25000, Blatt 011 Meran und Umgebung; Kompass Wanderkarte 1:50000, Blatt 53 Meran; Freytag & Berndt Wanderkarte 1:50000, Blatt S1 Bozen, Meran und Umgebung.
Anmerkung: Der sich anhand der Karten scheinbar anbietende Rückweg von der Hochwart über Altalm (Zehtenalm) – Naturnser Hochalm – Vigiljoch ist nicht ratsam (selbst beim Ausgangsort Aschbach), denn dadurch verliert man 200 Höhenmeter auf unbequemer steiler Zickzackspur und muß den Gegenanstieg ab der Altalm in Kauf nehmen.

Tour 9

Laugenspitze, 2434 m

Hinter den Bergen

Tagestour.

Steiler Pfad gleich oberhalb des Gampenpasses, Felssteig am Gipfelaufbau. Ansonsten Wege und Wegspuren in grasigem Gelände. Wenig Schatten. Rundtour.

Am Gipfelstock Trittsicherheit und Schwindelfreiheit notwendig, etliche Meter I–. Bei Schnee oder Vereisung gefährlich. Im Nebel Orientierungsprobleme.

Beste Jahreszeit: Juni bis Spätherbst.

Aus der Meraner Umgebung, von der Etschtalsohle sowie von den Höhen Haflings und des Saltens taucht die doppelgipfelige Laugenspitze südwestlich hinter Bergen auf, entrückt, freistehend über kulissenähnlichen Waldeshöhen. Das erweckt verlangende Neugier, ebenso wie die »Gegend«, die von der Laugenspitze überragt wird, die »Teutschgegend am Nonsberg« laut einer Erwähnung im 13. Jahrhundert.

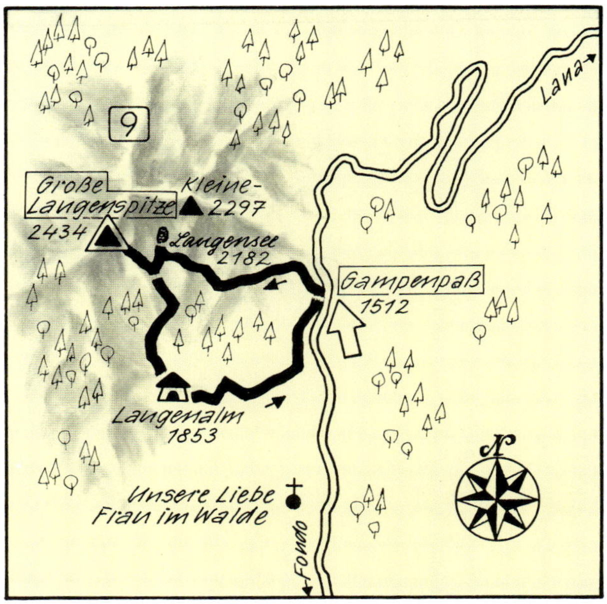

Dabei handelt es sich um eine vergessene Südtiroler Enklave abseits des Burggrafenamtes, zu dem der Gampenpaß unter der Laugenspitze die Grenze bildet. Deutschnonsberg kam 1265 durch Graf Meinhard II. zu Tirol, unterstand aber der Gerichtsherrschaft Castelfondo, dem seinerzeitigen Kastelpfunt. Unser Liebe Frau im Walde, die der Laugenspitze nächstgelegene Nonsberger Ortschaft, knapp zwei Kilometer jenseits des Gampenpasses, zählte bis zur Eingemeindung von St. Felix 1979 mit 400 Einwohnern und 1275 Hektar zu den kleinsten Gemeinwesen Südtirols, aber zu den ältesten Pfarreien (seit 1184, nach der Abtrennung von der Urpfarre Sarnonico, Saueregg). Das Dorf war aus einer Sennalpe – deshalb wohl der künstliche italienische Name »Senale« – hervorgegangen, wo sich um das Jahr 1000 Hirten vom Tisenser und Völlaner Mittelgebirge niederließen, rodeten und kultivierten. 1324 richtete Tirols Landesherr, König Heinrich, am Gampenpaß eine Maut- und Zollstätte ein, denn die »Landstraße« mauserte sich während des Hochmittelalters zur Verkehrsader zwischen Nonsberg und Etschtal, vor allem für Warentransporte. Die heutige Straße erhielt ihre Trasse erst 1939.

Vielleicht darf man es der Bedeutung des Passes zuschreiben, sicherlich aber der weithin sichtbaren Lage der Großen Laugenspitze, daß sie schon 1552 Bergsteigerbesuch erhielt, am 24. August. Jakob von Boymont-Payersberg, der die Burg Payersberg oberhalb von Nals großzügig erweiterte, außerdem die Schwanburg in Nals baute, sorgte damit für die erste belegte Damenbesteigung eines Alpengipfels: »... bin ich mit meiner schwiger (Schwiegermutter, d. Verf.) und hausfrau auf den hechsten Laugenspitz gangen«, wissen wir aus seiner Autobiographie (Gymnasialprogramm des Franziskanerkonvents Hall in Tirol 1895/96). Die Damen hießen Regina von Brandis (Adelsgeschlecht aus Lana) und Katharina Botsch. Mehr als 300 Jahre hernach erheischt die Große Laugenspitze erneut Aufmerksamkeit bei Chronisten: Am 9. September 1875 eröffnete die Alpenvereinssektion Meran gute 5 Minuten unterhalb des Gipfels

Von Vöran geht der Blick über das Etschtal hinweg zur Laugenspitze (Bildmitte). Auf der ausgeprägten Hangterrasse darunter liegen die Orte Tisens und Völlan.

Der Laugensee vom Aufstieg zur Laugenspitze. Im Hintergrund die Hochflächen von Hafling mit dem markanten Ifinger.

die Laugenhütte »aus Holz mit Steinunterbau« und sechs Schlafplätzen, unbewirtschaftet, nur mit Vereinsschlüssel zugänglich, späterhin offener Unterstand. Es war der zweite alpine Stützpunkt (erster Hirzerhütte) des Deutschen und Österreichischen Alpenvereins im südlichen Tirol. Von der Hütte ist nichts mehr übriggeblieben. Noch aber murmeln aus dem Laugensee alte Sagen von Hexen, Wettermachern, Geisterumtrieben. Einmal habe ein Hirtenjunge seinen Rosenkranz ins Wasser geworfen, worauf ihn und das Vieh Blitz und Donner niederschmetterten...

Am seichten, kreisrunden See beginnt das letzte Drittel des Aufstieges, bald abwechslungsreich längs des Südostgrates, gefangen durch Breitpanoramen: von den Brentaklötzen zum vergletscherten Alpenhauptkamm, vom Ortlereis zum Dolomitenfels. Das Gestein, hier an der westlichen Grenze der Bozener Porphyre, erweist sich als gut gestuft. Die Steigspuren und Farbzeichen sind nirgendwo zu übersehen.

»Es lebe Christus« – Inschrift des 1979 geweihten Gipfelkreuzes. Der Rückweg verläuft – weniger steil – über die 1988/89 neu erbaute Laugenalm. Wie vor vier Jahrhunderten weidet hier auch heute noch das Vieh der Bauern von »Frauenwald«, entsprechend einer »Albenverordnung der Ochsenalben am Laugen, der Gmain und Nachperschaft bei unser liben Frawen im Wald«, so der Urkundenauszug von 1597. Vergessen wir jedoch bei all diesen Vergangenheitsbetrachtungen nicht die Laugenspitze unserer Tage, einmal als lohnendes Gipfelziel für tüchtige Wanderer, zum anderen – Randbemerkung – als Ausgang des Sentiero Alberto Bonacossa (Wegnummer 133) durch die Verlorenheit des alpinen Nonsberges: Gampenpaß – Laugensee – Castrinalm – Kesselalm –

Waalalm – Binaziapaß – Passo Palù nach Rabbi im gleichnamigen italienischen Tal auf der Südostseite der Ortlergruppe.

Gipfel-Überschreitung

Ab der *Paßhöhe* folgt man wenige Minuten dem »Forstweg Laugen«, bis unsere Route unmittelbar nach einer Rastbank rechts abzweigt (Wegweiser). Ziemlich steil auf felsigem Steig, streckenweise mit Holzgeländern gesichert und »kraxelnd« im Hangwald zu einem Forstfahrweg. Auf ihm links zur nächsten Rastbank. Nun wieder mit markiertem Wanderpfad kehrenreich aufwärts. Etwa ¾ Stunden nach dem Gampenpaß lichtet sich der Hochwald; 20 Minuten später geht es rechts im Abstand an einem Holzhüttchen vorbei. Nun in freiem Terrain. Felsbrocken liegen herum; Alpenrosenbüsche, kriechendes Strauchwerk. Links des Weges folgt ein kleines Hochmoor. Ungefähr ¼ Stunde danach linkshaltend über einen schwach eingewölbten Sattel. Dann quert man oberhalb eines Hochtalbodens, ein kurzes Stück felsig, in den Hintergrund einer Mulde. Durch den abschließenden, felsbesetzten Hang aufwärts und durch feuchte Wiesen zum Südufer des 85 mal 75 Meter großen *Laugensees* (2182 m) im Sattel zwischen Kleiner und Großer Laugenspitze. Vom Paß 2 Stunden.

Links über den Abfluß, jetzt wieder mit Nummer 133 (Sentiero Alberto Bonacossa) markiert, in 5 Minuten zur Wegeteilung. Geradeaus (halblinks zur Laugenalm) in weiteren 5 Minuten durch feines Geröll an den Südostrücken der *Großen Laugenspitze*, dem interessantesten Teil der Tour. Die Farbzeichen sind bereits vom Gratanfang zu sehen. Geröll und Blockwerk erwarten uns, leichte Kletterpassagen auf einigen Metern. Die Route hält sich vorerst an den Rücken, danach links davon mittels Steigspuren zur grasigen Gipfelkuppe. Vom Laugensee ¾ Stunden.

Abstieg: Am Südostgrat etwa 20 Minuten zurück. Dann nicht links (zum Laugensee – Gampenpaß), sondern geradeaus zum querverlaufenden Weg Nummer 10. Rechts, absteigend in langen Querungen durch Waldstücke zu der sommers bewirtschafteten *Laugenalm* (1853 m). Ab Gipfel 1 Stunde.

Hinunter zum Fahrweg, der gekreuzt wird. Im Wald abwärts, nach ¼ Stunde wieder auf den Fahrweg stoßend. Links etwa 60 Meter, dann rechts ab in 5 Minuten zu einer Wegegabel. Geradeaus, den Laugenbach überschreiten und zu einem breiten Querweg (½ Stunde von der Laugenalm). Auf ihm links weiter, bis unser Wanderpfad nach 10 Minuten links durch ein Zauntürchen führt. Der anschließende Wiesenpfad mündet in die *Gampenstraße*, auf der es nicht mehr weit zur *Paßhöhe* ist.

Touristische Angaben

Ausgangspunkt: *Gampenpaß* (1512 m) an der Staatsstraße 238, von Lana 18 Kilometer. Busse von Lana und Fondo. Gasthof Gampenpaß, Freitag geschlossen.
Höhendifferenz: 920 Meter.
Gehzeiten: Zum Gipfel 2¾ Stunden; Abstieg etwa 1¾ Stunden; insgesamt 4½ bis 5 Stunden.
Zwischenstation: *Laugenalm* (1853 m), in den Sommermonaten bewirtschaftet, vom Ausgangspunkt nicht ganz 4 Stunden.
Karten: Kompass Wanderkarte 1:50000, Blatt 53 Meran; Freytag & Berndt Wanderkarte 1:50000, Blatt S1 Bozen, Meran und Umgebung.

Tour 10

Gantkofel, 1866 m

Steilwände und Lärchenwiesen

Tagestour.

Westseite bewaldet. Im Osten, aus dichtem Mischwaldgürtel hochragend, senkrechter Fels.

Im Westen sowie vom Mendelpaß unschwierig; markierte Wege. Von Osten anstrengender, der Sonne ausgesetzt, markiert. Trittsicherheit und Schwindelfreiheit ratsam; bei Nässe gefährlich, besonders im Abstieg.

Beste Jahreszeit: Frühsommer bis Spätherbst, in schneearmen Wintern fast ganzjährig.

Der schartenreiche Mendelkamm zwischen den Penegal-Antennen und dem Eckpfeiler Gantkofel, seinem markanten Horn in der Silhouette des Etschbuchtgebirges, schirmt die sonnenverwöhnten Weinlagen und Obstgärten von Kaltern und Eppan wie ein

Ausblick vom Tretsee nordwärts zur Laugenspitze.

Schutzschild ab, garantiert mildes Klima. Als wandtrutziger Rechtsaußen dieser Sperre tritt der Gantkofel eindringlich hervor: helles Mendel-Dolomitgestein, Prospekt romantischer mittelalterlicher Burgruinen im Adelsparadies Südtirols. Oberflächlicher Eindruck der Wandflucht: unüberwindbar.
Auf dem Gipfel kann jedoch Enttäuschung anklingen, erinnert man sich des vorherigen Bildes. Eine grasige Anhöhe bildet den höchsten Punkt. Betonierte ehemalige Militärstellungen verrotten. Sie werden offensichtlich als Toiletten benutzt. Etwas unterhalb steht, hart am Abgrund, das »Gantkreuz« gleich einer Adlerwarte – 1400 Meter höher als das Überetscher Plateau. Den Bozener Kessel überlagert eine undurchsichtige Smogschicht. Aus dem Dreck schälen sich Dolomitenumrisse: Schlern, Rosengarten. Der Müllberg bei Schloß Sigmundskron, ein Wahrzeichen des Landes, qualmt ekelhafte Dämpfe gen Himmel. Geben wir der Nahbetrachtung den Vorzug! Beklemmendes Starren in die schwindelerregende Tiefe. Das ist der Supereffekt jeder Gantkofel-Besteigung, wobei die Überraschung am stärksten wirkt, sobald uns die Nonsberger Wälder freigeben und schlagartig gähnende Haltlosigkeit den Schritt blockiert. Unglaubliches Staunen – extreme Kontraste! Deshalb bevorzuge ich den Weg von St. Felix, auch ein wenig als Rufer für den Nonsberg, wo alles einfacher und bescheidener geblieben ist gegenüber dem zeitweiligen Weintourismus beim herbstlichen »Törggelen« um Kaltern und Eppan. Verzeihen Sie mir diese Parteinahme!
Östlich von St. Felix wölbt sich eine Waldkuppe hinter der anderen in anmutigen Wellen empor zum Gantkofelbruch. Parkähnliche Lärchenwiesen lockern das Fichtendunkel freundlich auf. Und mittendrin ruht der St.-Felixer-Weiher, auch Tretsee, nach der St. Felix benachbarten Ortschaft Tret, einer Fraktion der Gemeinde Fondo. Bewohner der Ortschaft hatten nämlich Land um den See erworben. Das Gewässer (220×170 m) liegt in der Übergangszone zwischen

Quarzporphyr, Grödner Sandstein und Triaskalken. Kaum schmilzt der Schnee, blühen Soldanellen und Küchenschellen, ihnen folgen Enzianarten, Schwefelanemone, Akelei, Brunelle, Knabenkräuter, Maiglöckchen und Zyklamen. Botanische Raritäten sind fleischfressende Pflanzen, Feuerlilien und Ragwurzen. Der Teichfrosch paart sich. Molche und Blutegel sind durch den Fischeinsatz 1976 verschwunden. Im Hochsommer klettern die Wassertemperaturen des bis zu 3,20 Meter tiefen Sees gelegentlich auf 18 und 20 Grad. Das nördliche Ufer säumt ein 30 Meter breiter Schilfgürtel, von dem sich schwimmendes Laichkraut als Verlandungsursache in den See vorschiebt. Vom Weiher sind es noch 1½ Stunden zum Gantkofel.

Spaziergang aus dem Nonsberg

Vom *Parkplatz* (1378 m), bei der Fahrverbottafel des »Forstweges Felixer Alm«, biegen wir links in den Weg Nummer 9 ein, wodurch die erste Straßenschleife abgekürzt wird. Die Straße kreuzen und wieder durch lichten Nadelwald. Abermals auf die Straße, der wir jetzt 5 Minuten folgen. An der Linkskurve geht man rechts auf einem der beiden Wanderwege, die sich wenig später wieder vereinen und in 20 Minuten zum *St.-Felixer-Weiher* (1604 m) führen. Links mit Wegnummer 512 in 10 Minuten zum Gasthaus *Waldesruhe* (1604 m). Vom Parkplatz ¾ Stunden.
Nun südöstlich zu einer ausgedehnten Wiese, die auf schwacher Spur überquert wird. Von rechts mündet der Solompsteig (Nr. 517) aus der Ortschaft Fondo. Wir bleiben halblinks auf Nummer 512. Etwa ½ Stunde nach der »Waldesruhe« senkt sich der Pfad im Hangwald über Wurzelwerk und felsdurchwachsenes Gelände. 10 Minuten später wird bei einem Holzbrunnentrog (1607 m) der Caurinibach überschritten. Wir gelangen in den hintersten Talgrund bergan zu einem Forstfahrweg. Hier heißt es im Gewirr mehrerer Wege auf die rot-weiß-roten Farbbänder an den Baumstämmen achten! Nach ¼ Stunde mündet in der waldbestandenen *Gaider Scharte* (1659 m) Wegnummer 7 von Gaid. Vom Parkplatz 1¾ Stunden.
Gemeinsam weiter bergan, spürbar steiler, 20 Minuten zu der Stelle, an der die Route unverhofft einen Linksknick beschreibt (Wegweiser), um uns schon 10 Minuten später am *Gantkofelkreuz* abzuliefern.

Steckbriefe anderer Aufstiege

Von Gaid (965 m, Jausenstation Moarhof, asphaltiertes Zufahrtssträßchen 10 Kilometer ab St. Michael/

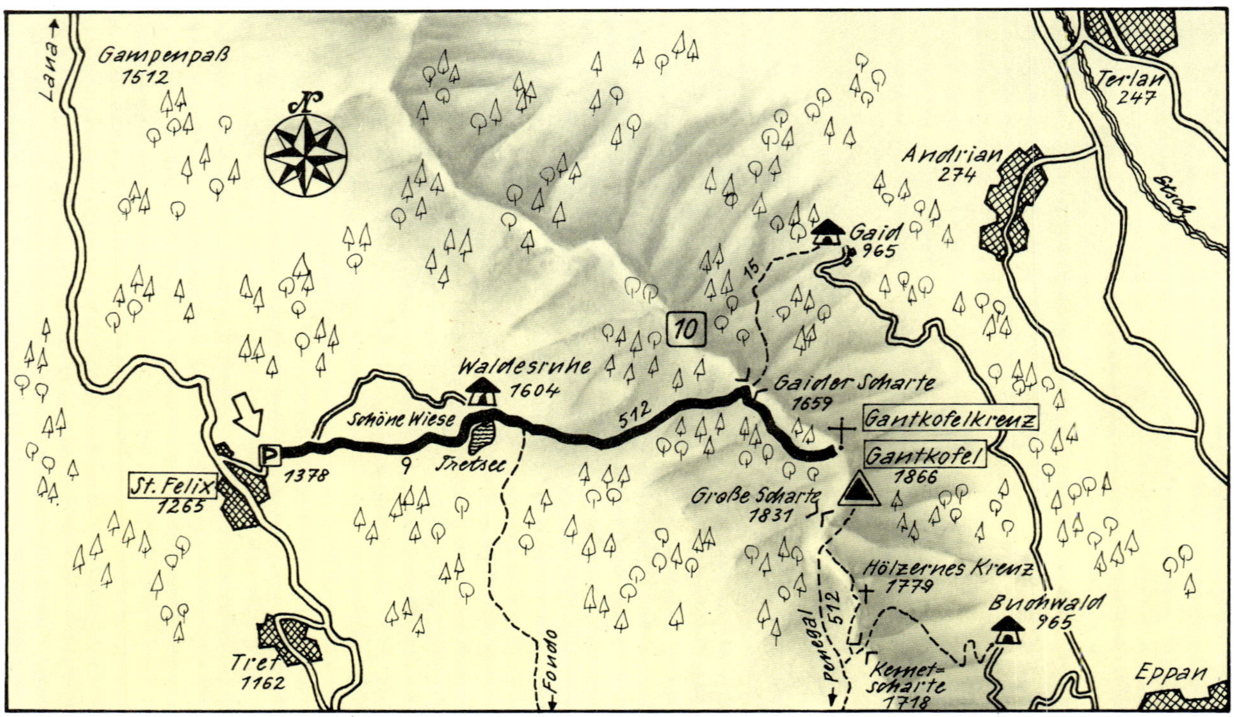

Eppan): Auf der Straße noch 5 Minuten bergan, dann links ab (Markierungen 15, 8 A), vorbei am Saltnerhof und dem geschotterten Weg folgen. An der Wegeteilung geradeaus (Nr. 15), das Höllensteintal mit dem Schwarzbach queren und durch den Wald des Gaiderberges hinauf zum querverlaufenden Weg 7. Links, an der Wegeteilung rechts in die Abbrüche des Mendelkammes. Mittels Serpentinen auf schmalem, abschüssigem Pfad in die *Gaider Scharte* (1659 m). Von dort in ½ Stunde zum Gipfel. 3 Stunden.

Von Buchwald (965 m, Berggasthaus, Zufahrtssträßchen 7 km ab St. Michael/Eppan): Mit Wegnummer 545 beziehungsweise 546 nordwestlich durch die Waldhänge des Missianer Berges in die steile Schlucht. Durch den sogenannten »Kamin« (Eisenleiter) hoch in die *Kemetscharte* (1718 m). Rechts (nördlich) hinauf zum aussichtsreichen hölzernen Kreuz (1779 m). Weiter in nördlicher Richtung, kurz abwärts zu Wegnummer 512 (vom Penegal), die, an der *Großen Scharte* vorbei, zum *Gantkofel* leitet. 3 Stunden.

Vom Penegal (1750 m, Gasthaus Aussichtsplattform, Mautstraße vom Mendelpaß): Wegweiser Macaion! Nördlich stets mit Nummer 512. Höhenverlust durch den Abstieg an die Mündung der *Furglauer Schlucht* (1496 m). 3½ bis 4 Stunden.

Touristische Angaben

Talort: *St. Felix* (1265 m), 400 Einwohner, bildet mit Unsere Liebe Frau im Walde eine Gemeinde auf 27,55 Quadratkilometer. Gasthäuser, Pensionen. An der Staatsstraße 238, vom Gampenpaß 8,5 Kilometer, von Lana 26,5 Kilometer, vom Mendelpaß 16 Kilometer. Busverbindungen.

Ausgangspunkt: Parkplatz (1378 m) nordwestlich des Ortes. Das asphaltierte Zufahrtssträßchen (1,2 km) zweigt am nördlichen Ortsrand beim Gasthaus Alpenrose von der Staatsstraße ab.

Höhendifferenz: 560 Meter.

Gehzeiten: Parkplatz – Gantkofel 2¼ Stunden; Rückweg 2 Stunden (Gegenanstieg von 20 Minuten); insgesamt etwa 4¼ Stunden.

Zwischenstation: *Gasthaus Waldesruhe* (1604 m) am St.-Felixer-Weiher (Tretsee), geöffnet von Mitte Mai bis Ende Oktober.

Karten: Mapgraphic Wanderkarte 1:25000, Blatt 8, Überetsch-Mendel; Freytag & Berndt Wanderkarte 1:50000, Blatt S1 Bozen, Meran und Umgebung oder Blatt S7 Überetsch – Kalterer See.

Tour 11

Monte Roèn, 2116 m

Klettersteig über Tramin

Tagestour.

Bis zur Überetscher Hütte größtenteils schattiger, vielbegangener Weg. Oberhalb der Hütte Klettersteig in sonniger Ostwand.

Mendelpaß – Überetscher Hütte unschwierig. Der Klettersteig setzt Trittsicherheit und Schwindelfreiheit voraus; Drahtseil-Sicherungen.

Beste Jahreszeit: Anfang Juni bis Spätherbst.

Der Monte Roèn, auf älteren Karten »Rhönberg«, ist nach den Laugenspitzen höchster Nonsberg-Gipfel, Grenzmarke zwischen den Provinzen Bozen und Trient im südlichen Mendelkamm. Die *Nonsberggruppe* stellt ein junges geographisches Gefüge dar, und erst die »Alpenvereinseinteilung der Ostalpen« brachte ihr 1982 Selbständigkeit. Vorher gehörte sie zur Brenta, was weit hergeholt war. Grenzen der Nonsberggruppe grob umrissen: Bozen – Etschtal bis Mezzocorona – Val di Sole (Nocetal) – Lago di Giustina – Val di Pescara – Proveis – Marauntal zur Mündung in den Valschauer Bach – Lana – Etschtal – Bozen.

Die Ausguckqualität der Höhen um den Monte Roèn über das 2000 Meter tiefer liegende Bozener Unterland beziehungsweise das paradiesische Überetsch samt Kalterer See erkannten bereits die Großväter im Alpenverein und erstellten 1912 die Überetscher Hütte in Adlerhorstposition. 1912 schwärmt »Schenkers Führer durch Südtirol mit internationalem Hotelanzeiger«: »Das Überetsch wird der Rheingau der Alpen genannt, weil es ein ergiebiges Weinbaugebiet ist und weil es eine große Zahl alter Edelsitze aufweist. Hier hatte der tirolische Adel seine Sommer- und Herbstwohnungen, hier wurde die Weinlese begangen, von hier aus Jagden unternommen. Das Überetsch war die Stätte der Lustbarkeit, der Gastfreundschaft, der zwanglosen Geselligkeit, und manches gewölbte Tor, durch das heute der Bauer sein Vieh treibt, könnte ganze Romane aus der vornehm-

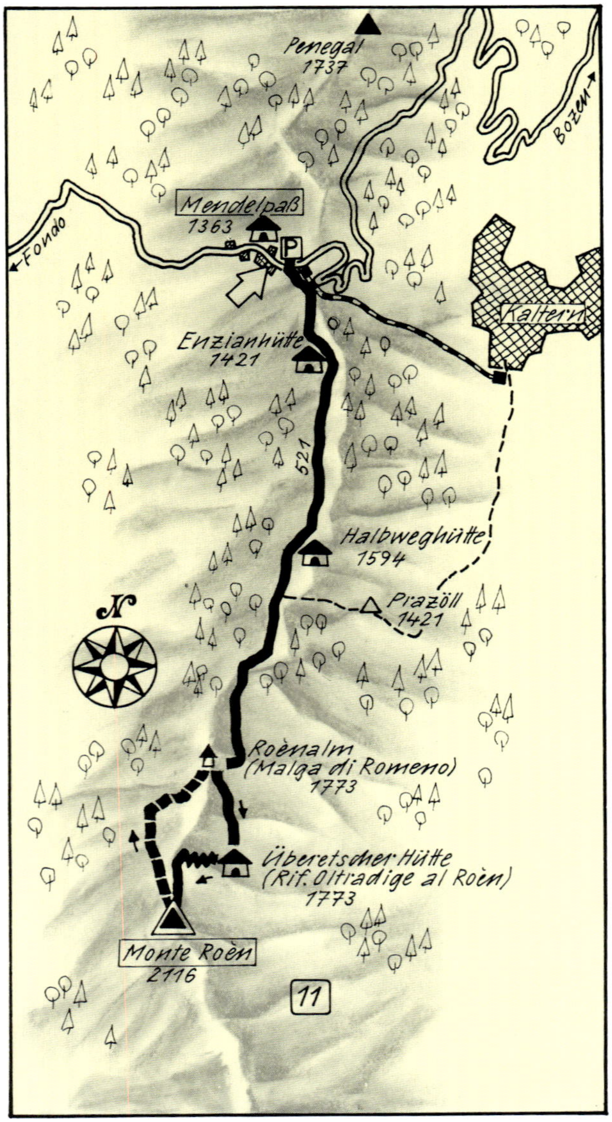

sten Gesellschaft vergangener Jahrhunderte erzählen. Etwa 200 Meter höher als das Etschtal bildet das Überetsch eine Art Terrassenlandschaft zwischen der Etsch und dem steil aufragenden Mendelgebirge...«
Obwohl die Traube zugunsten des Apfels zurückwich – Eppan ist mit 1064 Hektar zweitgrößte Obstbaugemeinde Südtirols, Kaltern siebtgrößte (776 Hektar) –, blieb der Wein das belebende Element. Hell bis strohgelb leuchtet der Gewürztraminer im Glas, riecht ausgeprägt sortentypisch, vom Geschmack her vollmundig, angenehm würzig. Schon Oswald von Wolkenstein, der Dichter und Minnesänger des 15. Jahrhunderts, schätzte Traminer Weine, vermißte sie schmerzlich während des Konzils zu Konstanz; süddeutsche Rebensäfte machten ihm »die kel so krank, daß sich verirrt mein hells gesank«. Sein Flehen: »Dick gen Tramin stet min Gedank«. Asketische Sittenwächter allerdings fürchteten im Traminer Wein eine Quelle der Versuchung, die den Frauen »ihren Köpf wärmet und dermaßen erhitzet, daß sie nieder und zu Boden fallen und ihre Ehr verzetten«. Davon dürften sich die Augsburger Patrizier Langenmantel nicht angesprochen gefühlt haben. Sie feierten in der Trinkstube ihrer Grafenhäuser, umgeben von Wandmalereien des Barthlmä Dill Riemenschneider, einem Sohn des Bildhauers Tilman Riemenschneider, und genossen in jeder Hinsicht die Annehmlichkeiten des Handelsplatzes Tramin.
Wer den Ort und seine Menschen ohne Fremdenverkehrsrummel erleben möchte, sollte einmal zur Faschingszeit an die Südtiroler Weinstraße reisen. Alle zwei Jahre (1989, 1991) zieht am Fastnachts-Dienstag der »Egetmann« durch Tramin: skurriler Hochzeitszug des »Egetmannhansl«, eine Strohpuppe mit schwarzem Rock, Zylinder und weißen Handschuhen in einer Kalesche fahrend. In seinem toll-dreisten Gefolge tummeln sich gehörnte »Schnappviecher«, »Goaßlschnöller« (Peitschenknaller), der mit Efeu bekleidete »Wilde Mann«, die zerlumpte »Burgl«, eine »Altweibermühle«, der grüne und weiße Bär sowie das Weib mit der »Zumm« (Rückentragkorb). An jedem Dorfbrunnen wird haltgemacht, wobei der »Verkünder« aus dem Protokollbuch das Eheaufgebot des »Egetmannes« verliest. Über die Ursprünge dieses merkwürdigen Brauches ist wenig bekannt. Man könne aber wohl davon ausgehen, erklärt die vom »Egetmann-Verein« herausgegebene Broschüre, »daß es sich... ganz einfach um die Symbolisierung des Kampfes zwischen Licht und Finsternis, zwischen Gut und Böse handelt, um Frühlingsbräuche und Fruchtbarkeitsriten...«.
Doch nun wieder zurück auf die Höhen! Die Überetscher Hütte trägt seit der Enteignung nach dem Ersten Weltkrieg den Namen Rifugio Oltreadige al Roèn und gehört der CAI-Sektion Bozen. Leistungswillige steuern sie direkt von Tramin an, in 4 oder 5 Stunden durch die wilde Schlucht des Höllentalbaches, der 1986 schwere Schäden brachte. Gemütlich hingegen gestaltet sich die Höhenwanderung vom Mendelpaß über die Romeno Alm (Roènalm). Dorthin windet sich zwar von Westen (Amblàr) ein Fahrweg, wir haben

uns aber dessenungeachtet für den Aufbruch am Mendelpaß entschieden. Wen »Eisenwege« nicht reizen, der wandert von der Romeno Alm auf den Gipfel, durch Wald und über Grashänge. Ansonsten gilt, ab der Überetscher Hütte, der Hinweis »Via ferrata«. Die Rundschau macht keine Unterschiede. Sie wird als umfassendste weit und breit gepriesen. Der Klettersteig leistet lediglich einer offenbar tourismus- und hüttenumsatzfördernden Suchterscheinung unserer Tage Genüge – prickelnde Würze eines im Grunde genommen unscheinbaren Berges, den erst Eisenstifte und Drahtseile zum Bestseller erkoren haben.

Vom Mendelpaß

Von der Mendelbahn-Bergstation oder auf dem *Mendelpaß* (1363 m) vom Parkplatz hinter dem »Kaltererhof« mit Wegnummer 521 einem Fahrsträßchen bergan folgen. Es dauert nicht lange, bis 521 rot-weiß-rot markiert links abzweigt und direkt zum ganzjährig geöffneten Gasthaus *Enzianhütte* (1421 m) führt. Bis hierher kann noch das Auto benützt werden. Eine Tafel zeigt in Richtung Halbweghütte. Wir kommen über Lichtungen, auf denen vereinzelte Ferienhäuser stehen. Die *Halbweghütte* (1594 m) befindet sich halbwegs zwischen Mendelpaß und der Malga di Romeno. Die Mooswiesen unterhalb der Einkehr sind durch Liftmasten verunstaltet. Wenig später wendet sich links ein schmaler Stichweg zu einem luftigen Aussichtspodest am Monte Lira. Kaltern und sein weinberühmter See liegen uns zu Füßen.
Auf dem Höhenweg nimmt die Steigung zu. Am *Sas della Prieda* (1629 m) erreicht der Prazöllsteig (Nummer 538) von Kaltern den Kamm. Etwa 20 Minuten nach »Halbweg« geht es über eine Lichtung. Und nicht ganz ½ Stunde später bieten sich freie Blicke zu den Dolomiten im Osten, zum Rosengarten und Latemar, bis zur Pala an klaren Tagen.
Im Wiesensattel vor dem Aufschwung des Monte Roèn empfängt uns die *Romeno Alm* (1773 m). Im

Am Ausstieg des Klettersteiges auf den Monte Roèn.

Gipfel des Monte Roèn. Ausblick über das Bozener Unterland zu den Dolomiten (Rosengarten, Latemar).

Herbst 1988 stand die geräumige Hütte offen und machte einen vernachlässigten Eindruck. Von hier kann der Gipfel am einfachsten erstiegen werden (1 Stunde): aus dem Sattel, wo neben den Tafeln ein breiter Weg ansteigt.

Abwechslungsreicher (und schwieriger) ist die Gipfeltour ab der *Überetscher Hütte* (1773 m), von der uns noch 25 Minuten trennen. Auf der Rückseite des Schutzhauses bezeichnet ein Wegweiser den Einstieg in die »Via ferrata«: Nummer 523. Auf einem Pfad im lichten Bergwald ansteigen zu den Felsen des Ostabsturzes, die auf Steigspuren über einen Vorbau gewonnen werden. In dem von Grasbüscheln durchsetzten Felsgelände helfen Drahtseile an exponierten Passagen streckenweise durch steile Rinnen und Schrofen zum Ausstieg (2035 m), der sich etwa ¼ Stunde unterhalb des Gipfels befindet. Von der Überetscher Hütte 1 Stunde (sofern nicht Voraussteigende Wartezeiten verursachen).

Abstieg: Auf dem Herweg einige Minuten zurück, dann schwach linkshaltend auf Wegnummer 521 hinunter zur Malga di Romeno.

Touristische Angaben

Ausgangspunkt: *Mendelpaß* (1363 m), nördlich des Monte Roèn, Übergang der Staatsstraße 42, entstanden von 1880 bis 1885 aus militärischen Überlegungen. Von Kaltern 14 Kilometer, von St. Michael/Eppan 15 Kilometer. Hotels, Gasthöfe. Von Kaltern Standseilbahn, im Herbst 1903 in Betrieb genommen, als Fortsetzung der 1898 eröffneten, nach dem letzten Krieg stillgelegten Überetschbahn Bozen – Kaltern. Zeitweise Kleinbusse von Kaltern und St. Michael.
Höhendifferenzen: Nicht ganz 800 Meter; Höhe des Klettersteiges knapp 250 Meter.
Gehzeit: Anstieg zum Gipfel 3¼ bis 3½ Stunden.
Zwischenstationen: *Halbweghütte* (1594 m), Jausenstation, bewirtschaftet von Frühsommer bis Herbst. Vom Mendelpaß ¾ Stunden. – *Überetscher Hütte* (1773 m), CAI-Sektion Bozen, bewirtschaftet von Anfang Mai bis Mitte Oktober, bei gutem Wetter bis Allerheiligen, ferner sonntags von Ostern bis Anfang Mai. 17 Schlafplätze. Tel. 0471/82031.
Karten: Mapgraphic Wanderkarte 1:25000, Blatt 8,

Überetsch – Mendel; Kompass Wanderkarte 1:50000, Blatt 74 Tramin – Cavalese; Freytag & Berndt Wanderkarte 1:50000, Blatt S7 Überetsch – Kalterer See – Südtiroler Unterland.

Tour 12

Elferspitze, 2926 m

Im Spiegel des Reschensees

Tagestour.

Verlauf nahezu ausschließlich oberhalb der Waldgrenze. Streckenweise Felssteig, Geröllspuren. Zur Spitze markiert, danach weglos und ohne Markierungen bis zur Verbindung Schöneben – Haideralm. Rundwanderung.

Der Gipfelgrat bedingt Trittsicherheit und Schwindelfreiheit, sonst unschwierig bei aperen Verhältnissen, jedoch Orientierungssinn vonnöten. Herrscht schlechte Sicht: auf dem Herweg zurück. Bei Nässe unangenehm.

Beste Jahreszeit: Anfang Juli bis Spätherbst.

Neuner, Zehner, Elfer, Zwölfer, Einser stellen allerorten im Gebirge »Uhrengipfel« dar beziehungsweise Natur-Sonnenuhren. Dem Stand der Sonne über dem jeweiligen »Zeiger« entsprechend, wußte man im Tal die Zeit. In unserem Beispiel besteht das »Zifferblatt« aus Zehnerkopf, Elferspitze und Zwölferkopf und bestimmt für das Rojental im Nordwesten die Chronologie. Die fast 3000 Meter hohe Elferspitze ist außerdem der Kulminationspunkt in diesem Teil der Sesvennagruppe zwischen Fallungtal – Rojental – Reschen. Es handelt sich um eine verhältnismäßig kleine Ostalpengruppe. Ihr Hauptteil macht sich im Schweizer Kanton Graubünden breit. Allein die östlichen »Münstertaler Alpen« – so der frühere Name – greifen nach Südtirol.

Das Prädikat »Spitze« trägt der Berg zu Unrecht, ganz gleich von wo auch immer man sich ihm nähert. Er ist sehr breit gelagert, mehr Rundformen als Pyramidenlinien, hier und dort in den Flanken zerschrunden, nach oben hin ungegliederte Geröllhänge. Trotz seiner Nähe zum Reschen – in Sichtweite – wird die Elferspitze nicht übermäßig häufig besucht, denn das Asphaltband verlockt Einreisende zu flottem Tempo in südlichere Gefilde. Der Obervinschgau neigt sich über die »Malser Haide«, dem größten Mur- und Schwemmkegel des gesamten Alpenraumes: 1550 Millionen Kubikmeter, 13 Quadratkilometer.

In der Furche des Reschen – 1500 Meter Meereshöhe – an den Randzonen der Ötztaler Alpen hallten möglicherweise schon 15 vor Christus die Schritte römischer Legionäre. Wissenschaftler sind sich nicht einig, ob die Okkupations-Streitkräfte des Drusus, einem Stief- und Adoptivsohn von Kaiser Augustus, zur Eroberung der Gebiete nördlich der Alpen über den Reschen vorrückten oder über den 138 Meter niedrigeren Brenner. Verbürgt ist jedoch die antike Via Claudia von Oberitalien über Bozen – Meran und den Reschen bis zur Donau nördlich von Augsburg. Die Fertigstellung der 518 Kilometer (350 römische Meilen) langen Fernstraße fiel um 46/47 nach Chri-

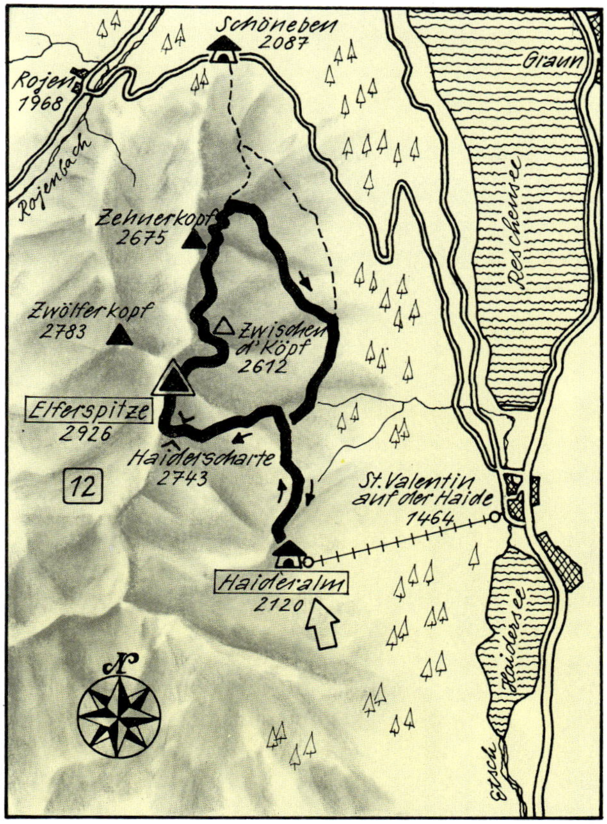

stus mit der Institutionalisierung der Provinz Raetien – zu der auch der Vinschgau gehörte – unter Kaiser Claudius (41–54 n. Chr.) zusammen. Hauptstadt war Augusta Vindelicum – Augsburg.
Seitdem marschierten ungezählte Heere über den Paß an der Dreiländerecke Italien–Österreich–Schweiz. Jüngste – hoffentlich für immer letzte – Kriegshandlung waren alliierte Bomben im März 1945. Sie töteten fünf Menschen in Graun. Das alte Graun, bestehend aus 107 Häusern, verschwand durch die Flutung des Reschensees 1948 bis 1950. Der italienische Industriekonzern Montecatini veränderte das Landschaftsbild der Hochfläche entscheidend und nachhaltig. Aus dem vormaligen Grauner See und dem damaligen Reschensee erwuchs eine Wasserfläche von 6,8 Quadratkilometern: 6,5 Kilometer lang, bis zu 1,5 Kilometer breit. Insgesamt mußten 163 Häuser – viele eingesessene Bauernfamilien – knallharten wirtschaftlichen Interessen weichen. Dafür erzeugt das Kraftwerk Schluderns, wohin die Wasser durch einen 12 Kilometer langen Stollen fließen, jährlich 250 Millionen Kilowatt Strom. Gestützt auf zahlreiche solcher Energiequellen, sprach sich die italienische Bevölkerung im Herbst 1987 mit überzeugendem Votum, auch von Politikerseite, gegen einen Atomstaat aus!

Verlorene Spuren

Um die *Haideralm* (2120 m) sieht es wie überall aus, wo Lifte und Skipisten die Böden schänden. »Elferkopf« liest man auf einem Wegweiser, Nummer 9.
Aus dem Hochalmkessel schwach rechtshaltend ansteigen, über den Fellatschbach und weiter schräg durch den Hang zu einem kanzelartigen Rücken. Wunderschön bereits jetzt die Aussicht über den Reschensee ins Langtauferer Tal, zum ungemein kühn aufragenden Glockturm im gleichnamigen Kamm der Ötztaler Alpen. Nordwestlich wird das Kreuz auf der Elferspitze sichtbar. An der Wegteilung wenden wir uns links. In den Abschluß des Almkessels und dort weiter bergan. Im Juli und August blüht der Getigerte Enzian (»Punkte-Enzian«). Die Hangstufe empor. Der Pfad schlängelt sich durch felsbrockenreiche Grashänge. An der rechten Seite eines Geröllkessels rechts halten. Die Flechten auf dem Gestein sind schneewassergrün wie der Reschensee. Nach einiger Zeit geht es dann links der großen, bis in den Sommer schneegefüllten Mulde. Am steilen Grashang bei der Gabelung nicht rechts (verblaßte Farbzeichen), sondern links, in Serpentinen durch die Flanke in die leicht eingewölbte *Haiderscharte* (2743 m) am Südrücken-Ausläufer der Elferspitze. Von der Haideralm 1¾ Stunden.
Nun nördlich am felsigen Rücken. Wegnummer 9 ist an einen Zacken gemalt, an dem es links vorbeigeht. Auf dem Südgrat entwickelt sich die Tour zu unterhaltsamer Kletterei im Blockwerk, über das man zur grasigen Kuppe mit dem 1982 von der AVS-Sektion Haid gesetzten Kreuz gelangt. Vom Ausgangspunkt 2¼ Stunden.
Abstieg: Nordostwärts am flachen Rücken, zunächst noch markiert, in ¼ Stunde zu einem Grasrücken. An seinem Ende halblinks und durch Blöcke hinunter zu Wiesen, auf denen man sich schwach rechts hält. Nach der Mulde, auf dem Rücken, links, das heißt links einer gestreckten, von Schmelzwassern und Bächen durchflossenen Senke. Der tiefste Punkt (2612 m) vor dem Zehnerkopf wird von den Einheimischen *»Zwischn d'Köpf«* genannt. 40 Minuten vom Gipfel.
Vor dem Aufschwung zieht sich die Spur halbrechts durch dessen Flanke in eine Längsrinne und in eine Einsattelung, der sich ein Schuttkar anschließt. Ohne Markierungen und weglos rechts die Grasflanken queren, und zwar etwas unterhalb eines Rückens. Bald rechts um den Rücken herum. Plötzlich taucht der Reschensee auf. Durch die beiderseits von Kuppen begrenzte Mulde, hernach wieder auf erkennbarem Steiglein abwärts, nur kurz, dann weglos mit Zielpunkt Kirche von Reschen im Nordosten. Man kommt zu einem Ausläuferrücken. Die Skilifte von Schöneben werden sichtbar. Links verläuft ein Steig zum kreuzgekrönten Zehnerkopf.
Jenseits des Rückens ergibt sich eine Wegspur. Absteigen etwa 10 Minuten zu einem Querweg, rechts, durch die Einsattelung. Dahinter in gleichbleibendem Niveau die Hänge traversieren beziehungsweise schwach linkshaltend abwärts und durch eine Mulde zum Schöneben-Höhenweg. Vom Gipfel 2 Stunden.
In Anbetracht des Zurückliegenden bringt die Schaupromenade keinerlei Probleme. Jenseits des Reschensees strömen vom Pleißenköpfl Geröllreißen; Galerien schützen die Straße. Die Konturen des Ortlers werden zunehmend deutlicher. Frei weidende Haflinger begegnen uns. Zwischendurch Felsblöcke

Die Südseite der Elferspitze (rechts) vom Haidersee aus gesehen.

und Geröll. Eine etwa fünf Meter lange Rampe verlangt Achtsamkeit. Die Bachmulde wird beim Markierungsfelsblock durchquert. Ungefähr 3 Stunden nach dem Gipfel stößt man auf den bekannten Aufstiegsweg. Nun ständig den Ortler vor Augen zur Haideralm zurück.

Touristische Angaben

Talort: *St. Valentin auf der Haide* (1464 m), Fraktion der Gemeinde Graun, zwischen Reschensee und Haidersee, 10 Kilometer von Mals (nächster Bahnhof), 70 Kilometer von Meran, 11 Kilometer von der Grenze. Gasthöfe, Pensionen. Gute Busverbindungen. Talstation der Sesselbahn zur Haideralm.
Ausgangspunkt: *Haideralm* (2120 m), Bergstation des Sesselliftes von St. Valentin. Betriebszeiten von Juni bis September von 9.00 bis 12.00 Uhr sowie von 13.30 bis 16.30 Uhr. Berggasthof. Zu Fuß von St. Valentin etwa 2 Stunden.
Höhendifferenzen: Haideralm–Gipfel 730 Meter; insgesamt rund 900 Höhenmeter.
Gehzeiten: Haideralm–Gipfel 2¼ Stunden; Abstieg und Rückweg wie beschrieben etwas mehr als 3¼ Stunden; insgesamt 5¾ Stunden.
Karten: Freytag & Berndt Wanderkarte 1:50 000, Blatt S2 Vinschgau – Südliche Ötztaler Alpen; Kompass Wanderkarte 1:50 000, Blatt 52 Vinschgau.

Tour 13

Rotebenkopf, 3157 m

Im Schatten der Weißkugel

Tagestour.

Hochalpines Gelände, bis in den Frühsommer Schneereste. Route meist erst im August aper. Wege und Steigspuren, markiert. Kein Schatten.

Trittsicherheit erforderlich. Keine Gletscherbegehung. Am Gipfelaufbau kürzere Kletterstellen (I–). Bei Schnee oder Vereisung gefährlich.

Beste Jahreszeit: Ende Juli bis Oktober.

Die Weißkugel, mit 3738 Metern zweithöchster Gipfel der Ötztaler Alpen, überragt machtvoll ihre Gefilde, scheint sie zu demütigen, schon gar die Planeilerberge. Sie sind vom Weißkamm durch das Bärenbartjoch westlich der Weißkugel getrennt und bilden ein langes, südwestlich offenes Hufeisen, innerhalb dessen das entrückte Planeiltal schweigt. Der Kamm von der Freibrunnerspitze in Südwestrichtung über die seit 1984 kreuzgekrönte Portlesspitze scheidet das

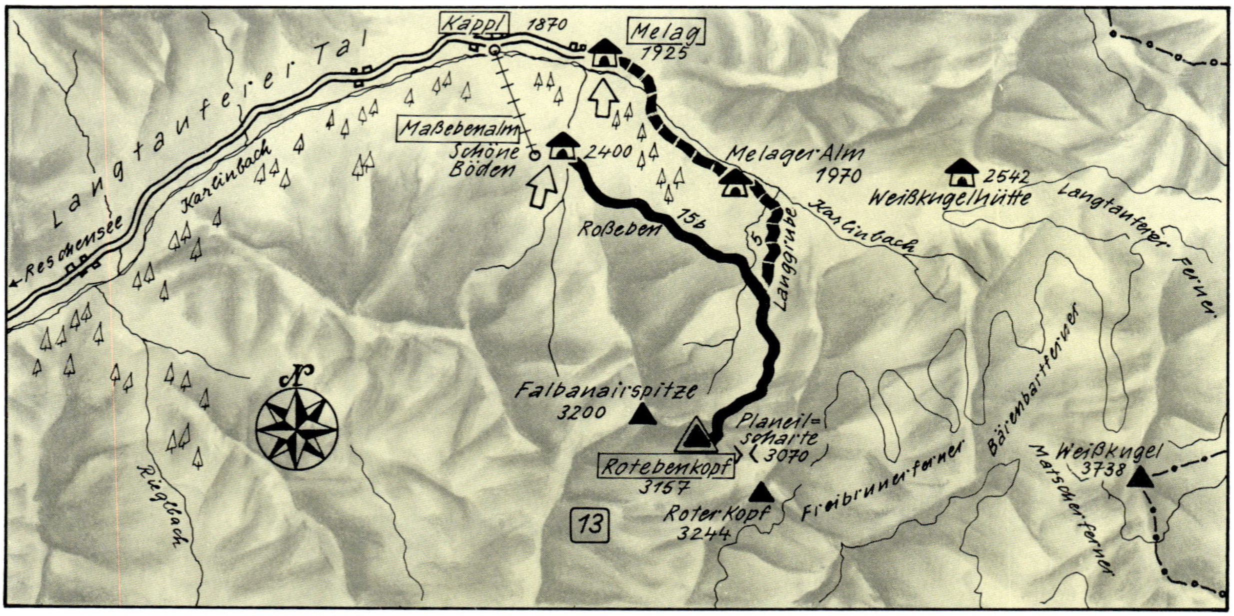

Das Langtauferer Tal mit seinem krönenden Abschluß in Form der Weißkugelgruppe. Rechts die Almböden von Maßeben mit den Ausläuferflanken der Falbanairspitze.

Planeiltal vom Matschertal. Der andere Schenkel des Hufeisens trennt das Planeiltal vom Langtauferer Tal. In der Hufeisenbiegung erheben sich einige Dreitausender, unter denen vornehmlich der Rotebenkopf anzieht, allerdings nicht zu vergleichen mit den Reklame-Dreitausendern der Ötztaler Alpen und Südtirols.

Die Zugvogelschar aus Wanderern flattert zur Weißkugelhütte. Eisgeher stapfen über Gletscherfelder zur Weißkugel oder ihren Trabanten. Da bleibt für die Planeilerberge nicht mehr viel übrig. Zugrunde liegt dem auch die Abgeschiedenheit des Langtauferer Tales im äußersten Nordwesten des Landes. Langtaufers ist das kürzeste Tal der Ötztaler Alpen. Es durchzieht die Westabdachung des Gebirges vom Reschensee nordöstlich und östlich bis vor das Gletscher-Schaufenster Melag, dem letzten Weiler. Ein Garten Eden für Menschen, die nach Stille und Urwüchsigkeit trachten, einwandfrei im Naturspiegel und von herber Schönheit. Aufgelockert wird das Tal durch Häusergruppen und Höfe, an der wildreichen Schattseite von Lärchenwäldern. Die Besiedlung dürfte im 12. Jahrhundert eingesetzt haben. Früheste Urkunden über einen landesfürstlichen Schwaighof (Kapron) datieren im Jahre 1317. Die Einzelhöfe wurden infolge regelmäßiger Erbteilung zu Weilern, wie sie uns begegnen. Vor noch nicht allzulanger Zeit stand auf dem Sonnenhang manchenorts Flachs; außerdem zog man Kartoffeln und Gerste für den Hausgebrauch. Inzwischen sind Vieh- und Milchwirtschaft

Ausblick von der Inneren Schafberghütte an der Öffnung des Falgintales in Südrichtung über das Langtauferer Tal hinweg zum Rotebenkopf.

die bäuerlichen Haupterwerbszweige. Fremdenverkehr spielt sich in genügsamem Umfang ab.
Den aufschlußreichsten Überblick hinsichtlich der Struktur des Rotebenkopfes vermittelt der herrliche Höhenweg Melag–Innere Schafberghütte–Weißkugelhütte. Im Süden liegen die Flanken des Berges hingebreitet. Es ist der mittlere Gipfel; rechts davon die Falbanairspitze (Alpenvereinskarte: »Falwanairspitze«), links des Rotebenkopfes die Planeilscharte, dahinter Roter Kopf und – dominierend – Freibrunnerspitze.
Der Bergname erklärt sich aus einer schwach geneigten Hangstufe – Roteben – am Auslauf der Mulde zwischen Rotebenkopf und Falbanairspitze, wo im obersten Teil die Reste des Rotebenferners schmelzen, der als Gletscher keine Erwähnung verdient, ebenso wie der Langgrubferner nördlich der Planeilscharte. 1902 als Ersteigungsjahr liefert einen weiteren Beweis für das untergeordnete Dasein des Rotebenkopfes im Schatten angrenzender Eismonumente.

Während des 2. Weltkrieges legten »Alpini« aus dem Langtauferer Tal einen breiten Saumpfad in die Planeilscharte. Seiner Trasse, beginnend hinter der 1985 neu errichteten, bewirtschafteten Melageralm (1970 m), vertrauten ehedem die Sommer- und Winterbergsteiger. Nun erleichtert der Maßeben-Sessellift die Tour um 500 Höhenmeter. Von dieser Offerte macht man gerne Gebrauch und quert ab der Bergstation (2400 m) frohgemut zum Militärweg.
Auch aus dem Planeiltal im Süden trieben italienische Gebirgssoldaten einen Weg in die Planeilscharte vor. Er ist jedoch um die Hälfte länger. Ähnliches gilt für das Matschertal, obwohl die 1988 eingeweihte Oberetteshütte (ca. 2700 m, ehem. Höllerhütte der Alpenvereinssektion Prag) für die Gipfel westlich und südwestlich der Weißkugel Zulauf bringen dürfte.

Eventuell ein zweiter Dreitausender!

Von *Maßeben* (2400 m, Wegweiser) schlägt man die Südostrichtung ein: Nummer 15B, über die terras-

senartigen Hänge von Roßeben ohne erhebliche Steigungen, Bachmulden querend in etwa 50 Minuten zu dem von der Melageralm hochkommenden, alten Weg Nummer 5, mit dem wir rechts in die *Langgrube* einschwenken (ca. 2450 m) und südwärts ansteigen. Etwa 20 Minuten später endet rechts der Rotebenkopf-Nordrücken. Neben einem Gletscherbach durch die Geröllmulde. Knapp 2 Stunden nach dem Ausgangspunkt sind wir in einem Schuttkessel, schätzungsweise 300 Meter unter der Planeilscharte.
Der Militärweg verliert sich, begraben von einem Bergsturz. Rechts – im Aufstiegssinn – des verschwindend kleinen Langgrubferners suchen wir die Farbzeichen nahe am Fernersaum (Altschneereste bis August). Die Planeilscharte bleibt links liegen, wird in diesem Falle also nicht berührt, selbst dann nicht, wenn man Schneehatschen auf dem Ferner dem Felssteig vorzieht. Unübersehbar wenden sich die Spuren rechts in den rötlich-braunen Fels der Rotebenkopf-Nordostflanke. Das plattige, teils blockige Urgestein erlaubt kurzweiliges Steigen, zwischendrin Geröll, Schrofen. Hinauf zu einem Absatz und weiter zum Steinmann auf dem *Gipfel.* Bis hierher benötigt man durchschnittlich 3 Stunden. Nur 800 Meter entfernt, allerdings Luftlinie, animiert die *Falbanairspitze* (3200 m) zur Aufstockung des Dreitausender-Kontos. Eine Scharte (3064 m) liegt dazwischen. Hin und zurück rund 1 Stunde!
Eigentlich müßte aber der Rotebenkopf zufriedenstellen. Östlich sticht die Weißkugel ins Himmelszelt. Im Nordosten, über Bärenbartferner und Langtauferer Ferner hinwegschauend, blendet der Gepatschferner. Die Weißkugelhütte ist zu sehen, daneben eine gewaltige Moränenfurche, durch die sich einst das Eis ins Tal wälzte.

Touristische Angaben

Talort: *Kappl* (1870 m) im Langtauferer Tal, kleine Häusergruppe, hervorgegangen aus dem gleichnamigen Hof, an der Landesstraße 49, von Graun/Reschensee 9 Kilometer. Gasthaus Gletscherblick. Schlechte Busverbindungen. *Sehenswert:* Nikolauskirche aus dem 15. Jahrhundert, barockisiert. Nahebei die Talstation des Maßebenliftes, Parkplätze.
Ausgangspunkt: *Maßeben* (2400 m), an den Nordausläufern der Falbanairspitze. Berggasthaus. Sessellift von Kappl. Betriebszeiten: 9.00 bis 12.00 Uhr, 13.30 bis 16.00 Uhr, letzte Talfahrt um 17.00 Uhr.
Höhendifferenzen: Maßeben–Gipfel 770 Meter, einschließlich Falbanairspitze 1000 Meter; Melag–Rotebenkopf 1260 Meter, einschließlich Falbanairspitze 1500 Meter.
Gehzeiten: Maßeben–Rotebenkopf etwa 3 Stunden; Melag–Rotebenkopf etwa 3½ bis 4 Stunden.
Karten: Alpenvereinskarte 1:25000, Blatt 30/2 Ötztaler Alpen – Weißkugel; Freytag & Berndt Wanderkarte 1:50000, Blatt S2 Vinschgau, Südliche Ötztaler Alpen.

Tour 14

Im Hinteren Eis, 3270 m

Gletscherinsel im Ötztaler Weißkamm

Tagestour.
Ab der Schönen-Aussicht-Hütte markierter Steig in vegetationslosem Hochgebirgsterrain durch Geröll, eventuell über Firnfelder; keine Gletscherberührung.
Unschwierig. Im Frühsommer bei Schneelage anstrengend, am Gipfelaufbau scharfer Firngrat möglich.
Beste Jahreszeit: Anfang Juli bis September.

Nahe bei der Stelle, an der die italienisch-österreichische Grenzlinie nordwestlich des Hochjoches einen Knick beschreibt, erhebt sich spornartig ein plattiges, leicht kuppengewölbtes Felseiland aus dem Hintereisferner und dem Latschferner. Es wird auf drei Seiten vom Eis umspült und bildet, ab der Weißkugel östlich gehend, den letzten Gipfelpunkt im Weißkamm, der im Hochjoch vom Ötztaler Hauptkamm abgelöst wird.
Im Hinteren Eis – das ist eigentlich kein typischer Gipfelname, jedoch wird die Nomenklatur der geographischen Situation konkret gerecht –, die Gletscherinsel erhebt sich im Hintereisferner, einem acht Kilometer langen Gletscherstrom mit einer Fläche von neun Quadratkilometern. Er schiebt sich von der Weißkugel nordöstlich zum Hochjochhospiz im Rofental. Von dort kann man selbstverständlich auch

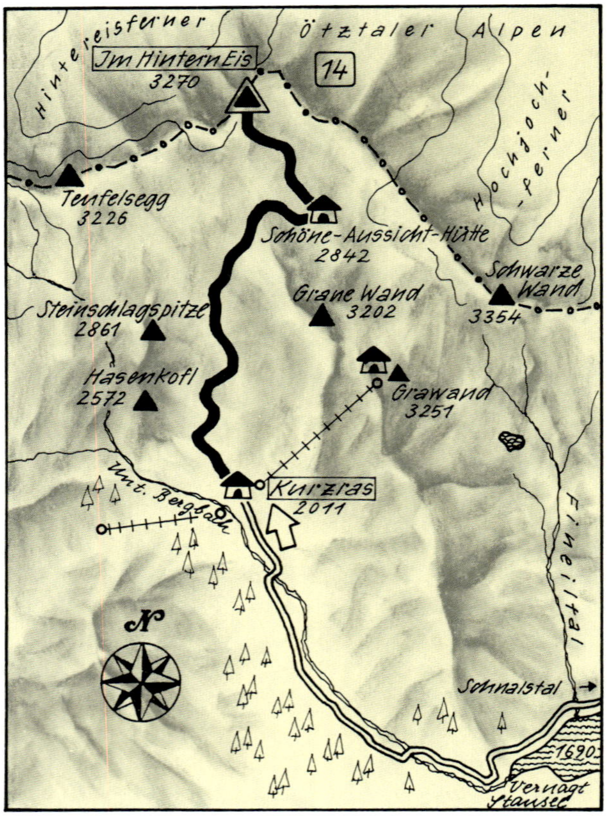

aufsteigen. Das Schnalstal liegt jedoch günstiger, denn die hier ausgehende Route über das Schutzhaus Schöne Aussicht verläuft in gletscherfreiem Gelände, Wanderern genehm, zu einem herrlichen Schau-Platz im ewigen Eis, immerhin 300 Meter höher als Deutschlands höchster Gipfel. Ein Dreitausender, der weder Steigeisen, Pickel noch Seil beansprucht. Damit sind die Privilegien des Berges betont, wenn auch im Umfeld zugegeben stattlichere Erscheinungen – Weißkugel, Finailspitze – strammstehen, allerdings exklusiv für Hochalpinisten.

Kurzras am Ende des Schnalstales löst beim Neuankömmling alles andere aus als naturverbundene Euphorie: Parkplätze fast so groß wie Fluglandebahnen, Blech an Blech, futuristische Architektur. Irgendwie fühlt man sich deplaziert unter den Scharen schreiend bunt gekleideter »Wintersportler« zur Sommerszeit. In 6 Minuten holen die Gondeln seit dem 12. Juli 1975 Sonnenanbeter und Skiläufer zu 40 Hektar Pisten des Hochjochferners. Der alte Kurzhof in seiner elementar-wohnlichen Bauweise wirkt hoffnungslos verloren im Geflecht des neuen Kurzras (abgeleitet von »kurzes Gras«). Das Wohnhaus der tatkräftigen Gurschler-Dynastie birgt heute eine Filiale der Raiffeisenkasse, praktisch vor Ort und gewissermaßen symptomatisch für den Senkrechtflug des Leo Gurschler an wächsernen Flügeln ins heiße Licht und für seinen schrecklichen Sturz. Stoff genug für ein Drama von archaischer Tragik auf einer Bühne mit verschlungenen Gängen in dunkle Kulissen. Der Mann, den im Tale nicht wenige Nutznießer hoch verehren, erschoß sich zu Allerheiligen 1983. Er war in den sechziger Jahren in die Fußstapfen seiner Vorfahren getreten und hatte völlig neue Projekte vorangetrieben, unter anderen 1972 die Gründung der Schnalstaler Gletscherbahnen AG.

Die weitere Entwicklung ist meines Erachtens kaum zu entschuldigen, auch nicht mit dem als stichhaltig vorgebrachten Argument, der Fremdenverkehr sichere die Existenz von 50 Prozent der arbeitstätigen Talbewohner. Doch sollte man bei aller berechtigter Kritik nicht übersehen, daß es sich um einen punktuellen Eingriff handelt; die übrige Gebirgslandschaft läßt keine diesbezüglichen Wünsche offen. Und außerdem sieht es in manchen vielgelobten Tälern Südtirols, beispielsweise im Seilbahn- und Pistendschungel des Grödner Tales, keineswegs besser aus.

Die »Schöne Aussicht« oberhalb des Hochjochferners wurzelt ebenso im Fremdenverkehr, denn der Kurzhof-Bauer Serafin Gurschler hat das Schutzhaus 1896 erbauen lassen, um den Gästen das Schnalstal schmackhafter zu servieren. Es liegt etwa 800 Meter südwestlich des Hochjoches (Grenze), über das damals ein Saumpfad von Vent ins Ötztal führte. Er war durch die Initiative des Pfarrers Franz Senn entstanden, gleichfalls gesteuert von touristisch-materiellen Hintergedanken. Heute – nach dem Zusammenbruch des Gurschlerschen Imperiums – gehört »Bellavista« einer zwanzigköpfigen Gesellschaft und wird von Paul Grüner als Selbstbedienungs-Gasthof betrieben. Alljährlich erfolgt auf dem Hüttenweg der spektakuläre Zug von 2000 bis 3000 Schafen Schnalstaler und Vinschgauer Landwirte über das Hochjoch zu den Ötztaler Weiden. Mitte September werden die Tiere dann wieder in ihre hiesigen Ställe gebracht.

Zweimal Schöne Aussicht

In *Kurzras* (2011 m), auf der Rückseite des modernen Hotelkomplexes, nördlich mit Markierung 3 auf der orographisch rechten Seite des Talschlusses zunächst durch lockere Waldzonen, hernach über freie Hänge. Links droht der morsche Felskamm Hasenkofel–Steinschlagspitze, rechts die finstere Mauer der Grauen Wand. Vor den Aufschwüngen des Weißkammes – praktisch in Fallinie des »Hintereis« – geht es rechtshaltend auf dem um die Jahrhundertwende ausgebauten steinig-felsigen Weg zur *Schöne-Aussicht-Hütte* (2842 m). 2¼ Stunden.

An der Westseite der Hütte übernimmt uns der Steig in Richtung Gipfel, markiert durch rot-weiße Farbzeichen und zweckentsprechende Steinmänner in sichtbaren Abständen, schwach nordwestlich dem breiten Rücken der Jochköfel folgend. Nach etwa 1 Stunde, südwestlich des Latschferners – der Gipfel ist zu sehen – steigt man halbrechts zur Kammhöhe. Auf ihr rechts, üblicherweise im Firn, flach zum *Gipfelsteinmann.* Von der Hütte 1½ Stunden.

»Bella vista« – jetzt wesentlich ausgiebiger als drunten bei der »Schönen Aussicht« oder vom hüttennahen Zollhäuschen. Das Weißkamm-Panorama gehört zum Feinsten. Wallendes Eis zwängt sich aus felsschneidengesäumten Becken. Die Weißkugel hat, von hier bewundert, Ähnlichkeit mit dem Piz Bernina. Rechts davon die Langtaufererspitze. Im Norden die gigantische Gletscherschüssel des wuchtigen Fluchtkogels. Genießen wir den stillen Silberglanz dieser unberührten Gefilde offenen Herzens! Den vielzitierten bitteren Tropfen im Becher schluckt man noch früh genug beim Rückweg durch die schmerzhaft aufgedrängte Fratze des Liftewirrwarrs drüben auf dem Hochjochferner an der Grawand.

Touristische Angaben

Talort: *Kurzras* (2011 m), Hotelsiedlung im hintersten Schnalstal, 24 Kilometer von der Vinschgauer Staats-

Blick von der Grawand (Südosten) auf die Schöne-Aussicht-Hütte und den Weg zum Hinteren Eis.

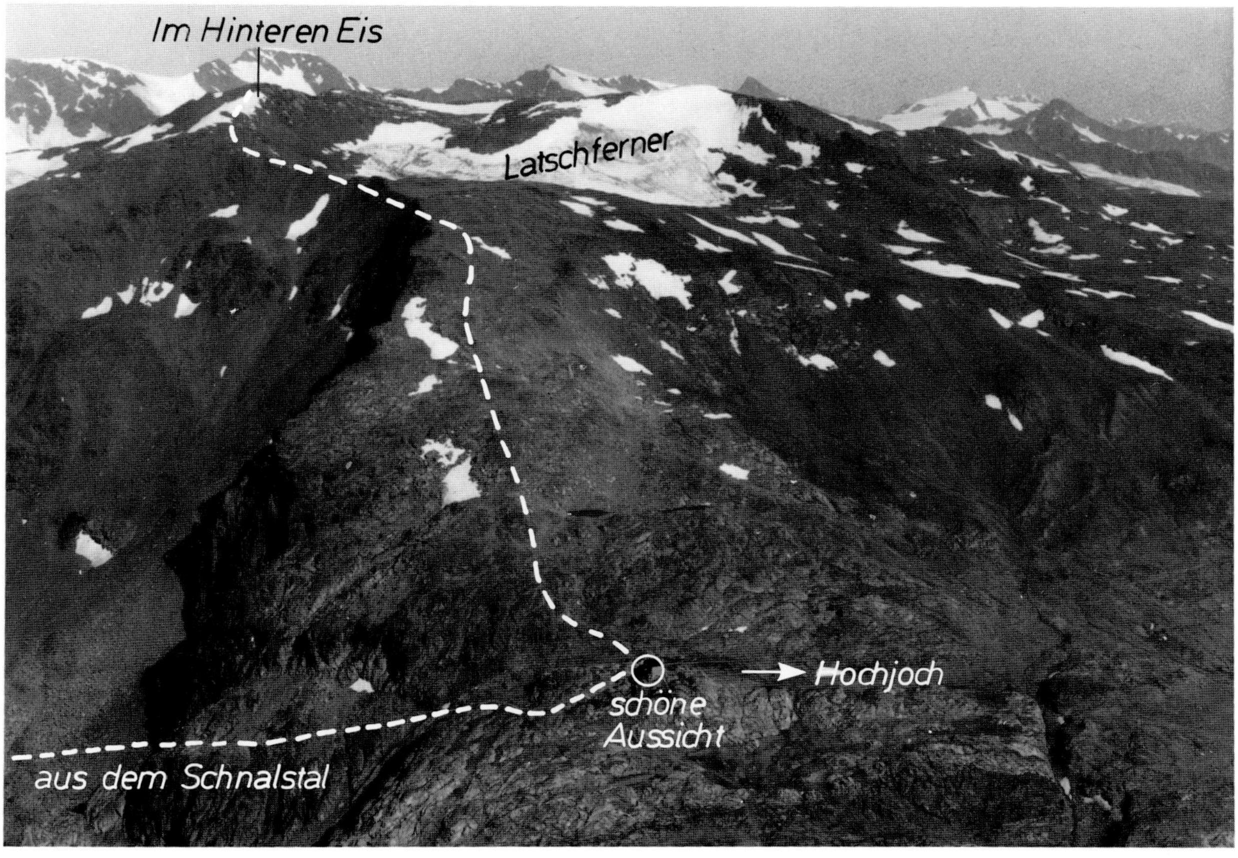

Schöne-Aussicht-Hütte am Weg aus dem Schnalstal zum »Hintereis«.

straße. Regelmäßige Busverbindungen. Große Parkplätze beiderseits der Straße vor dem Ort.
Zwischenstation: *Schutzhaus Schöne Aussicht* (2842 m), privat, bewirtschaftet von Anfang Juni bis Ende Oktober sowie ab 1. Februar bis einschließlich Pfingsten. 40 Betten, 30 Lager. Tel. 0473/88048. Von Kurzras 2½ Stunden.
Höhendifferenzen: Kurzras–Gipfel 1260 Meter; Hütte–Gipfel 430 Meter.
Gehzeit: Kurzras–Gipfel 3¾ bis 4 Stunden.
Karten: Tabacco Wanderkarte 1:25000, Blatt 04 Schnalstal; Alpenvereinskarte 1:25000, Blatt 30/2 Ötztaler Alpen – Weißkugel; Freytag & Berndt Wanderkarte 1:50000, Blatt S2 Vinschgau, südliche Ötztaler Alpen.

Tour 15

Hohe Wilde, 3480 m

Eisfrei von Südtirol

Zweitagestour.

Zur Stettiner Hütte breite Wanderwege. Anschließend hochalpin. Streckenweise mit Felsplatten ausgebaute Steiganlage; markiert.

Überwiegend unschwierig, einige Stellen I. Trittsicherheit und Schwindelfreiheit Bedingung, etliche luftige Passagen. Nur bei guten Verhältnissen unternehmen! Am Aufstieg zum Grat sowie am Firngrat selbst zuweilen Wächten. Im Falle von Vereisung schwierig: Pickel, Steigeisen, Seil.

Beste Jahreszeit: Mitte Juli bis Ende September.

Der Untertitel bedarf einer kleinen Korrektur: Vollkommen eisfrei ist die Südtiroler Route nicht, doch fällt das kurze Stück auf dem Langtalferner keineswegs ins Gewicht, vor allem gemessen am Nordanstieg ab Hochwildehaus. Dort, in Nordtirol drüben, löst der Anblick des Hauptkamm-Eckpfeilers »Hochwilde« – so der gängige Name –, festungsähnlich den Gletschern entragend, doppelgipfelig mit frostig-steinernen Flanken, intensivere Empfindungen aus.
Die Schwachstellen des überaus populären Grenzberges offenbaren sich südseitig. Sie machen ihn bei idealen Voraussetzungen auch für erfahrene Hochgebirgswanderer erschwinglich, ohne Zeitdruck, wenn in der Stettiner Hütte geschlafen wird. Von ihrer Veranda erscheint die Hohe Wilde alles andere als hoch und wild. Der Gipfel ist gar nicht zu sehen, nur ein dunkles Felsdreieck (Punkt 2977), an dem die Route rechts vorbeiläuft. Dann verschwindet sie aus dem Gesichtskreis der Hütte.
Den ersten Steinmann auf dem Südgipfel – höchste Spitze – schichtete ein österreichischer Geometer namens Ganahl im Jahre 1858 anläßlich militärischer Triangulierungsarbeiten. Johann Jakob Weilenmann, gebürtig in St. Gallen, von dem Gefährten behaupteten, es käme ihm »niemand als die Gemse an Kühnheit des Bergsteigens zuvor«, erklomm 1862 so-

lo als erster Tourist die höchste Erhebung im östlichen Ötztaler Grenzkamm zwischen Hinterer Schwärze und Timmelsjoch. Erst 1871 fiel der 21 Meter niedrigere, aber schwierigere Nordgipfel. Das scharfe, eingeschartete Verbindungsstück Nordgipfel–Südgipfel kletterten 1895 die Karlsruher Wilhelm Paulcke, Pionier des Skibergsteigens und Lawinenforscher, sowie Justizrat Gustav Becker, Chef der AV-Sektion Karlsruhe, mit dem Führer Klotz aus Rofen und dem Wirt des Ramolhauses, Martin Scheiber, als Träger. Auftakt des badischen Alpenvereins-Engagements auf der Nordseite! Die soeben erwähnte Gratführe wurde Gustav-Becker-Weg getauft und an einigen Stellen seilgesichert, wobei »Weg« die vorhandenen Schwierigkeiten (II) verschweigt.

Auf der Südseite des Berges, in der Mineraliensammler schon faustgroße Granate fanden und gelbe Quarzite keine Seltenheit sind, entfaltete die pommerische Sektion Stettin rege Tätigkeit: 1895 bis 1897 erwuchs die Stettiner Hütte. Mitglied Hans Grützmacher spendete Bares zum Bau des nach ihm benannten Steiges, wovon eine Marmortafel plaudert. Der Grützmacher-Steig vermittelt den meistbegangenen und einfachsten Anstieg auf den Grenzgipfel.

Die Stettiner Hütte kam 1922 durch Mussolinis Faschisten an den Club Alpino Italiano und war nach Lawinenzerstörung (1931) lange Zeit geschlossen. Neubeginn 1972. Italienisches Militär schenkte dem einfachen Schutzhaus eine Mannschafts-Blechbarakke, um mehr Schlafplätze zu schaffen. Seit 1986 spricht die besitzende CAI-Sektion Meran von einem Neubau...

Zwei lange Zugänge – Pfossental und Pfelderertal – stehen zur Wahl. Für meine Person ist der vom malerischen Vorderkaser im *Pfossental* schöner. Dort vollzog sich um die Jahrhundertwende ein Exodus. Die Bauern von Mitterkaser, Rableid und Eishof verließen notgedrungen ihre Anwesen. Sie sind seitdem nur mehr im Sommer bewohnt, eingerichtet als Jausenstationen und Gasthöfe. Der Rableidhof habe, weiß Dr. Josef Rampold, »1821 noch 48 Rinder, 600 Schafe und zahlreiches Gesinde« versorgt. Rableid erfuhr 1987 ein Erwachen als Einkehr und Wandererherberge. Vom Eishof hört man bereits im frühen Mittelalter. Bis zur Aufgabe war es die höchste ostalpine Dauersiedlung, heute eines der beliebtesten Spaziergängerziele im Schnalstaler Raum, zu dem das Pfossental gehört.

Den Fahrweg vom Eishof zum Eisjöchl legte 1927 die VI. Alpini-Brigade Edolo an, wie eine Tafel kurz unter

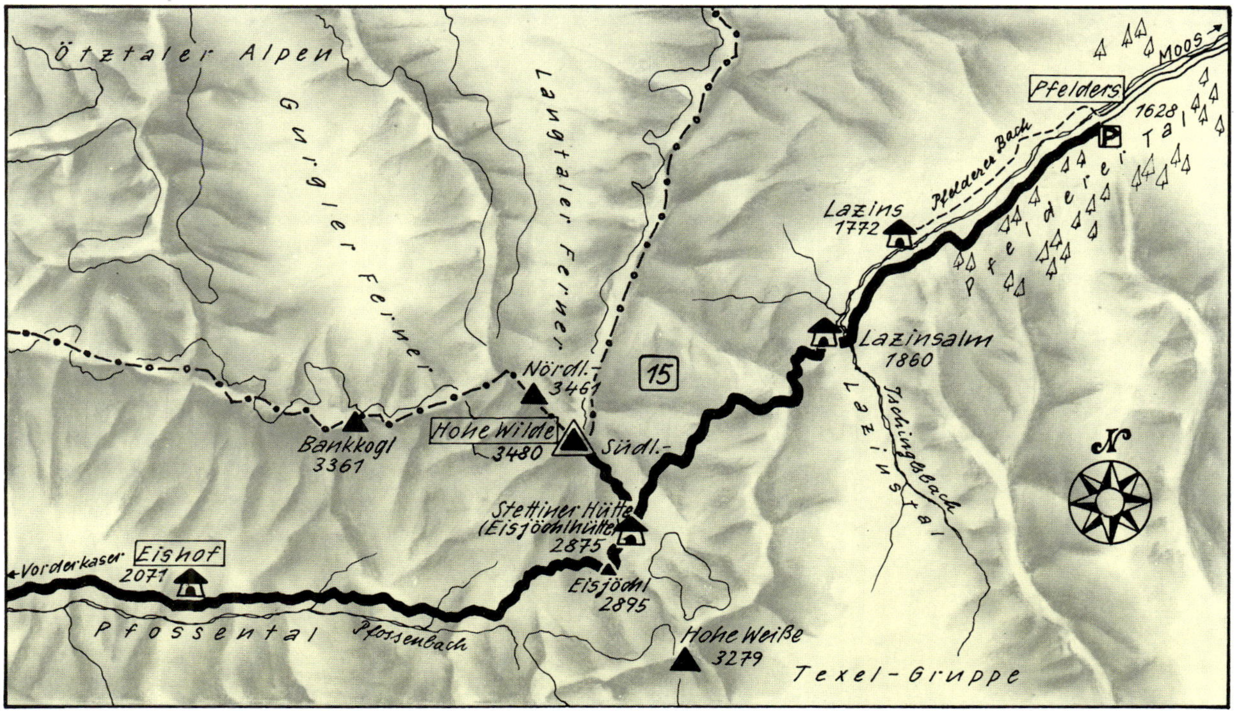

Im hinteren Pfeldererital. Rechts die Hohe Wilde, die sich links ins Eisjöchl senkt, bei dem die Stettiner Hütte steht.

dem Scheitelpunkt (eingestürzter Tunnel) verrät. Die Wegverhältnisse waren aber nicht immer so tadellos. Vor einem Jahrhundert jammerte Eugen Guido Lammer, »daß die beim Eishof begüterte Geistlichkeit in zielbewußter Feindseligkeit gegen die Alpinistik hier jeden Spatenstich und jeden Pinselstrich verbot.«
Pfelders, seit den achtziger Jahren ein typisches Hoteldorf, galt früher als gottverlassene Gegend im wahren Sinn der Worte, denn die Ortschaft erhielt erst 1745 ein Kirchlein. Sie gehörte seit alters de facto zur Patrimonialpfarre St. Peter/Gratsch bei Meran. Da der Gratscher Geistliche seine Filiale nicht unmittelbar betreuen konnte, gab er sie 1625 für Naturalien – 30 Pfund Butter, drei halbe Käselaibe – an den Kollegen in St. Leonhard/Passeier. Schon im 13. Jahrhundert sind Bauernhöfe registriert. Vom Topographen Johann Jakob Staffler (1783–1868) wissen wir, daß die seinerzeit 142 Talbewohner hauptsächlich von der Viehzucht lebten. Er nannte das Tal »ein tiefes Bergversteck an den Eisbergen... So herb und drükkend der lange Winter hier waltet, so freundlich einladend und erquickend sind die Tage des Sommers in dieser herrlichen Alpe, wo die edelsten Kräuter blühen und die reinsten Quellen fließen.«

Den Hüttenweg von der Lazinsalm im Talhintergrund – die Hohe Wilde breitgelagert vor Augen – trassierten die Stettiner Alpenvereinsleute als »Reitweg«. Ende der zwanziger Jahre wurde daraus ein breiter Militärfahrweg zum Eisjöchl.

Hans-Grützmacher-Steig

Hinter der *Stettiner Hütte* folgt man den Pfadspuren im Geröll und den weiß-roten Farbzeichen am bräunlich-rötlichen Fels in Kehren nördlich zu dem parallel mit dem Südgrat ziehenden Gratrücken. Nun halbrechts, hoch über dem Pfelderertal die Südostflanke des Seitengrates queren, über oftmals schneebedeckte Bänder empor zur vergletscherten Schulter (3350 m) im Grat, der vom Hochwildejoch zum Gipfel führt. Von der Hütte knapp 2 Stunden. Anschließend gute 5 Minuten auf dem Langtalferner, dann linkshaltend über ein Steilstück – bei Vereisung sehr unangenehm! – im Firn zu den Blöcken des Gipfelgrates und zum Kreuz.

Touristische Angaben

Talorte: *Vorderkaser* (1693 m), hübscher Bauernhof mit Gasthaus Jägerrast, 14 Betten, Tel. 0473/89230. Im wildreichen Pfossental (Steinbock-Kolonie) am Ende der asphaltierten Straße (5 km) aus dem Schnalstal, Abzweigung 9 Kilometer von der Vinschgauer Staatsstraße; gebührenpflichtiger Parkplatz (inklusive Verzehrbon). – *Pfelders* (1628 m), Hauptort und letzte Siedlung im Pfelderertal, nordöstlich der »Hochwilde«, 11,4 Kilometer Asphaltstraße von Moos im Passeier; Busverbindungen. Hotels, Gasthöfe, Pensionen. Parkplätze am Ortsrand.
Ausgangspunkt: *Stettiner Hütte* (2875 m, auch »Eisjöchlhütte«), CAI, nordwestlich etwas unterhalb des Eisjöchls (ca. 5 Minuten). Bewirtschaftet von Juli bis Oktober, 27 Lager. Vom Vorderkaser 4 Stunden, von Pfelders 3¾ Stunden.
Höhendifferenzen: Stettiner Hütte – Südgipfel 610 Meter; Vorderkaser–Südgipfel 1820 Meter; Pfelders –Südgipfel 1860 Meter.
Gehzeit: Stettiner Hütte–Gipfel 2¼ Stunden.
Karten: Tabacco Wanderkarte 1:25000, Blatt 04 Schnalstal (Zugang aus dem Pfossental); Freytag & Berndt Wanderkarte 1:50000, Blatt S8 Passeier, Timmelsjoch, Jaufen (Zugang aus dem Pfelderertal) und Blatt S2 Vinschgau, südliche Ötztaler Alpen (Zugang aus dem Pfossental).

Tour 16

Nockspitze, 2719 m

Unbekannter Schnalstaler Aussichtsgipfel

Tagestour.

Im Aufstieg mehr als die Hälfte schattig. Anschließend Wiesen-, Schrofen- und Felsgelände. Im Abstieg einzelne Waldstücke. Rundwanderung; markiert.

Unschwierig. Trittsicherheit nützlich. Bei Nässe oder Schnee ist im Abstieg stellenweise Vorsicht geboten.

Beste Jahreszeit: Frühsommer bis Herbst.

»Nock« ist laut Toni Hiebelers »Alpen-Lexikon« eine »weitverbreitete Bezeichnung für gerundete, wenig ausgeprägte, sanfte Gipfel in den Ostalpen«. Diese Definition trifft für unseren »Nock« bedingt zu, da er schroffe Westabstürze besitzt. Im großen und ganzen fällt er aber nicht besonders auf. Am appetitlichsten erscheint der Berg vom Schmiedhof unmittelbar hinter dem Straßentunnel, einige Kilometer vor Unser Frau.

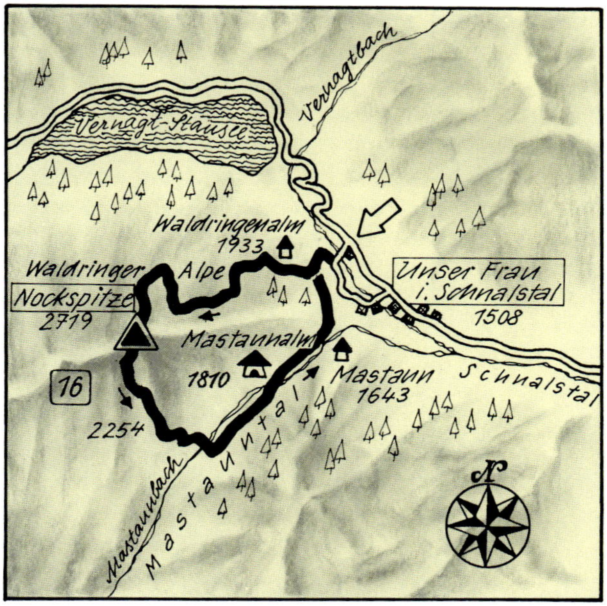

Die Nockspitze von Osten aus dem Schnalstal beim Bruggerhof.

Die Nockspitze erhebt sich, zum inneren Schnalstal hin vorkragend, am östlichen Rand des Salurnkammes der Ötztaler Alpen. Dieser abgeschiedene Bergkamm verläuft, im nördlichen Teil stark vergletschert, vom Bildstöckljoch (südlich der Weißkugel) südwärts zwischen Matschertal und Schnalstal und wird durch das stille Schlandrauntal in eine westliche und östliche Hälfte geteilt. Der Alpenvereinsführer erwähnt die Nockspitze nur ganz kurz und lediglich in Verbindung mit den im weiteren Halbrund stehenden Gerstgraserspitzen sowie der Berglerspitze. Und auch sonst findet man kaum etwas an Schriftlichem über den Berg. Seine Aussichtsgüte hat sich offenbar allein bei Landeskennern herumgesprochen. Es zeigen sich nämlich die höchsten und eindrucksvollsten Gipfel der südlichen Ötztaler Alpen, ihres Haupt- und Weißkammes: von der Hinteren Schwärze über Similaun, Finailspitze zum Kasten der Grawand-Seilbahnstation; im Nordwesten die eisgepanzerte Saldurspitze, die Schwemserspitze, Quellspitzen und die königliche Weißkugel. Während des Aufstieges bieten sich von der Waldringer Alpe lehrreiche Talblicke. Der gletscherwasserfahle Vernagt-Stausee speichert von Frühjahr bis Herbst 42 Millionen Kubikmeter Wasser, das dann, entsprechend den Bedürfnissen, durch eine 15 Kilometer lange Druckrohrleitung im Bergesinneren der Texelgruppe mit einem Gefälle von 1100 Metern dem Etschtalwerk draußen bei Naturns-Kompatsch Energie liefert. Dem Stausee mußten in den fünfziger Jahren acht Familien weichen. Das Kirchlein St. Johann ging unter in den Fluten. Der See soll eine Klimaveränderung im Tal ausgelöst haben, wodurch beispielsweise am Finailhof, einst höchstgelegener (1952 m) Kornhof Europas, das Korn nicht mehr abreifen kann.

Beim Abstieg genießen wir die herbe Schönheit des Mastauntales. Murmeltiere spielen vor ihren Erdlöchern. Alpenrosen blühen. Der 28 Meter hohe Mastaunbachfall stürzt über dunklen Gneis. Im Gold der Herbstlärchen glitzert die weiße Gischt wie fließendes Silber. Das geschwätzige Bächlein belebt den wunderbaren Talboden. Als dunkle Farbtupfen die sonnengebrannten Holzbalken der Mastaunalm in einem Wiesenkessel. Und schließlich der altehrwürdige, verschachtelte Mastaunhof.

Aus dem Schnalstal ins Mastauntal

Vom Sportplatz von *Unser Frau* mit dem Höfefahrweg 5 Minuten bergan. Dann in spitzem Winkel rechts ab, dem Wegweiser »Nockspitze, Waldringeralm« folgen. Nummer 17 windet sich im Lärchenwald kehrenreich hoch, ziemlich steil in 1 Stunde zur Wieseninsel der *Waldringeralm* (1933 m). Der Hirt in seiner einfachen Hütte betreut rund 25 Stück Vieh. Auf der Rodungsfläche mündet rechts der Wanderweg von der Dammkrone des Vernagt-Stausees.

Gemeinsam geht es an einem Quellwasser-Brunnentrog vorbei. Ungefähr ¼ Stunde oberhalb der Waldgrenze wendet sich die Spur rechts und führt empor zum stumpfen, grasig-schrofigen Nordrücken der Nockspitze. Rechts stößt ein Weglein von der Grubalm auf unsere Route. Zum Gipfel sind es noch 35 Minuten. Der Weg ist auch weiterhin ausgetreten, löst sich im groben Geröll ein Stück weit auf, setzt sich hernach aber wieder deutlich fort am und neben dem Nordrücken. Zunehmend steiler zum großen *Gipfelkreuz* (Buch) mit einem Marienbildstöckchen. 3½ Stunden.

Abstieg: Vom Kreuz nicht unvermittelt in die Südflanke (wie auf den Karten eingezeichnet), sondern schwach südwestlich über Wiesen am Kammrücken, der rechts abbricht. Aus der Scharte (2675 m) links, jetzt südwärts in Serpentinen durch eine weite Mulde (Murmeltiere!). Etwa 20 Minuten nach dem Gipfel wird schottriges Tobelgelände ansteigend gequert. Danach längere Traverse zu einem ausgedehnten Kar, das im Südwesten halbkreisförmig von den Gerstgraserspitzen und der Kreuzspitze überragt wird. Vorbei an einer verfallenen Alm (2254 m). Im Vorblick die von Schluchten und Karen durchrissene Kleine Wiegenspitze. Die Wiesenspur überschreitet ein Bächlein und wird vom Waldsaum aufgenommen. Prächtiger Lärchenbestand. Das Rauschen des Mastaunbachfalles zieht die Blicke an. Und schon 1½ Stunden nach dem Gipfel betreten wir den Boden des *Mastauntales.* Holzbalken leiten uns über die Bachläufe zum Stall der *Lafetzalm* (1910 m). Begleitet von einem hübschen hölzernen Kunstzaun erreichen wir den Kessel mit der *Mastaunalm* (1810 m), die links liegen bleibt, sofern man nicht einkehrt. Im Nordosten erkennt man das Kreuz der Schröfwand. Ein Wasserrückhaltebecken wird passiert. Beim *Mastaunhof* (1643 m) entscheiden wir uns für den Höfefahrweg. Er endet im Ausgangsort.

Touristische Angaben

Talort: *Unser Frau* (1508 m), größter Ort der Gemeinde Schnals, mit Vernagt etwa 600 Einwohner. Neuer Ortsteil beiderseits der Talstraße, 14 Kilometer von der Vinschgauer Staatsstraße. Hotels, Gasthöfe, Pensionen. Bushaltestelle. *Sehenswert:* Alter Ortskern auf einem Hügel um die Wallfahrtskirche, in ihrer heutigen Form aus der Mitte des 18. Jahrhunderts. Auf der linken Seite neben der Kanzel der barocke Gnadenaltar mit kleiner Marienfigur in einer Monstranz. Sie wird am Kirchtag (15. August) beim Flurumgang getragen.

Ausgangspunkt: *Sportplatz* von Unser Frau, Parkraum auf der Nordseite. Dorthin auf dem Sträßchen, das gegenüber dem Restaurant Schwarzer Adler bei der Bushaltestelle von der Talstraße abzweigt.

Höhendifferenz: 1200 Meter.

Gehzeiten: Zum Gipfel 3½ Stunden; Abstieg etwa 2½ Stunden. Insgesamt etwa 6 Stunden.

Zwischenstation: *Mastaunalm* (1810 m), Jausenstation am Abstieg, etwas abseits des Weges.

Karten: Tabacco Wanderkarte 1:25000, Blatt 04 Schnalstal; Freytag & Berndt Wanderkarte 1:50000, Blatt S2 Vinschgau, südliche Ötztaler Alpen.

Tour 17

Vermoispitze, 2929 m

Über dem Vinschgauer Steppenhang

> *Tagestour.*
>
> *Markierte Wege und Pfade aus dem Almenbereich in die hochalpine Felsregion. Infolge lichten Waldes wenig Schatten; im Hochsommer sehr heiß.*
>
> *Unschwierig, jedoch im oberen Teil Trittsicherheit und Schwindelfreiheit erforderlich.*
>
> *Beste Jahreszeit: Frühsommer bis Herbst.*

Am Wirtshaustisch in St. Martin erzählt mir ein Waldarbeiter, vom Kreuz der Vermoispitze erspähe man die Türme des Mailänder Domes. Die ganze Welt sei ausgebreitet, beteuert der liebenswürdig-einfache Mann. Die ganze Welt – das ist seine Heimat, umstehende Gipfel wie die Zermingerspitze oder die Trumserspitze, das nordseitige Penaudtal, das Martelltal und sein uriger Gipfelrahmen bis hinter zu den schneeweißen Eisfeldern. Die Königsspitze guckt hervor. Die ganze Welt – das sind für ihn die heißen

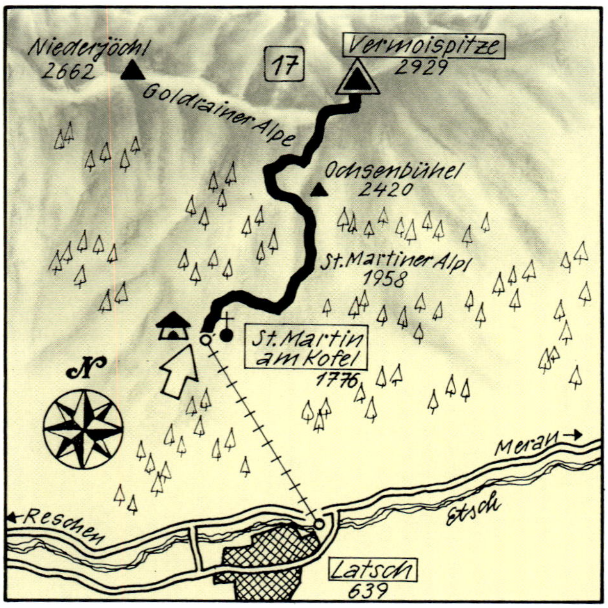

Vinschgauer Flanken, ein Teil des Sonnenberges mit seinem widersprüchlich-eigenartigen Charakter und seinen extremen Klimaverhältnissen. Der Vinschgau stellt nach Professor Franz Fliri (»Das Klima der Alpen im Raume Tirol«, 1975) das »trockenste inneralpine Gebiet« dar, was gleichbedeutend ist mit höheren Temperaturen. Fliri doziert: Die »Aufwölbung der Isothermen, Schneegrenzen und Vegetationsgrenzen ist also letztlich durch das Zusammenspiel von Relief und Wettergeschehen, nicht aber durch einen ›Masseneffekt‹ (Alpenhauptkamm als Klimascheide, d. Verf.) bedingt, wie in der Literatur häufig ohne weitere physikalische Erklärung geschrieben wird«.

Mittelpunkt der Welt ist für meinen Gesprächspartner – ein »Roter« nach dem anderen kommt auf den Tisch – *St. Martin am Vorberg,* so die amtliche Schreibweise der Latscher Fraktion. Zutreffender wäre St. Martin im Kofel, entsprechend der Figur des hl. Bischof Martin in einer Felshöhle, über der am 1. Mai 1510 der Bischof von Chur die Kirche weihte. Früher habe man den Heiligen drunten in Göflan verehrt, erzählt die Legende. Da sah ein Bauer, wie der Angebetete die Kirche verließ und auf einem weißen Pferd zur Höhle hinaufritt, die als Schafstall gedient haben soll. Im Gefolge schwebte der Bettler mit einem Glöcklein in der Hand, eine Gans, ein Kreuz und blaue Lichtlein. Erbost holten die Leute den Entflohenen zu Tal. Anderntags war er aber schon wieder oben. So geschah es noch ein paar Mal, bis man sich damit abfand, Martin dort zu belassen, wo er anscheinend hingehörte, in eben diese Höhle des Hochaltars. Votivbilder loben seine Wunder. Wallfahrer besuchen die Stätte nicht mehr barfuß wie einst, sondern seilbahngondelnd, doch sie beten noch immer zum Viehpatron. Das Widum hat der Pfarrer 1978 verlassen. Auswärtige Geistliche lesen an Sonn- und Feiertagen die Messe. 1988 unterrichteten in der Schule zwei Lehrer die 18 Kinder der rund 250 Einwohner auf den entlegenen Höfen. An der Seilbahnstation ist eine kleine Gaststätte, Lokal des Bauernvölkchens nach dem Kirchgang, wo man Geschäfte abwickelt und mit Handschlag besiegelt, redet, politisiert, eventuell Post einsteckt.

St. Martin klebt am Südhang der Schlandrauner Berge. 1100 Meter tiefer fließt die Etsch im Untervinschgau an Latsch vorbei, der drittgrößten Südtiroler Obstbaugemeinde. 1100 Meter höher gipfelt die Vermoispitze im Kamm, der aus dem Niederjöchl über die Graue Wand östlich ansteigt, bei der Vermoispitze knickt und sich über die Trumserspitze zum Tscharser Wetterkreuz fortsetzt: südlichster Saum des Saldurkammes der Ötztaler Alpen. Nördlich mündet das Penaudtal unweit von Karthaus ins Schnalstal. Vom einstigen Kartäuserkloster führt ebenfalls ein Weg auf die Vermoispitze, über die im Sommer bewirtschaftete Penaudalm (2316 m) – 6 Stunden, dazu noch ziemlich langweilig, so daß eigentlich nur die Südflanke in Frage kommt.

Aufbruch in St. Martin

Von der *Seilbahnstation* (1740 m) zur Kirche. Kurz danach links in den asphaltierten Fahrweg. Er geht in den »Forstweg Alpl« über. Nordwestlich schmiegen sich die einzigartigen Höfe Egg und Forra an den grünen Steilhang. Der breite Weg führt durch Lärchen- und Tannenwald zum *St. Martiner Alpl* (1958 m). An den Rändern der Lichtung stehen kleine Hütten. Ein Tümpel sammelt das Trink- und Beregnungswasser.
Am Wegweiser links (Nummer 6, 8), zwischen Wasserbunker und Tümpel hindurch, über den Hang hinauf zum Waldrand. Etwa 10 Minuten später teilen sich die Wege. Nummer 6 führt geradeaus in Richtung Niederjöchl, wir nehmen beim Wegweiser Nummer 8, rechtshaltend weiter bergan über die Roßböden zum freien Aufschwung des *Ochsenbühels.* Unsere Route holt zu einer Rechtsschleife aus, berührt die Hänge der *Goldrainer Alpe* und wendet sich dann einem flachen, stellenweise felsbesetzten Grasrücken zu, den man beim Punkt 2538 erreicht. Zunächst über diesen Rücken. Etwa ½ Stunde später setzt eine schmale, schräg rechts hochziehende Traverse an, die durch Mulden und schrofig-felsige Hangrippen zieht. Anschließend auf Steigspuren durch das helle Geröll, anstrengend und steiler, abschließend in leichter Kraxelei in wackligem Blockwerk zum *Gipfelkreuz* etwas rechts des höchsten Punktes.

Touristische Angaben

Talort: *Latsch* (639 m), etwas abseits der Vinschgauer Staatsstraße, Sitz einer Gemeinde (4000 Einwohner,

St. Martin, hochgelegener Ausgangspunkt für die Vermoispitze.

An der Waldgrenze (ca. 2200 m) oberhalb von St. Martin wird der Blick zur Vermoispitze (rechts) frei.

Fläche 78,82 Quadratkilometer) mit den Fraktionen Goldrain, Morter, St. Martin und Tarsch. Hotels, Gasthöfe, Pensionen; Campingplatz. Bus- und Bahnverbindungen. 26 Kilometer von Meran, 49 Kilometer vom Reschenpaß. *Sehenswert:* Großartiger spätgotischer Flügelaltar (aufgestellt 1524) des schwäbischen Meisters Jörg Lederer in der Spitalkirche zum Heiligen Geist. 1980 Aufdeckung neuer Fresken. Die Pfarrkirche Peter und Paul stammt aus der Romanik, erhielt aber ihre heutige Gestalt um 1500. Neben der Pfarrkirche die Burg Latsch.

Ausgangspunkt: *St. Martin* (1776 m). Seilbahn von Latsch, Talstation nordöstlich des Ortes auf der Südseite der Vinschgauer Staatsstraße, Parkraum. Betriebszeiten: 8.00 bis 12.30 Uhr und 14.00 bis 18.00 Uhr, im Hochsommer bis 19.00 Uhr, manchmal längere Wartezeiten. Das schmale Asphaltsträßchen nach St. Martin sollte den Einheimischen belassen werden!

Höhendifferenz: 1190 Meter.

Gehzeit: Anstieg 3½ bis 3¾ Stunden.

Karten: Tabacco Wanderkarte 1:25000, Blatt 04 Schnalstal; Freytag & Berndt Wanderkarte 1:50000, Blatt S2 Vinschgau, südliche Ötztaler Alpen.

Tour 18

Roteck, 3337 m

Höchster Scheitel der Texelgruppe

Ein- bis Zweitagestour.

Ab etwa 3150 Meter hochalpines, jedoch markiertes Felsterrain. Bis dahin Wege. Ohne Gletscherberührung. Kein Schatten. Meisterstiegener Dreitausender im Tourenareal der Lodnerhütte.

Am Vorgipfel stellenweise I. Danach Drahtseilsicherungen. Sonst unschwierig. Trittsicherheit und Schwindelfreiheit vonnöten. Nur bei schneefreiem Fels angehen!

Beste Jahreszeit: Mitte Juli bis Mitte September.

Die *Texelgruppe* ist der einzige vergletscherte, vollkommen auf Südtiroler Boden stehende Bergraum.

Sie gehört zu den Ötztaler Alpen, wird von ihnen aber deutlich getrennt in Form der Linie Pfossental–Eisjöchl–Pfeldererertal. Es handelt sich um die »Tirolisch Alben«, wie aus der Karte von Warmund Igl von 1604 hervorgeht. Merian nennt das Gebiet 1649 »Tyrolis Alpen«, ebenso ein Atlas des Jahres 1735. 1901 betonte dann Dr. Eugen Guido Lammer, Star-Alpinist seiner Zeit, man habe sich daran »gewöhnt«, Texelgruppe zu sagen. Ihr westlicher Teil weist stärkere Vergletscherung auf als der östliche und nordöstliche und trägt auch den höchsten Gipfel. Lammer schildert in einer erschöpfenden Monographie die Charakteristiken der Texelgruppe: »Die riesigen Hänge gegen das Etsch- und Schnalserthal: bis über 2800 m Höhendifferenz ohne jede Terrassenbildung und Schneebedeckung (während freilich sowohl ins Pfossen- als ins Zielthal eine Reihe dunkler, kurzer Gletscher hinabsteigen); ferner das halbkreisförmige Herumdrängen der Gletschergipfel um das Zielthal...; endlich die höchst merkwürdige Einlagerung breiter, steil gestellter Kalkschichten in das Urgestein, beständig selber wieder unterbrochen durch Urgestein... Vom Passeier- und Pfeldersthal weg schneiden tiefe Seitentäler nach Süd und West in die Gruppe, zum Schnalser- und Pfossenthal brechen dagegen nur ganz kurze Steilgräben mit kleinen Bächen ab. So bietet unsere Gruppe von jeder Seite ein ganz verschiedenartiges Bild und sie ist deshalb eine wahre Musterkarte hochalpiner Typen.«
Inzwischen bildet die Texelgruppe den hauptsächlichen Bestandteil des 1976 genehmigten, gleichnamigen Naturparkes auf einer Fläche von 33430 Hektar. Er ist größer als die eigentliche Gruppe, stößt an den Ötztaler Hauptkamm und springt nördlich des Timmelsjoches ein kleines Stück in den Stubaier Hauptkamm über, indes schließt der Naturpark – verschärf-

Ein Teil des Weges von der Lodnerhütte zum Roteck.

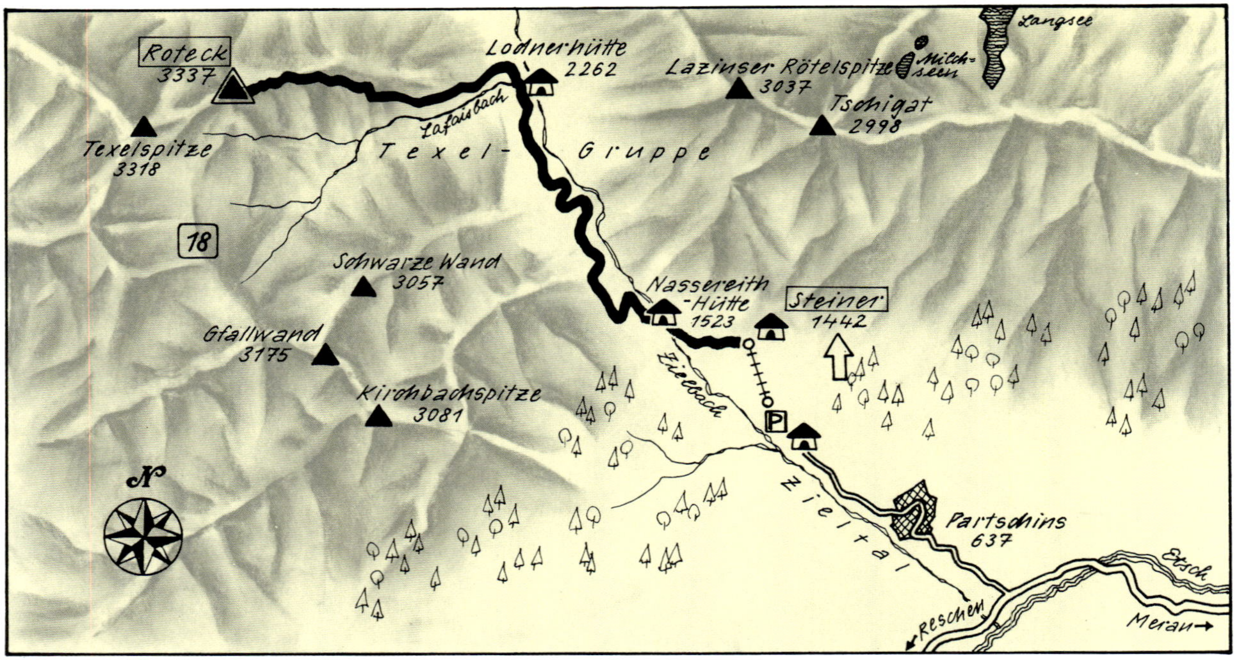

te Schutzvorschriften – sämtliche ganzjährig bewohnten Höfe, Weiler und Ortschaften an den Randzonen aus.

Nicht die Texelspitze (3318 m), die der Gruppe ihren Namen verlieh, ist der höchste Gipfel, sondern das *Roteck* schwach nordöstlich der Texelspitze. Vor mehr als einem Jahrhundert hieß das Roteck »Zehnerspitze« und nützte den Pfossentalern als Uhrzeiger. Die Erstbesteigung am 24. Juli 1872 gelang einem Mann, der sich in der Ötztaler-Alpen-Erschließung enorme Verdienste erworben hat: Dr. Theodor Petersen, zwischen 1869 und 1894 Vorstand der Alpenvereinssektion Frankfurt/Main. Petersen brach im Geleit des Schmiedes von Katharinaberg, Rochus Raffeiner, und des Hirten Ildefons Kobler um 5.00 Uhr morgens von der Mairalm über dem vorderen Schnalstal auf, gewann das Gingljoch und visierte danach die Texelscharte an, den tiefsten Einschnitt im Verbindungsgrat Texelspitze–Roteck. Von dort kletterte das Trio zum Gipfel und häufte »eine mächtige Steinpyramide«. Erstersteigung? Kobler dämpfte die Euphorie und gab zu bedenken, »daß den Gemsjägern diese Felsenriffe nicht unbekannt seien«, schreibt Lammer.

Wir folgen der Route des Wiener Draufgängers Robert Hans Schmitt mit dem Meraner Alpenvereinsvorsitzenden (1891–1894) Dr. Theodor Christomannos am Ostgrat, aus dem Zieltal, das heißt dem Abstiegsverlauf der Seilschaft. Sie beging 1890 nach ihrer ersten Überschreitung Texelspitze–Roteck den gesamten Ostgrat, während der Normalweg ab Lodnerhütte nur dessen letzten Teil in Anspruch nimmt. Als unentbehrliche Tourendrehscheibe im Zieltal umsorgt die *Lodnerhütte* seit einem Jahrhundert (1891) tatendurstige Alpinisten. Vom Roteck ist jedoch infolge seiner zurückversetzten Lage nur eine Art Vorgipfel zu sehen: links hinter der Schafschneide. Mundpropaganda bürgt für Resonanz!

Den gängigen Weg zum Roteck-Ostgrat verdanken wir der damals hüttenbesitzenden Sektion Meran. Sie brachte 1901 ergänzend am obersten Aufschwung des Ostgrates aus der Gipfelscharte fixe Sicherungen an, was man zu würdigen weiß. Doch schon der plattige, mit hellgrünen Flechten gepunktete Urgesteinsfels vor der Scharte verlangt hier und da die Zuhilfenahme der Hände. Deshalb wäre es sträflich falsch, die Tour als »leicht« abzutun. Immerhin bewegt man sich längere Zeit in über 3000 Meter! Allgemein wird

Die Lodnerhütte im Zieltal, bester Stützpunkt für das Roteck.

Lodner Hütte

Am Roteck-Ostgrat, vor dem letzten Aufschwung zum Gipfel.

in der Lodnerhütte genächtigt, denn selbst der kürzeste Aufstieg von Partschins nimmt etwa 6¼ Stunden an effektiver Gehzeit in Anspruch.

Von der Lodnerhütte

Von der Hütte zunächst zur kleinen Kapelle. Beim Wegweiser links (westlich) ins *Grubplattental.* Etwa 20 Minuten später, an der Wegeteilung, halbrechts aufwärts in nordwestlicher Richtung parallel zum östlichsten Ausläuferrücken des Rotecks, windungsreich in das teilweise begrünte, wasserreiche Hochkar »Schafbank«. Weiter (meist Altschneereste) an der rechten Felsrippe empor zu einem breiten, schwach geneigten, mit Felsplatten übersäten Plateau. Über diese Hochebene westlich und linkshaltend in den Fels des Ostgrates. Die rot-weißen Farbzeichen umgehen Hindernisse. Zwischendurch ist der Steig mit Platten ausgelegt. Steinmann und Gipfelkreuz sind zu sehen. Der Roteckferner reicht fast bis zum höchsten Punkt. Hinter diesem vorgipfelähnlichen Aufbau des Ostgrates geht es abwärts in eine schmale Scharte, aus der südlich ein böses Couloir abbricht. Nun bedienen wir uns der Seilsicherungen im braunen, brüchigen Fels und erreichen den annähernd waagrechten Gipfelgrat (Vorsicht bei Verwächtung!) in greifbarer Nähe des 1978 gesetzten Kreuzes.

Touristische Angaben

Talort: *Partschins* (637 m) am Südrand der Texelgruppe, Gemeindesitz. Hotels, Gasthöfe, Pensionen. Etwas abseits (nördlich) der Vinschgauer Staatsstraße 38, von Meran 7 Kilometer. Busverbindungen. Parkplätze für Touren 2 Kilometer oberhalb der Ortsmitte im Zieltal. Unweit davon die Talstation der kleinen Personen-Seilbahn zum Steinerhof (1442 m). *Sehenswert:* Spätgotische Pfarrkirche St. Peter und Paul mit Barockaltären. Partschinser Wasserfall im Zieltal.

Ausgangspunkt: *Lodnerhütte* (2262 m), CAI-Sektion Meran, im hinteren Zieltal auf einem Geländesporn über der Mündung des Lafaisbaches in den Zielbach. 13 Betten, 25 Matratzenlager, 20 Notlager. Bewirtschaftet vom 15. Juni bis 1. Oktober. Tel. 0473/97367. Vom *Steinerhof* (1442 m, Seilbahn von den Partschinser Parkplätzen) über die *Nassereith-Hütte* (1523 m) 2¾ Stunden.

Höhendifferenzen: Hütte–Gipfel 1080 Meter; Partschins/Steinerhof–Gipfel rund 1900 Meter.

Gehzeiten: Hütte–Gipfel etwa 3½ Stunden. Auf- und Abstieg von Partschins/Steinerhof 11 bis 12 Stunden.

Karten: Tabacco Wanderkarte 1:25000, Blatt 04 Schnalstal; Freytag & Berndt Wanderkarte 1:30000, Blatt S12 Naturns, Schnalstal, Latsch; Freytag & Berndt Wanderkarte 1:50000, Blatt S8 Passeier, Timmelsjoch, Jaufen; Kompass Wanderkarte 1:50000, Blatt 53 Meran.

Tour 19

Spronser Rötelspitze, 2625 m

Wie Gottvater Ausschau halten

Tagestour.

Leiteralm–Hochganghaus schattiger, breiter Weg. Anschließend steiler Felssteig in den Hochgang. Von dort überwiegend durch Geröll auf die Spitze. Markierungen.

Unschwierig. Auf dem gesicherten (Eisenketten, kurze Leiter) Hochgangsteig ist Trittsicherheit und Schwindelfreiheit notwendig. Vorsicht bei Nässe, hauptsächlich im Abstieg. Keine Steine lostreten! Bei Schnee ist von der Tour abzuraten!

Beste Jahreszeit: Juli bis September.

Die Spronser Rötelspitze, ein massiger Felsberg nordwestlich über Algund und Vellau, zwischen Hochgang und Mitterjoch in dem vom Tschigat östlich und schwach südöstlich streichenden Südkamm der östlichen Texelgruppe, trägt ihren Namen zur Unterscheidung von der Partschinser Rötelspitze (auch Lazinser Rötelspitze), westlich hinter dem Tschigat. Sprons – das ist die Gegend im Norden der Rötelspitze, um das Spronser Tal und die faszinierende Spronser Seenplatte, einem eiszeitlichen Szenarium von kolossalem, geradezu unwirklichem Reiz: größte hochalpine Gewässerplatte Südtirols! Acht bis zehn nennenswerte Seen, die eine Gesamtfläche von rund 30 Hektar einnehmen, wurden auf verhältnismäßig begrenztem Raum in Höhenlagen zwischen 2117 Metern und 2598 Metern von Gletschern erodiert beziehungsweise im Gestein der Alten Gneise, der Granitgneise und des Glimmerschiefers zurückgelassen. Diese Landschaft erweckt den Eindruck, als habe die Eiszeit erst gestern den Hobel aus der Hand gelegt und vergessen, ihre Werkstücke aufzuräumen: rundgeschliffene Felshöcker, auf denen in bizarrsten Stellungen, scheinbar der Schwerkraft trotzend, erratische Blöcke herumliegen.

Den Auftakt der Tour bildet ein Stück des Meraner Höhenweges rund um die Texelgruppe: der Abschnitt von der Leiteralm, vorbei am Felsklotz des »Gampbichls«, wo eine Urzeitstätte angenommen wird, zur ersten Kanzel, dem Hochganghaus an der Waldgrenze.

»Nur für Geübte«, warnt eine Tafel vor dem Felssteig in die Scharte des Hochganges. Dort angelangt, liegt uns der Langsee (2377 m) zu Füßen, der größte in der Spronser Seenplatte. Gelegentlich schießen Saiblinge aus dem Wasser. Selbst bei Sonnenlicht und blauem Himmel wirkt der Kessel sehr ernst. Im Trümmergewirr finden Schneehühner Schutz, vereinzelte Steinhühner nisten, der Kolkrabe horstet.

Die Rötelspitze verbirgt sich östlich hinter einer vorgeschobenen Kuppe. Während des Überganges er-

Auf dem streckenweise gesicherten Steig in den Hochgang zur Spronser Rötelspitze; hier im Abstieg begangen.

Oben: Tiefblick vom Tschigat-Nordostgrat über die beiden Milchseen (Vordergrund) und den Langsee (links davon der Grünsee) zur Spronser Rötelspitze (rechts).

geben sich Einblicke zum Grünsee, etwas tiefer ruht der kleine Mückensee. Und wiederum eine Etage tiefer formt sich um den Oberkaser ein Bild der Harmonie. Im Pfitschersattel, nordöstlich der Rötelspitze, betrieben Steinzeitmenschen 2500 Jahre vor Christus eine astronomische Forschungsstation, pflegten dort das größte, bisher bekannte Sonnenheiligtum des europäischen Festlandes, wie die 1988 abgeschlossenen, fünfjährigen wissenschaftlichen Untersuchungen des Bremer Paläastronomen Dr. Aribert Egen ergeben haben (Veröffentlichung 1989).
Damit wenden wir uns vom nördlichen Rahmen der Rötelspitze ab und starren in die Tiefe – fast 2300 Meter auf Algund, hinaus nach Meran. Meist hängt über der bukolischen, blüten- und obstprangenden Etschbucht leichter Dunst, hervorgerufen durch unzählige Beregnungsanlagen, die bald Tag und Nacht sprühen. Sie gewährleisten die Existenzfähigkeit der Landwirtschaft, neben dem Fremdenverkehr wichtigster Erwerbszweig. Der Weinbau weist eine rückläufige Tendenz auf, hingegen hat die Kernobstbaufläche in Südtirol von 1976 bis 1987 um über zehn Prozent zugenommen. Kunstdüngemittel sowie chemische Behandlungen haben die Intensivwirtschaft gefördert. Früher verwendete Gifte wie DDT oder Bleiarsen zum Beispiel, sind erfreulicherweise aus dem Markt gezogen worden. Spritzungen erfolgen hauptsächlich gegen Schorf und Mehltau, in der Häufigkeit abhängig von den Witterungsbedingungen, meist mit ungiftigen Mitteln; lediglich nach langen Regenperioden müssen die scharfen Sachen 'ran. Der Einsatz von Kunstdüngern richtet sich nach vorheriger Boden- und Blattanalyse.

Rechts: Die Rötelspitze von Norden (Spronser Seen). Die Route führt von rechts zum Gipfel.

Überall im nahen und weiten Rund stapeln sich Berge, umzingeln die Täler regelrecht. Bekannte und unbekannte Spitzen, einige stehen schon im Tourenbuch, andere noch auf der Wunschliste. Wir speichern die Eindrücke, bewahren sie als Geschenke auf in der Schatztruhe der Erinnerung.

Zuerst auf dem Meraner Höhenweg

Neben der alten *Leiteralm* (1522 m) mit Markierung 24 dem Wegweiser folgen, an der Gabelung auf dem oberen, steinigen Weg in 10 Minuten zu einem Wetterkreuz. Etwa 10 Minuten später über eine kleine Lichtung mit zwei Holzhütten, danach an einem mächtigen Felsklotz (»Gampbichl«) vorbei, Ruinenreste passierend in den vermurten Tobel des Töllgrabens und zum *Hochganghaus* (1834 m), südwestlich zu Füßen der Spronser Rötelspitze an der Waldgrenze. 1¼ Stunden.

Nördlich ist bereits die Einschartung des Hochganges zu sehen. Das markierte Weglein Nummer 7 führt zunächst über Wiesen, dann durch ein Waldstück mit krankem Bestand, um nach längerer Linksquerung eine Quelle zu erreichen. Um eine Ecke herum in eine geröllgefüllte Mulde, die wenig später rechts verlassen wird. Erste Sicherungen mahnen zur Konzentration. Eine Eisenleiter. Ketten und Drahtseile leiten in gutgestuften Fels. Die Ausgesetztheit nimmt zu. Abschließend drückt man sich um eine luftige Kante, zur Holzstange im *Hochgang* (2441 m). Vom Hochganghaus 1½ Stunden.

Rechts (östlich) der Scharte ist auf Felsen »Rötel« mit weißer Farbe gepinselt. Dort hält man sich an die Steigspuren über eine mit plattigen Felsen besetzte Vorkuppe (2536 m). Abwärts 5 Minuten in einen breiten Schuttsattel. Aus ihm über loses Trümmerwerk etwa 20 Minuten zum *Gipfel.* Vom Hochgang ¾ Stunden.

Touristische Angaben

Talort: *Vellau* (966 m), Dörfchen oberhalb von Algund (7 km); Busverbindungen. Gasthöfe, Pensionen. Sessellift von Algund-Mitterplars. Parkplätze an der Talstation des Korbliftes zur Leiteralm. *Sehenswert:* Dreifaltigkeitskirche, 1795 geweiht, in hübscher Hanglage. Altarrelief und Apostelfiguren von Blasius Mayrhofer, Kanzel und Statuen von Alois Schmieder, hiesiger Kienegger-Sohn.
Ausgangspunkt: *Leiteralm* (1522 m), Berggasthaus oberhalb von Vellau im Südhang der Texelgruppe, 5 Minuten von der Talstation des Korbliftes von Vellau (Betriebszeiten: 8.00 bis 17.00 Uhr, Mittagspause 12.00 bis 13.00 Uhr; Sonn- und Feiertage bis 18.00 Uhr). Ganzjährig geöffnet; keine Übernachtung.
Höhendifferenz: 1150 Meter.
Gehzeit: Leiteralm–Gipfel etwa 3½ Stunden.
Zwischenstation: *Hochganghaus* (1834 m), privat, Ermäßigung beim Vorzeigen des AV-Ausweises. 20 Matratzenlager. Bewirtschaftet von Mai bis Ende Oktober. Tel. 0473/3310. Von der Leiteralm 1¼ Stunden.
Karten: Tabacco Wanderkarte 1:25000, Blatt 011 Meran und Umgebung; Freytag & Berndt Wanderkarte 1:30000, Blatt S9 Meran und Umgebung; Freytag & Berndt Wanderkarte 1:50000, Blatt S1 Bozen, Meran und Umgebung oder Blatt S8 Passeier, Timmelsjoch, Jaufen.

Tour 20

Mutspitze, 2294 m

Nicht nur für Mutige

Tagestour.

Allseits verhältnismäßig steile, markierte Zugänge mit wenig Schatten. Von der Taufenscharte (Westen) ausgesetzt, Vereisung beziehungsweise Schneereste möglich. Am frühesten aper vom Gasthaus Hochmut (Osten).

Unschwierig, jedoch Trittsicherheit und Schwindelfreiheit notwendig. Bei Nässe etc. gefährlich, was sich vor allem auf die Abstiege (Taufenscharte) bezieht.

Beste Jahreszeit: Juli bis Spätherbst, vom »Hochmuter« ab Juni.

Die Mutspitze, östlichster Eckpfeiler des Texelgruppe-Südkammes, kokettiert nordwestlich von Meran:

Auf dem Meraner Höhenweg. Über dem Mutkopf zeigt sich der Nordostgrat der Mutspitze (Vorgipfel).

2000 Meter höher als die Passerstadt, scharf in den Konturen, steilflankig. Auch von Schenna beispielsweise ist der Texelgipfel bewundernswert, von Hafling versinkt er in der Kammlinie. Im Frühjahr, wenn sich das Burggrafenamt für die ersten Gäste blütenprächtig herausputzt, liegt noch Schnee auf der »Mut« und verleiht ihr das Aussehen eines Zuckerhutes.
Im Atlas des österreichischen Topographen Peter Anich taucht der Gipfel bereits 1774 als »Muthberg« auf. Doch schon rund 3000 Jahre früher, während der jüngeren Bronzezeit, verdient die Mutspitze Beachtung, genau lokalisiert, der *Mutkopf* (1547 m), eine Rückfallerhebung im Oströcken, 11 Meter über einer Einsattelung, 8 Meter Durchmesser in Kuppenhöhe. Dort entdeckten die Bozener Luis Oberrauch und der bekannte Dolomitenkletterer Otto Eisenstecken 1950 eine vorgeschichtliche Stätte, »höchstgelegene prähistorische Siedlung im Umkreis von Meran«. Was mag die Urzeitmenschen bewogen haben, in dieser Höhe Fuß zu fassen? Der Südtiroler Archäologe Dr. Reimo Lunz (»Archäologie Südtirols«, Band 7) vermutet: »In erster Linie war es wohl ein gewisses Schutzbedürfnis..., auf der anderen Seite ist zu bedenken – und gerade die Lage des Mutkopfes legt dies nahe –, daß auch wirtschaftliche Aspekte bei der Anlage dieser Höhensiedlungen in Almnähe maßgebend gewesen sein können.« Lunz hält auch einen Zusammenhang mit den knapp drei Kilometer (Luftlinie) nordwestlich gelegenen Schalensteinen am Pfitschersattel für nicht völlig ausgeschlossen.
Gar nicht weit vom geheimnisumwitterten Platz, auf dem die Mutbauern seit jeher ein »Nörggeleschloß« (Nörggele = Zwerg) angenommen haben, nämlich oberhalb des Hofes Lippen-Gaden (1684 m, Berggasthaus Mutkopf), stößt der ostseitige Normalweg auf den Rücken, der sich 600 Meter zum Gipfel hochzieht. An den etwa einen Kilometer langen Nordwestgrat hält sich der übliche Weg von der Leiteralm über die Taufenscharte. Bei dieser Scharte plante die Alpenvereinssektion Meran um die Jahrhundertwende den Bau einer Hütte, zu dem es dann aber nicht kam. Hier wie dort erleichtern Aufstiegshilfen – Korblift, Seilbahn – die Tour ganz erheblich, verringern die absolute Höhendifferenz um teilweise mehr als die Hälfte. Damit ist es allerdings noch nicht getan. Einige Tropfen Schweiß und beschleunigter Puls gehören dazu, ehe wir uns beim Kreuz neben zwei großen Steinmännern die Hände schütteln.
Ein besonders lohnendes Unternehmen stellt die *Mutspitze-Runde* dar, ausgehend von der Leiteralm, den Gipfel zum Berggasthaus Hochmut überschreitend, zurück im Höhenrausch des Hans-Frieden-Fel-

Blick vom Hans-Frieden-Weg zur mächtig aufragenden Rötelspitze.

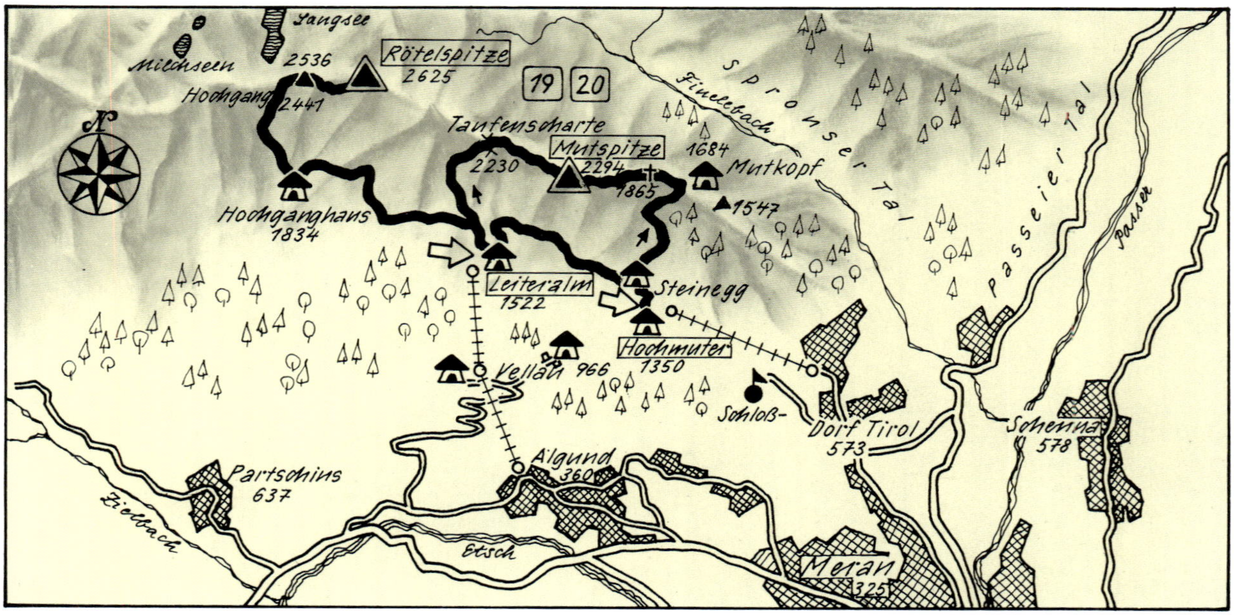

senweges. Natürlich kann man auch beim »Hochmuter« starten. Die Gesamtgehzeit beträgt etwa 5½ Stunden, ist also nicht wesentlich länger als einer der separaten Aufstiege mit Rückweg. Ich empfinde diese Kombination sozusagen als Vollendung an der Mutspitze. Wie auch immer, die Aussicht, vornehmlich zu den Dolomiten, setzt jeder Besteigung das I-Tüpfelchen auf. Die »bleichen Berge« bilden den Magnet im Osten. Unser Blick springt über den Tschögglberg und das Schlernplateau auf den Rosengarten. Die Vajolettürme sind mit bloßem Auge zu erkennen, links der Rosengartenspitze. Weiter links die charakteristische Abdachung des Plattkofels, Langkofelkar, Langkofelstock, anschließend die gebänderte Sellaburg. Oberhalb von Schenna thront der Ifinger, von dem links ein Kamm über die Verdinser Plattenspitze zum Hirzer führt, dem höchsten Gipfel der Sarntaler Alpen. Am Südwestrand von Meran, im Stadtteil Untermais, ist das Oval der Pferderennbahn auszumachen. In diesem Rund treffen sich alljährlich am Ostersonntag junge Bauernburschen und -mädchen aus allen Teilen des Landes zum traditionellen »Bauerngalopp« auf Haflingerpferden. In den Pausen spielen Trachtenkapellen. Burggräfler Volkstänzer bieten Folklore. Schuhplattler und »Goaßlschnöller« tragen zur Unterhaltung bei. Ein richtiges Volksfest!

Vom Berggasthaus Hochmut

In guten 10 Minuten hinauf zum Gasthof *Steinegg.* Dort rechts auf Wegnummer 22 weiter nordwärts ansteigen in etwa 1 Stunde zum Mutspitze-Ostrücken (ca. 1710 m) oberhalb des *Berggasthauses Mutkopf.* Nun links (westlich) über den stumpfen Grasrücken. Knapp ¼ Stunde später bleibt die Rechtsabzweigung (Jägersteig zu den Spronser Seen, Markierung 22) unbeachtet. Wir gehen geradeaus, vorbei an einem Kreuz (1865 m), von dem es noch 1¼ Stunden zum *Gipfel* sind. 2¾ Stunden.

Von der Leiteralm

Neben der alten Leiteralm mit Markierung 24 ansteigen, bei der Wegeteilung auf dem oberen, steinigen Weg in 10 Minuten zum Wetterkreuz. Anschließend in 10 Minuten zu einer Lichtung (1633 m), auf der Markierung 25 rechts abzweigt (Felsaufschrift »Taufen«). Nördlich ansteigen durch lichter werdenden Wald, hernach in freiem Gelände fast bis zur Basis des Kammes. Rechts durch Geröll in eine breite, steile Rinne, durch die es im Zickzack hochgeht in die *Taufenscharte* (2230 m). Von der Leiteralm 2 Stunden. Aus der Scharte rechts dem luftigen Steiglein folgend, leicht auf und ab in der Nordflanke des Grates, abschließend über mächtige Blöcke zum *Kreuz.* 2½ Stunden.

Touristische Angaben

Talorte: *Dorf Tirol* (573 m), über Meran an den Südosthängen der östlichen Texelgruppe. Hotels, Gasthöfe, Pensionen. Die Zufahrtsstraße (3 km, Landesstraße 7) zweigt im Passeiertal 2,5 Kilometer nördlich von Meran ab. Busverbindungen. Parkraum an der Talstation der Seilbahn zum Berggasthaus Hochmut. *Sehenswert:* Schloß Tirol (½ Stunde zu Fuß), einst Stamm- und Regierungssitz der Grafen von Tirol; Baubeginn 1120.
Besichtigungszeiten: 9.30 bis 11.30 Uhr, 13.30 bis 16.30 Uhr. Montag geschlossen.
Vellau (966 m), Dörfchen oberhalb von Algund (7 km); Busverbindungen. Gasthöfe, Pensionen. Sessellift von Algund-Mitterplars. Parkplätze an der Talstation des Korbliftes zur Leiteralm. *Sehenswert:* Dreifaltigkeitskirche, siehe Tour 19.
Ausgangspunkte: Berggasthaus *Hochmut* (1350 m), im Südosthang der Mutspitze. 4 Betten. Tel. 0473/93578. Seilbahn von Dorf Tirol. Betriebszeiten: 8.00 bis 18.00 Uhr stündlich sowie nach Bedarf, Mittagspause von 12.00 bis 13.00 Uhr.
Leiteralm (1522 m), Berggasthaus oberhalb von Vellau im Südhang der Texelgruppe, 5 Minuten von der Talstation des Korbliftes ab Vellau (Betriebszeiten: 8.00 bis 17.00 Uhr, Mittagspause 12.00 bis 13.00 Uhr; Sonn- und Feiertage bis 18.00 Uhr). Ganzjährig geöffnet, keine Übernachtung.
Zwischenstationen: Im Aufstieg vom »Hochmuter«: Gasthof Steinegg, Berggasthaus Mutkopf (etwas abseits).
Höhendifferenzen: Berggasthaus Hochmut–Gipfel 945 Meter; Leiteralm–Gipfel 780 Meter.
Gehzeiten: Berggasthaus Hochmut–Gipfel 2¾ Stunden; Leiteralm–Gipfel 2½ Stunden.
Karten: Tabacco Wanderkarte 1:25000, Blatt 011 Meran und Umgebung; Freytag & Berndt Wanderkarte 1:30000, Blatt S9 Meran und Umgebung; Freytag & Berndt Wanderkarte 1:50000, Blatt S1 Bozen, Meran und Umgebung oder Blatt S8 Passeier, Timmelsjoch, Jaufen.

Tour 21

Hohe Kreuzspitze, 2743 m

Aus dem Hinterpasseier oder aus dem Ratschingstal

> *Tagestour.*
>
> *Anstieg in hochalpines Gelände, am Gipfelaufbau felsig. Markierte Pfade und Steige, kein Schatten. Von Norden zwar ein bißchen kürzer, aber keine Zwischenstation und erst später im Jahr begehbar als von Süden (Hinterpasseier).*
>
> *Am Gipfelaufbau stellenweise I–. Bei schlechter Sicht auf beiden Seiten schwierige Wegsuche.*
>
> *Beste Jahreszeiten: Von Süden Juni bis Spätherbst, von Norden Mitte Juli bis Ende September.*

Hand aufs Herz! Haben Sie schon etwas gehört von der Hohen Kreuzspitze? Selbst beim übergeordneten Gebietsbegriff Stubaier Alpen schält sich erfahrungsgemäß noch kein klares Bild heraus, denn der Berg befindet sich in einem Teil der Stubaier Alpen, den man gemeinhin gar nicht mehr zu diesen rechnet: im Kreuzspitzkamm südlich des Hinterpasseier, nördlich des abgeschlossenen Ratschingstales. Der Kreuzspitzkamm wiederum bildet einen Ausläuferkamm der Stubaier Botzergruppe und setzt südlich der Zermaidspitze an. Die Hohe Kreuzspitze stellt namengetreu den höchsten Gipfel im Kamm zum Jaufenpaß dar. Und ein Kreuz trägt sie auch, 1965 von »Stullern« errichtet. Mineralienfreunde suchen braunrote, milchige Granate, die hier ungewöhnliche Kantenlängen aufweisen, ebenso wie die schwarzbraunen, zentimeterlangen Stengel der Hornblende.

Strenge im Norden, Heiterkeit im Süden über dem Passeier Sonnenbalkon Stuls. Dementsprechend differenzierter ist der nordseitige Zugang vom abgelegenen Weiler *Flading.* Bei der Klammalm stehen zwei Tische und Bänke im Freien. Vor der mittleren Hütte liegt ein sogenannter »Schalenstein«. Vorzeit-Rätsel? Der Hirte betreut 60 Stück Vieh, 50 bis 60 Ziegen und 1000 Schafe. Am Ufer des einsamen Butsees erinnert ein reliefgeschnitztes Marterl an den Jäger Andreas Seeber. Eiszeithöcker buckeln in unberührten Hochkaren. Auf den umstehenden Bergen trifft man nur höchst selten eine Menschenseele. Als Kontrast die freundlichen Südflanken – fettes Weidegras bis in 2000 Meter. *Stuls* zeichnet die längste Sonnenscheindauer des Passeier aus: 10 Stunden pro Tag im Jahresmittel. Etwa 20 Minuten östlich der Pfarrkirche

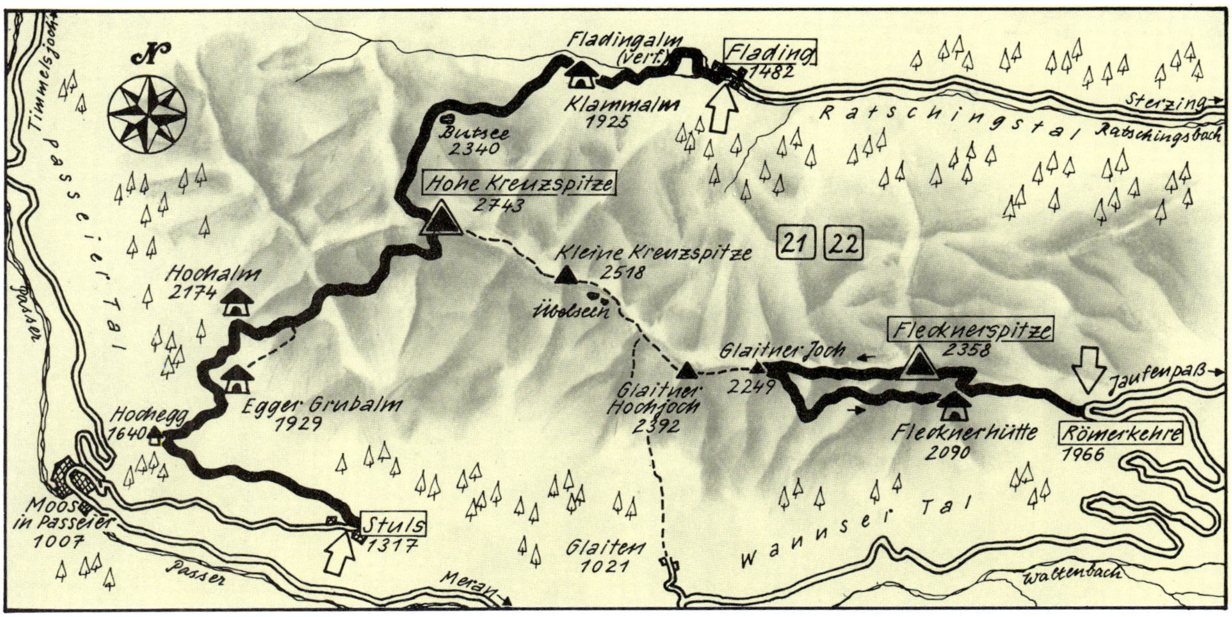

ragt aus dem Hang die Silberhütthöhe (»Stuller Heache«), laut Dr. Reimo Lunz »eindrucksvollste und bedeutendste Urzeitsiedlung im Passeier«. Auch droben an der »Stuller Mut« (Stulser Mut, 2085 m), einer Wiesenkuppe südwestlich unter der Hohen Kreuzspitze, finden sich Spuren grauer Vergangenheit: auf einer Glimmerschieferplatte geheimnisvolle Zeichen – offensichtlich von Menschenhand geformte Näpfchen, Schälchen, Fußabdrücke (?).
Gemütliche übernachten in der 1964 erbauten *Egger Grubalm* beim Pflug-Franz, einem Original des Hinterpasseier, dessen Rauschebart einen Fremdenverkehrsprospekt zierte. Franz, Vater von zwölf Kindern, lebt ständig in seinem gemütlichen Refugium, als höchster in Südtirol, wie er stolz versichert. Jägerlatein ist ihm ebenso geläufig wie die Wege und Steige seines Wirkungsbereiches.
Ab der *Egger Grubalm* sind es nur mehr 2½ Stunden zum Gipfel, von der *Hochalm* sogar noch eine halbe Stunde weniger. Einheimische insbesonders treten die Tour auch am *Jaufenpaß* an. Bei der »Römerkehre« (Bushaltestelle), zwei Kilometer südlich der Paßhöhe. Anschließend auf dem genußreichen »Passeier Höhenweg« an der Flecknerhütte vorbei zu den sagenumwobenen Übelseen, der Kleinen Kreuzspitze links ausweichend – nicht über ihren Gipfel wie auf den Karten! –, und an dem mit Blöcken und Zacken besetzten Südostgrat luftig, stellenweise I, zum

Hohe Kreuzspitze (links) und Kreuzspitzkamm über dem Wiesengürtel von Stuls von Süden (Ulfas).

Gipfelaufbau der Hohen Kreuzspitze.

Kreuz. Dafür sind 5 Stunden einzuplanen, allerdings bei geringeren Höhenunterschieden als aus den Tälern.

Von Stuls

Von der Ostseite der Kirche bergan zum Haus Nummer 2, an dem es links vorbeigeht. Danach rechtshaltend – frei hängender Holzsteg – bis vor ein Bächlein; hier scharf links. Der »Stuller Waldweg« führt durch den Hang in ¾ Stunden zum Fahrweg, dem man rechts folgt, zum ganzjährig bewohnten *Hochegghof* (1640 m). Auf dem Fahrweg in langen Schleifen zur *Egger Grubalm* (1929 m). Rückwärts des Wohnhauses schwach links halten, Heuhüttchen passieren, zu einem Kammrücken. Rechts, zwischen dolinenartigen Löchern zur *Hochalm* (2174 m). Von Stuls 2½ Stunden.
Nun östlich. Die alte Hochalm bleibt zurück. Nach 10 Minuten mündet rechts ein direkter Pfad von der Egger Grubalm; Wegweiser. Geradeaus, um eine Hangkante herum, an der Gabelung die obere Spur nehmen und in 10 Minuten zur Öffnung des Kessels südwestlich der Hohen Kreuzspitze. Links an den Felsen die Aufschrift »Zur Kreuzspitze«. Rot-weiße Farbzeichen führen linkshaltend in den Hintergrund der Hochtalmulde und zu einer langen Geröllreiße. Kehrenreich ansteigen, vorerst in Richtung Weiße Wand, später rechts zum Südrücken des Berges. Über ihn, zuletzt steil in felsig-schrofigem Gelände zur Spitze.

Von Flading

Ab der Kapelle über den Ratschingsbach, in den Waldgürtel und bergauf in ¼ Stunde zur Wegeteilung bei einem Holzhüttchen. Hier links, mit Markierung 12 etwa ¼ Stunde zu den Resten der einstigen Fladingalm (1674 m). Ungefähr 200 Meter nach der erwähnten Wegeteilung geradeaus, durch einen weitläufigen Kessel in langen Schleifen hoch zu der sommers einfach bewirtschafteten *Klammalm* (1925 m). Von Flading 1¼ Stunden.

An der oberen Almhütte links vorbei (Markierung 12), im Hochtal einwärts auf breitem Weg, bald linkshaltend, den Bach überschreiten und südwestlich über Grashänge den Farbzeichen folgend streckenweise weglos zum *Butsee* (2340 m). Von Flading 2¼ Stunden. Vom geschnitzten Pfeilerbildstock in schwach südwestlicher Richtung zu einem bis in den Sommer schneegefüllten Kessel unter einer Spitze der Weißen Wand. Linkshaltend kehrenreich durch Schutt hinauf zu einem Schärtchen, das überschritten wird. Durch den folgenden Kessel zum *Nordwestgrat.* Am Grat – links und rechts seiner Schneide – empor und zum Kreuz.

Touristische Angaben

Talorte: *Stuls* (1317 m), hübsches Bergdorf im Südhang des Kreuzspitzkammes, Fraktion von Moos/Passeier, 424 Einwohner. Gasthöfe, Pensionen. Asphaltierte Zufahrtsstraße (2,7 km). Sie zweigt 1,2 Kilometer hinter Moos von der Timmelsjochstraße ab. Busverbindungen. *Sehenswert:* Die dem hl. Joseph geweihte Pfarrkirche wurde 1785 fertiggestellt; aufwendiger Barockaltar (aus dem Meraner Klarissenkloster) mit Altarbild »Aufopferung Christi im Tempel«.
Flading (1482 m), Einöde im hintersten Ratschingstal, das bei Stange vom Ridnauntal abzweigt, 11,5 Kilometer von Stange. Ende der Talstraße. Gasthaus Schölzhorn. Parkplätze. *Sehenswert:* Marienkapelle aus der Zeit um 1745, über dem Altar Marienbild in ungewöhnlicher Komposition, Votivbilder. Aus Flading stammt der von Sagen umrankte Pfeifer-Huisele, der wegen Zauberei, Wettermachen etc. am 16. November 1680 zu Meran enthauptet und verbrannt wurde.
Zwischenstationen: *Egger Grubalm* (1929 m), privates Berggasthaus in den Südwestflanken des Kreuzspitzkammes. Ganzjährig bewirtschaftet. 2 Zimmer mit 10 Betten. Von Stuls knapp 2 Stunden. – *Hochalm* (2174 m), Berggasthaus ½ Stunde oberhalb der Egger Grubalm. Bewirtschaftet von Pfingsten bis Anfang Oktober, 25 Schlafplätze. Tel. (in Stuls) 0473/85547.
Höhendifferenzen: Stuls–Gipfel 1430 Meter; Flading–Gipfel 1260 Meter.
Gehzeiten: Stuls–Gipfel etwa 4½ Stunden; Flading–Gipfel etwa 4 Stunden.
Karten: Freytag & Berndt Wanderkarte 1:50000, Blatt S8 Passeier, Timmelsjoch, Jaufen; Kompass Wanderkarte 1:50000, Blatt 44 Sterzing.

Tour 22

Flecknerspitze, 2358 m

Kinderspiel über dem Passeiertal

Halbtagestour.

Aussichtsreiche Rundwanderung in angenehmer Steigung, überwiegend Grasgelände. Kein Schatten.

Unschwierig.

Beste Jahreszeit: Anfang Juni bis Oktober.

Nördlich von St. Leonhard, rund 1700 Meter höher, quergestellt zur Längsfurche des Passeiertales, erstreckt sich der sieben Kilometer lange Kreuzspitzkamm, alpin-geographisch den Stubaier Alpen angehörend, ein Verbindungsglied zu den Sarntaler Alpen. Namengebend war die Hohe Kreuzspitze (2743 m) als höchster Gipfel (siehe Tour 21).
Der Kamm führt von der Jaufensenke, einem historischen Übergang, aus dem Sterzinger Talkessel nach Meran, zunächst in westlicher Richtung, um sich beim Glaitner Joch nordwestlich dem Kulminationspunkt zuzuwenden. Raimund von Klebelsberg (1886–1967) aus Brixen charakterisiert den Zug in seinen geomorphologischen Studien: »In der ganzen Strecke weist die Kammhöhe zahme, stumpfe, nur ganz untergeordnet stellenweise leicht schrofige Formen auf, großenteils ist sie nicht nur im Verlaufe, sondern auch quer dazu verflacht.«
Von St. Martin/Passeier bietet sich ein annehmbarer Überblick über den Kamm und seine welligen Erhebungen. Eine davon, in der rechten Hälfte, nur ganz schwach trapezförmig ausgeprägt, kennzeichnet die *Flecknerspitze:* östlichster, einigermaßen hervortretender Gipfel des Kreuzspitzkammes vor dem Jaufenpaß. Hinsichtlich der Topographie herrschen in Karten und Schrifttum Unklarheiten. Nur die Kompasskarte weist unter den gängigen Wanderkarten die Flecknerspitze als solche aus: »Fleckspitze«. Ansonsten erscheint »Saxner«, mit der Gipfelquote der Flecknerspitze. Saxner, erfahre ich vom Wirt der Flecknerhütte – nachdrücklich betont –, sei die Umgebung der Flecknerspitze.

Blick von der Jaufenspitze westlich zum Kreuzspitzekamm (rechte Bildhälfte) mit Flecknerspitze und Hohe Kreuzspitze (Tour 21). Links davon der Ötztaler Hauptkamm von der Hohen Wilde (ganz links) über den Seelenkogel und den Hohen First zum Granatkogel; weiter rechts im Hintergrund Ramolkogel und Wildspitze.

Gipfelüberschreitung ab der »Römerkehre«

»Römerkehre« nennt der Volksmund die letzte Straßenschleife vor der Jaufenpaßhöhe, obwohl mit größtwahrscheinlicher Sicherheit niemals eine antike Straße den Paß überquert hat. Von der Kurve westwärts auf breitem Weg mäßig ansteigen. Schon nach wenigen Minuten lockt links draußen die erste, von einem Wetterkreuz geschmückte *Aussichtskanzel.*
Bis zur kleinen, 1969 erbauten *Flecknerhütte* (2090 m) sind es 20 Minuten. Einige Schritte vor der Hütte zweigt rechts eine mit 12a bezeichnete, magere Spur ab. Wenige Minuten später vor einem Zaun scharf rechts und schräg aufwärts, den Stacheldrahtzaun übersteigen, danach wieder auf deutlichem Weg. Schöne Ausblicke nördlich über die Hohe Ferse zu den markanten Tribulaunen.
Am Weg begleiten uns auffallend hohe, von Hirten errichtete Steinmänner. Von einem nördlichen Seitengrat grüßt das Kreuz des »Saxenle«. Etwa 25 Minuten oberhalb der Flecknerhütte wechseln wir wieder auf die Südseite des Kammes über. Bald geht es durch eine Mulde, wo selbst im Sommer noch Schnee liegt. Nun am Kamm entlang. Das Urgestein ist hier flach geschichtet. Rechts in der Tiefe drängen sich die drei Hütten der Äußeren Wumblsalm im Ratschingstal.
Aus der Einsattelung vor dem Gipfelaufbau zieht sich der Steig rechts durch die Nordostflanke schräg hoch und erreicht dann linkshaltend die geräumige Gipfelkuppe der *Flecknerspitze* (2358 m). 1¼ Stunden.
Das Kreuz mit dem Buch thront etwas unterhalb des höchsten Punktes, vorgeschoben ins Passeiertal, das nahezu in seiner ganzen Länge einzusehen ist, rechts von den Bergen der Texelgruppe gesäumt, links von den Sarntaler Alpen. Direkt im Süden mündet das Pfistradtal. Dort, auf der Pfistradalm, sollen sich einst die jungen Gräfinnen der Jaufenburg zu St. Leonhard in Milch gebadet haben, der Schönheit wegen...
Abstieg: Westwärts 5 Minuten in die Einsattelung vor

dem ominösen »Saxner«, durch dessen Südflanke eine entzückende Traverse führt, ansteigend in die nächste Einsattelung. Im Vorblick sieht man das Kreuz auf dem Schlotterjoch, wie es die Ratschinger nennen, während die Passeirer *Glaitnerjoch* sagen, denn unterhalb von Kuppe und Joch paßt sich der verträumte Bergweiler Glaiten den Flanken an, geziert mit einem allerliebsten Kirchlein von kunsthistorischer Aussagekraft. Und schon kurz darauf erkennt man das »Glaitnerkirchl«, während auf den jenseitigen Flanken des Kammes die Hütten der Inneren Wumblsalm liegen. Rechts hinter der Schlotterjochkuppe zeigen sich die Kreuzspitzen, Kleine und Hohe.

Wir laufen nicht zum tiefsten Punkt (2249 m) des Glaitnerjoches, sondern biegen etliche Minuten vorher in spitzem Winkel links ab. Von der Flecknerspitze ½ Stunde. In der Folge ein Bummel auf dem *Passeier Höhenweg* durch die Südflanken des Kreuzspitzkammes, um einen seitlichen Ausläuferrücken herum, gut ¼ Stunde zur Flecknerhütte, und auf dem vertrauten Herweg zurück.

Touristische Angaben

Ausgangspunkt: *»Römerkehre«* (1966 m), 18 Kilometer von St. Leonhard/Passeier, 2 Kilometer vor der Jaufenpaßhöhe. Bushaltestelle. Erster Bus (1. Juli bis 7. September) von St. Leonhard morgens um 9.15 Uhr. An der »Römerkehre« nur sehr beschränkter Parkraum. Von Sterzing auf der Jaufenpaßstraße 23 Kilometer.

Höhendifferenzen: »Römerkehre«–Flecknerspitze 200 Meter; insgesamt etwa 250 Meter.

Gehzeiten: »Römerkehre«–Flecknerspitze 1¼ Stunden; insgesamt etwa 2½ Stunden.

Zwischenstation: *Flecknerhütte* (2090 m), privat, südöstlich der Flecknerspitze, in den Sommermonaten bewirtschaftet; keine Übernachtung. Von der »Römerkehre« 20 Minuten.

Karten: Kompass Wanderkarte 1:50000, Blatt 44 Sterzing; Freytag & Berndt Wanderkarte 1:50000, Blatt S8 Passeier, Timmelsjoch, Jaufen.

Die Flecknerhütte in den Südflanken des Kreuzspitzekammes. Im Hintergrund die charakteristische Jaufenspitze (Tour 23).

Tour 23

Jaufenspitze, 2480 m

Felshorn am Jaufenpaß

Halbtagestour.

Schrofen und Felsgelände charakterisieren den Anstieg. Kein Schatten. Markiert.

Trittsicherheit und Schwindelfreiheit notwendig. Am Gipfelaufbau stellenweise plattig und abschüssig (Drahtseile). Bei Nässe unangenehm, gefährlich bei Vereisung oder Schnee.

Beste Jahreszeit: Juli bis September.

Sicherlich beeindruckte das forsche Horn der Jaufenspitze schon Kaiser Ludwig IV., als er zur Winterszeit, am 8. Februar 1342, in prunkvollem Gefolge über den Jaufenpaß ritt, um seinen Sohn Ludwig den Brandenburger, Herzog von Bayern, mit der Tiroler Landesfürstin Margarethe auf Schloß Tirol zu verheiraten. Wie gefährlich der Paß war, beweist der Todessturz (vom Pferd) des Bischofs von Freising.

Der *»Jaufen«* – abgeleitet vom lateinischen »iugum« beziehungsweise vom rätoromanischen »yuf« (= Joch etc.) – stellte damals wie heute die kilometermäßig kürzeste Verbindung Brenner–Sterzing–Meran dar, benutzt seit 4000 Jahren, wie bronzezeitliche Funde unterstreichen. Die älteste Nachricht eines Saumpfades stammt aus dem Jahre 1186. 1241 errichteten Bischof Egno von Brixen und Graf Albert von Tirol in beiderseitigem Einvernehmen eine Zollstätte auf der Höhe. Um 1300 entstand ein privilegiertes Hospiz, dem die Aufgabe oblag, »Säumpferden und anderen Reisenden über den wilden Berg und Joch jaufen bei einfallender Witterung und Kälte Beispringen und Herberg geben«. Im Passeier standen zeitweise 300 Pferde für Saumdienste bereit. Kraxenträger hofften auf Waren. Der Straßenbau erfolgte erst zwischen 1905 und 1912. Neuerdings plant man einen Tunnel unter dem Paßscheitel!

Die *Jaufenspitze,* die sich praktisch von der Paßhöhe südöstlich aufschwingt, bildet den nördlichsten, bergsteigerisch fesselnden Gipfel der Sarntaler Alpen. Hinreißend sind jedoch alleine die Nordabstür-

Gesicherte Passagen am Gipfelaufbau der Jaufenspitze.

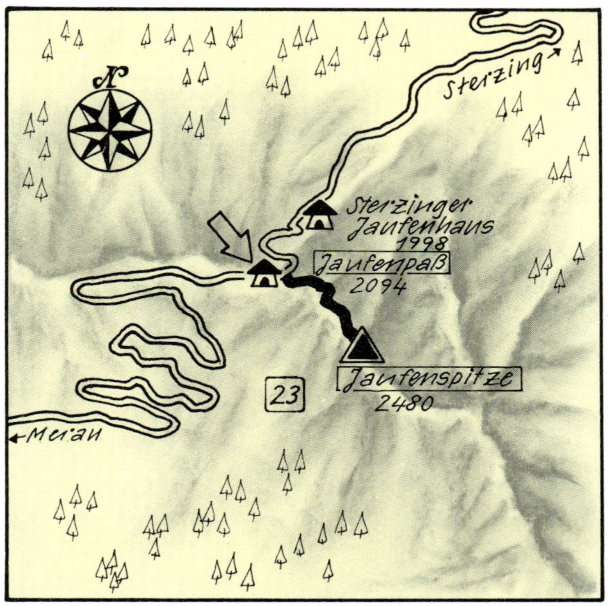

ze, für Sarntaler Begriffe von ausnehmender Beschaffenheit. Typisch die steil fallenden Schichten der Augengneise, ein glimmerreicher Schiefergneis. Im Blickfang des Sterzinger Jaufenhauses hebt sich die 400 Meter hohe »Jaufenkante« als Profil ab: Kletterschwelgen im Urgestein, III. und IV. Grad.
Den Gipfel verknüpft ein Kamm mit der Hochplattspitze im Südosten. Nördlich treffen sich beim St. Johanner Kirchlein das Tal des Waltenbaches und das des Sailerbaches. Nordöstlich führt vom bodenständigen Weiler Schluppes das ungeschminkte Jaufental hinaus nach Gasteig im Ridnauntal, nahe bei Sterzing. Nachstehend beschriebene Tour ist eine »extreme« Alternative zur harmlosen Flecknerspitze (Tour 22). Die Verwegenheit des Jaufengipfels macht sich erst beim Holzkreuz bemerkbar, dort um so drastischer. Und die Ausblicke suchen ihresgleichen: einschüchternde Tiefe, werbende Weite!

Vom Jaufenpaß

Auf der Südseite der *Bar Edelweiß* (Wegweiser) mit der Markierung 11 schräg im Hang aufwärts, schwach linkshaltend in 5 Minuten zu einer leichten Einsattelung. Am Gipfelstock ist die Spurentrasse zu sehen. Weiter dem Steig folgen zur Scharte vor dem Aufschwung des Nordwestrückens. Kurz nördlich absteigen, dann rechts durch die Nordflanke des Rükkens. Farbzeichen und Stufen sowie Drahtseile leiten uns auf den hier breiten, grasigen Nordwestrücken. Auf ihm bis zum eigentlichen Gipfelaufbau, wo der Rücken von einem scharfen Felsgrat abgelöst wird. Rechtshaltend, querend am Gipfelstock empor im plattigen, abschüssigen Fels (Drahtseile) der Südflanke. Dort wie bestellt mit Steigspuren im schrofigen Hang hoch an den Grat südöstlich der Spitze und in wenigen Minuten zum großen Kreuz. 1½ Stunden.

Touristische Angaben

Ausgangspunkt: *Jaufenpaß* (2094 m), zwischen Stubaier Alpen und Sarntaler Alpen. Von St. Leonhard/

Aussicht von der Jaufenspitze nordwestlich über Jaufenpaß und Sterzinger Jaufenhaus (rechts unten) beziehungsweise über das Ratschingstal zum Stubaier Hauptkamm mit Sonklarspitze und Wildem Freiger.

Passeier 20 Kilometer, von Sterzing 19 Kilometer. Busverbindungen vom 1. Juli bis 7. September. Auf der Paßhöhe Bar Edelweiß. Parkplätze.
Höhendifferenz: 400 Meter.
Gehzeit: Etwa 1½ Stunden im Aufstieg, mit Abstieg etwa 2¾ Stunden.
Karten: Tabacco Wanderkarte 1:50000, Blatt 11 Sterzing, Gossensaß, Pflersch, Brenner; Freytag & Berndt Wanderkarte 1:50000, Blatt S8 Passeier, Timmelsjoch, Jaufen.

Tour 24

Alplerspitze, 2748 m

Zweithöchster Sarntaler Gipfel

Tagestour.

Sehr lang. Zeitraubender Anmarsch zum Berg. Bis in die Scharte am Ansatz des Nordgrates markierte Wege und Pfade, zuletzt weglos (Altschnee). Am Nordgrat teilweise leichte Kletterei.

Unschwierig bis in die Nordgratscharte. Dann Trittsicherheit und Schwindelfreiheit notwendig. Einige Stellen I. Kurze Drahtseilsicherung. Bei schlechter Sicht ab der Fartleisalm Orientierungsprobleme.

Beste Jahreszeit: Mitte Juli bis Ende September.

Der Name Alplerspitze wird den Passeirern nicht gerecht, denn für sie heißt der Berg Mardatsch. Alplerspitze ist aus dem Sarntal emporgestiegen, aus dem Unterbergtal westlich von Weißenbach, über die Alpleralm.
Obwohl nur an zweiter Stelle der Sarntaler Rangliste, übertreffen die Qualifikationsmerkmale der Alplerspitze die des höchsten Gipfels (Hirzer) bei weitem: schwierigkeitsmäßig und zeitlich. Wer in 9 Stunden auf- und absteigt, muß flott laufen. Zehn Stunden insgesamt an effektiver Gehzeit sind realistischer. Der, von Westen betrachtet, im Gipfelstock trapezähnlich geformte Abschluß des Fartleistales, ein ungemein wuchtiger Klotz, entspricht in seiner Längsachse dem Nord-Süd-Verlauf des westlichen Sarntaler Hauptkammes.
Die Dauer des Unternehmens bedingt das rund vier Kilometer ins Gebirge hineinstoßende *Fartleistal.* Man gewinnt nämlich von Prantach bis zur Fartleisalm innerhalb von 2 Stunden lediglich etwa 400 Meter an Höhe. Dann geht's erst richtig los: geschlagene 1300 Meter Unterschied. Zuletzt auf dem Nordgrat, wo der Wind nie einzuschlafen scheint, allem entrückt – Tälern und Menschen. Am Gipfel göttliche Stille. Die Gedanken können in erhabener Ruhe verweilen.
Schon das *Fartleistal,* orographisch links des Passeiertales, schenkt Erlebnisse. Umgeben vom Duft der Gräser und Kräuter, der bunten Blumenmatten im Juli. Die beiderseitigen Hänge werden von gefurchten Rinnen durchzogen, die man im Fartleis »Täler« nennt: Taufental, Marchtal, Wasserfalltal, Harlingertal, um einige zu erwähnen. Es ist ein Versteck in den Bergen, nicht allein im übertragenen Sinne. 1809 setzten die Passeier Landstürmer gefangengenommene französische Soldaten im Fartleistal fest. Andreas Hofer dachte, dort Zuflucht zu suchen. Die Franzosen verhafteten ihn aber vorher auf der Pfandleralm (28. Februar 1810). Selbst so gründliche Topographen und Landeskundler wie Johann Jakob Staffler oder Pater Beda Weber gehen in ihren Beschreibungen nur nebensächlich auf das Tal ein, obwohl damals – vor 150 Jahren – bereits fünf ständig bewohnte Höfe arbeiteten, deren Geschichte die Jahrhunderte verwischt haben. Heute sind es noch zwei: Unterer und Oberer Fartleishof. Der Untere Fartleishof bestand aus drei Kleinstanwesen: Schattengut, Niedergut, Eichgut. Gerste, Hafer, Weizen, Kartoffeln gediehen. Am Bach drehte sich das Mühlrad. Davon ist nichts mehr erhalten. Die Familie Hofer bezog 1979 ihr neues Wohnhaus, ein nüchterner Zweckbau. Am alten Stall, in dem zwei, drei Milchkühe stehen, hängen Jagdtrophäen. Oberfartleis gehört der Familie Pichler, Besitzer der Hühnerspielalm. Der nächste Hof, ungefähr ¾ Stunden talein, wurde anfangs der achtziger Jahre vom Bauern aus Altersgründen verlassen. Vermutlich hätten auch die Hofer und Pichler dem Tal ade gesagt, wenn die Gemeinde St. Martin nicht 1984 eine Fahrmöglichkeit zum sogenannten »Gsteng« am Taleingang geschaffen hätte. Von dort sind es knapp ¾ Stunden zum Unterfartleishof, über die »Stiegen« und das »Stranegg«, einen aus dem Fels gesprengten Weg. Am »Gsteng« endet auch der

alte Fußweg aus dem Tal. Die »Roade«, der Wasserwaal als solcher ist verschwunden. Man hat seine Kandeln (aus Baumstämmen ausgehackte Rinnen) und »Wierbetter« (aus drei Brettern geformte Rinnen) 1966 durch mächtige Eisenrohre ersetzt.
Die Almen Vorder- und Hinterasche sind Besitztum des Holzerhofes zu Prantach. In der Wieserhütte züchtete der »Pölten-Michel« – Michael Tschöll – von 1936 bis 1945 Silberfüchse. Der Pelz eines Tieres brachte ihm den Preis einer guten Kuh.
Zur *Fartleisalm,* 1969 neu erbaut, gehören rund 40 Stück Galtvieh (Jungvieh bzw. Kühe, die keine Milch geben), 20 Ziegen und drei bis vier Milchkühe. Wie sehr die Weidewirtschaft im Tal noch pulsiert, offenbart sich durch die 1982 wiedererbaute Grubalm, auf der das Vieh etwa vier Wochen des Sommers verbringt. Die Hühnerspielalm verfiel. Alte Passeirer erinnern sich noch gut an den Pichler Luis, vulgo »Michele-Luis«, der sich dort jahrzehntelang sommers einnistete und seine Büchse knallen ließ. Er verkaufte mehr als 100 Spielhahnstöße an Musikkapellen. Im Spätherbst 1975 wurde dem 71jährigen ein Schneesturm am Grubenjoch zum tödlichen Verhängnis. Ein Marterl erzählt davon. Das Fartleistal ist eine kleine Welt für sich. Ein Idyll mit Seltenheitswert in Südtirol!

Früher Aufbruch

Vom *Pfandlerhof* auf der Straße 400 Meter zurück. In der Linkskurve (beschränkter Parkraum) rechts und auf dem Güterfahrweg in 10 Minuten zum »Gsteng« mit Rastbank und Kreuz. Nun auf felsigem, mit Holzgeländer gesichertem Weg in die *Fartleisschlucht,* begleitet vom Rauschen des Fartleisbaches.
Etwa ½ Stunde nach der Asphaltstraße öffnet sich das Tal. Vor dem betonierten Wasserspeicher links über den Bach, am *Unterfartleishof* (1120 m) vorbei, wenig später am *Oberfartleishof* (1188 m) und in mäßiger Steigung taleinwärts, einen Waldgürtel durchqueren. Im Wald und bei den Blockhütten am Waldrand liegen rätselhafte »Schalensteine«.
Die *Fartleisalm* (1455 m), während des Sommers einfach bewirtschaftet, erfüllt den hintersten Talgrund mit Leben. Bis hierher, aber nicht weiter gehen die Ausflügler vom Passeiertal. Beherrscht wird der unverhofft geräumige Almplatz von der Alplerspitze. Ab Pfandlerhof 1¾ bis 2 Stunden.
Einige Minuten hinter der Fartleisalm wendet sich Markierung 2 vor einem Bachlauf links und schraubt sich mittels Kehren in etwa 1½ Stunden hoch zur verfallenen *Hühnerspielalm* (1980 m). Weiter über freie Hänge bis nahe an die Basis der Felsen. Knapp ½ Stunde oberhalb der Hühnerspielalm biegt der Pfad in Ostrichtung ein und bringt uns in etwa 1 Stunde zum Auslauf der Geröllrinne, durch die man mühsam und weglos in ½ Stunde die *Scharte* (2598 m) am Ansatz des Nordgrates gewinnt. Nun südlich, sarntalseitig ansteigen und halbrechts in Steigspuren zur vorgipfelähnlichen Gratschulter (2650 m), nach der man fast 50 Höhenmeter verliert. Gegenanstieg über Blockwerk zum *Kreuz.*

Beim Pfandlerhof über dem Passeiertal. Blick in Richtung Nordwesten zur Hohen Kreuzspitze (links, Tour 21).

Touristische Angaben

Talort: *St. Martin* (588 m) im Vorderpasseier an der Staatsstraße 44, von Meran 16 Kilometer, von St. Leonhard 4 Kilometer. Busverbindungen. Hotels, Gasthöfe, Pensionen. *Sehenswert:* Heimatmuseum im Keller der Raiffeisenbank (Verkehrsverein), geöffnet am Mittwoch von 17.00 bis 18.00 Uhr, am Sonntag von 10.00 bis 11.00 Uhr. Pfarrkirche St. Martin, ursprünglich romanisch (Turmuntergeschoß) von 1178, heutige Gestalt aus der Mitte des 16. Jahrhunderts. Kunstvoller Stuck, barocke Ausstattung. Im Chorfenster die berühmtesten Söhne des Passeier: Andreas Hofer (1767–1810) vom Sandwirt bei St. Leonhard und Kardinal Johannes Haller (1825–1900) vom Greinwaldhof in Außerried bei Saltaus. Neben der Pfarrkirche die gotische Michaelskapelle. – Schildhof Steinhaus als herausragendes profanes Bauwerk. Freskogeschmücktes Haus der einstigen Passeier Malerschule (1719–1845), Kunstrichtung »Nazarenerstil«; an der Hauswand eine 1977 angebrachte Gedenktafel. – Malerische alte Dorfstraße abseits der Durchgangsstraße.
Ausgangspunkt: *Pfandlerhof* (1040 m), Berggasthof im Weiler Prantach südöstlich von St. Martin. Von dort asphaltierte Zufahrtsstraße (5,2 km); großer Parkplatz.
Zum Pfandlerhof floh Andreas Hofer 1809 nach dem Zusammenbruch des Tiroler Widerstandes gegen Napoleon und hielt sich einige Wochen versteckt. Am 27. Januar 1810 teilte ihm der Pfarrer mit, die Feinde wüßten sein Versteck. Daraufhin flüchtete Hofer zur Pfandleralm, wo ihn seine Häscher anderntags früh-

Gasthof

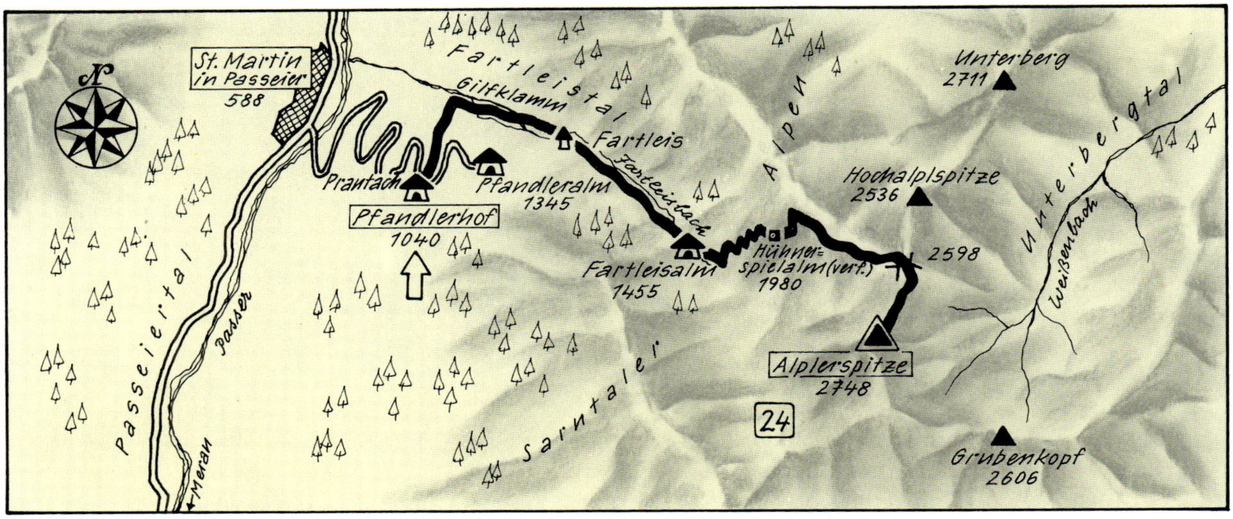
St. Martin in Passeier
588
Fartleistal
Giltklamm
Fartleis
Fartleisbach
Prantach
Pfandleralm
1345
Pfandlerhof
1040
Fartleisalm
1455
Hühnerspielalm (verf.)
1980
Alpen
Unterberg
2711
Hochalplspitze
2536
2598
Alplerspitze
2748
24
Unterbergtal
Weißenbach
Grubenkopf
2606
Passeiertal
Passer
Sarntaler
Meran

Vom Sonnenbalkon Stuls im Hinterpasseier zeigt sich im Südosten der westliche Sarntaler Kamm. Von links: Hochwart, Plattenspitze, Alplerspitze (rechts der Bildmitte), Pfandlspitze und Grünangerjoch.

morgens um 4.00 Uhr festnahmen. Der Verräter Franz Raffl, Pächter des Gruberhofes, den man vom Pfandlerhof unterhalb am Hang sieht (alter Hof 1988 abgerissen), erhielt vor dem Pfandlerhof das Kopfgeld von 1500 Gulden ausbezahlt und verbrachte den Rest seines Lebens mit einer Pension des bayerischen Staates in der Nähe von Ingolstadt.

Höhendifferenz: 1800 Meter.

Gehzeit: Pfandlerhof–Gipfel 5 bis 6 Stunden.

Zwischenstation: *Fartleisalm* (1455 m), im Sommer einfach bewirtschaftet. Vom Pfandlerhof 1¾ bis 2 Stunden.

Karten: Mapgraphic Wanderkarte 1:33000, Blatt Sarntaler Alpen; Freytag & Berndt Wanderkarte 1:50000, Blatt S8 Passeier, Timmelsjoch, Jaufen.

Tour 25

Hirzer, 2781 m

Der höchste in den Sarntaler Alpen

Tagestour.

Im Gipfelbereich alpines Felsgelände (Geröllpfad). Bis dorthin markierte Wanderwege. Kaum Schatten.

Unschwierig bei aperen Verhältnissen. Trittsicherheit ratsam.

Beste Jahreszeit: Anfang Juli bis Oktober.

Die hufeisenförmig um das Talsystem der Talfer und ihrer Quellbäche gelagerte Sarntaler Gruppe ist eingebettet zwischen den Ötztaler Alpen (Texelgruppe),

Die Hirzerhütte. Im Westen (links) Hochgipfel der Texelgruppe.

den Stubaier Alpen, den Zillertaler Alpen (Pfunderer Berge), den Dolomiten und den sogenannten »Etschbuchtgebirgen« im Südwesten. Der westliche Teil, zwischen Passeiertal und Sarntal, birgt die prägnantesten Gipfelformen sowie die höchsten Spitzen. An erster Stelle rangiert der *Hirzer.* Glimmerreiche Schiefergneise bauen ihn auf. Die Grate sind, leicht verschoben, nach der Windrose ausgerichtet. Von diesen Rücken besitzt bloß der südliche touristische Bedeutung, aber auch nur insofern, als in seiner Ostflanke der Normalweg verläuft, aus der Oberen Scharte über die letzten 120 Höhenmeter. Hier tritt der Hirzer als abgestumpfte Pyramide hervor. Das Kreuz ist zu sehen, die Wegspur, auch die Leute. Seitdem die Hirzer-Seilbahn von Saltaus bis auf weiteres außer Betrieb ist (1989), hat sich der Andrang am Hirzer ein wenig beruhigt, an der Westseite wohlgemerkt, passeiertalseitig. Von Osten, aus dem Sarntal, gab es noch nie Herdenbetrieb. Im Sarntal sind eben – Gott sei Dank! – keine Urlaubermassen wie im Großraum Meran, zu dessen Tourenklientel der Hirzer gehört.

Die Mehrzahl der Hirzer-Wanderer drängelt sich in die Seilbahn von *Verdins* nach *Oberkirn* und steigt dort in den Sessellift nach *Grube* um. Zwar führt zum Bergweiler Oberkirn (1458 m) auch ein Asphaltsträßchen (10,7 km), das 700 Meter nördlich von Saltaus von der Passeier Talstraße abzweigt, doch sollte man diese schmale Zufahrt einsichtsvoll den Bedürfnissen der Einheimischen überlassen. Außerdem sind Parkplätze und Wendemöglichkeiten in Oberkirn sehr eingeschränkt.

Von Grube braucht man dann ¾ Stunden zur *Hirzerhütte.* Es war der erste alpine Stützpunkt des Alpenvereins im südlichen Tirol: 1874 durch Spenden des Grafen von Meran als einfache Schutzhütte erstellt, 1923 von den Faschisten beschlagnahmt, ab 1945 Privatbesitz, integriert im Berggasthof Tallneralm. Anschließend ist der Aufstieg identisch mit einem Teilstück des 600 Kilometer langen Europäischen Fernwanderweges 5 (Konstanz–Verona). Die Fernwanderer bauen den Hirzer üblicherweise ins Tagesprogramm ein, ehe sie weitertippeln auf dem »Gebirgsjägersteig«, vorbei am Kratzbergersee nach Meran 2000.

Auf dem Boden des *Sarntales* klaffen 1600 Höhenmeter zwischen Berg und Tal. Im dortigen Ausgangsort *Aberstückl* noch fast 1500 Meter, 500 mehr als drüben. Das dürfte jedoch kein Hindernisgrund sein, wenn man weiß, daß der Zugang aus dem Sarntal ein Weg durch die Stille ist, in weitgehend unangetasteter Landschaft. Steilere Hänge und flachere Geländestufen lösen sich ab und werden wohltuend empfunden. Das Steinhüttchen der *Anteranalm* fordert zur Marende (tirol.: Vesper am Vormittag) auf. Halbweg! Ein Plausch mit dem Hirten, der hier trotz fehlender Güterstraße den Sommer aushält.

Über die Hirzerhütte

Vom *Berggasthaus Grube* (1808 m) mit Wegnummer 6 nordöstlich nach *Klammeben* (1980 m, Bergstation der Hirzer-Seilbahn) und in 10 Minuten zur *Hirzerhütte* (1983 m). ¾ Stunden. Nun auf dem Europäischen Fernwanderweg 5, zunächst oberhalb des Berggasthofes Reasaggeralm zur Äußeren Tallneralm (2017 m); Wegweiser.

Markierung 4 folgend über Almwiesen, dann schwach rechts hinauf in das Hochkar zwischen Hirzer (links) und Hönigspitze (rechts). Im Hintergrund des Kares durch Blockwerk, anschließend auf einem Felssteig in die *Obere Scharte* (2678 m). Von der Hirzerhütte 2 Stunden. Jenseits auf stellenweise schmalem Weg kurz abwärts zum Markierungsfelsblock. Jetzt links Gegenanstieg und am Gipfelaufbau in felsigem Gelände auf deutlicher Steigspur hoch zum *Kreuz.* 3¼ Stunden.

Aus dem Sarntal

In *Aberstückl* (1320 m) weiter auf dem Höfesträßchen zum Unteren *Windlahnerhof* (ca. 1510 m). Die Markierungen 7 und 13 leiten durch einen Bachtobel und zum Anteranbach, der überschritten wird. Wenig später, auf der Wiese vor der Durralm (1568 m), wendet sich Markierung 7 scharf rechts, durch Wald und über aufgelassene Almwiesen in knapp 1 Stunde zu einer Almhütte (1836 m) oberhalb der Waldgrenze. Kehren bringen uns im freien Gelände nach ¾ Stunden zur *Anteranalm* (2053 m). Links, über ein Bächlein, stellenweise weglos, aber markiert, die Anteranlacken

Die Hirzer-Südflanke, durch die der Normalweg verläuft.

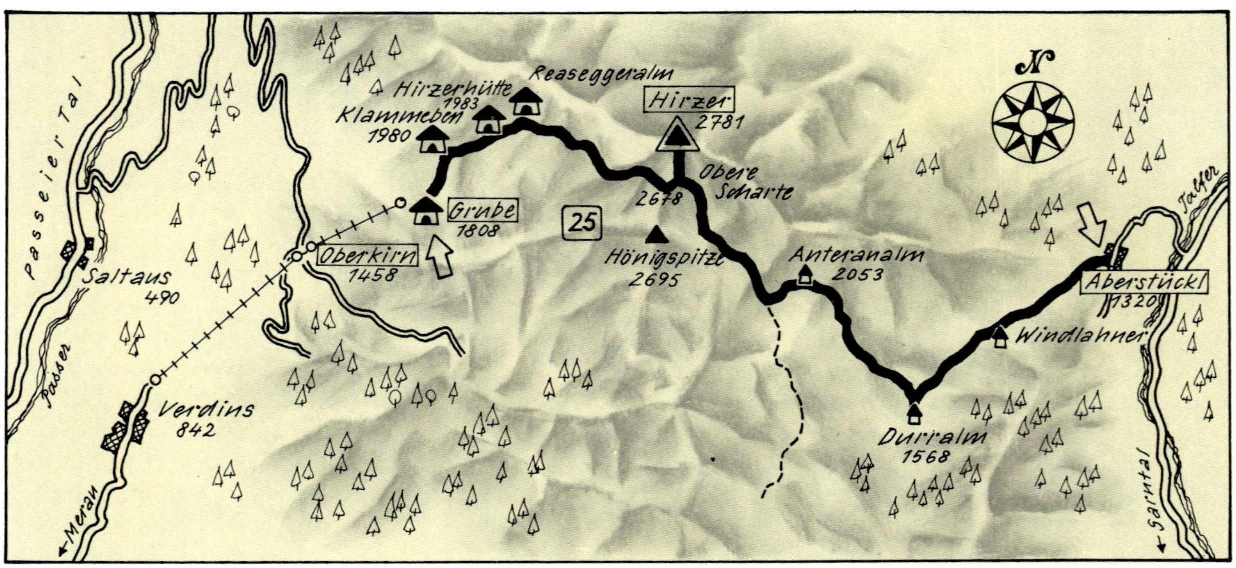

passierend, in 10 Minuten zum querverlaufenden Europäischen Fernwanderweg 5 (»Gebirgsjägersteig«). Rechts (nordwestlich) hinauf in das Hochkar auf der Südostseite des Hirzers. Über eine Geländestufe und zunehmend steiler im Geröll bis zum Markierungsfelsblock unterhalb der Oberen Scharte. Von dort rechts in 25 Minuten auf den *Gipfel.* 4½ Stunden.

Touristische Angaben

Talorte: *Verdins* (842 m), Fraktion von Schenna (3,5 km). Busverbindungen. Hotels, Gasthöfe, Pensionen. Talstation der Seilbahn nach Oberkirn, 600 Meter vom Zentrum entfernt, Parkplätze. Betriebszeiten zwischen 1. April und 15. Oktober: stündlich ab 8.00 Uhr oder nach Bedarf, bis 17.00 Uhr, im Hochsommer bis 18.00 Uhr. *Sehenswert:* Neue Pfarrkirche nach Plänen des Meraner Architekten Willy Gutweniger, 1980 geweiht.
Aberstückl (1320 m), Häusergruppe westlich über dem Boden des Sarntales. Die asphaltierte Zufahrtsstraße (1,5 km) zweigt 7,7 Kilometer nördlich von Astfeld von der Staatsstraße 508 ab. Parkraum bei der Kirche. *Sehenswert:* Kuratiekirche St. Bartholomäus an der Stelle einer mittelalterlichen Kapelle, heutiger Bau 1872 geweiht, neugotisch eingerichtet. Neben der Kanzel hängt das ehemalige (barocke) Altarbild.
Ausgangspunkte: *Grube* (1808 m), Berggasthof und Bergstation des Sesselliftes von Oberkirn (Verbindung mit Verdins). Betriebszeiten von 9.00 bis 12.00 Uhr und von 13.10 bis 16.30 Uhr. – *Aberstückl,* siehe Talorte.
Höhendifferenzen: Grube–Gipfel 1000 Meter;
Aberstückl–Gipfel 1460 Meter.
Gehzeiten: Grube–Gipfel 3¼ Stunden;
Aberstückl–Gipfel 4½ Stunden.
Zwischenstationen: *Klammeben* (1980 m), Berggasthaus, 35 Minuten von Grube. – *Hirzerhütte* (1983 m), privat, 40 Schlafplätze. Bewirtschaftet von Anfang Juni bis Ende Oktober. Tel. (über Alpenhof Saltaus) 0473/85425. Von Grube ¾ Stunden.
Karten: Tabacco Wanderkarte 1:25000, Blatt 011 Meran und Umgebung; Mapgraphic Wanderkarte 1:33000, Blatt Sarntaler Alpen; Freytag & Berndt Wanderkarte 1:50000, Blatt S8 Passeier, Timmelsjoch, Jaufen.

Weiler und Kirche Aberstückl über dem Sarntal. Links die Leiterspitze, hinter der sich der Hirzer versteckt.

Tour 26

Großer Ifinger, 2581 m

Merans alpines Wahrzeichen

Tagestour.

Zugang an den Bergkörper über grasige, schrofige Flanken, markiert, dann ausschließlich Fels; kein Schatten.

Trittsicherheit und Schwindelfreiheit Voraussetzung. Am Gipfelaufbau Ketten und Drahtseile. I+ etliche Meter vor dem Kreuz. Absteigend nicht von den roten Farbzeichen des Südwestgrates (II) zur Ifingerhütte verführen lassen!

Beste Jahreszeit: Anfang Juli bis Oktober.

Sogenannter »Brixener Granit«, Tonalit, ein dem Granit nahestehender, feinkörniger Quarzdiorit stilisiert den klobigen doppelgipfeligen Großen Ifinger, sein Idealbild im Westen. Die Statur hat ihn zum alpinen Wahrzeichen Merans gestempelt, zu einem erstklassigen Gipfel in der felsigen Sarntaler Konkurrenz. Spielplatz extremer Kletterer!
Aus dem Gewühl von *Meran 2000* erspäht, wo in Stoßzeiten Fußgängerampeln wünschenswert wären und man vor lauter Seilbahndrähten und -masten kaum noch den Berg sieht, hinterläßt er einen mickrigen Eindruck, so, als schäme er sich dafür, was zu seinen Füßen passiert ist: Machbarkeitsdenken und (kurzlebige) Gewinnmaximierung haben der Landschaft übel mitgespielt. Demonstriert dagegen hat niemand. Und das Gebirge kann nicht weinen! Als alpiner Normalbürger ist man leider auf dieses Meran 2000 angewiesen, weil von dort die am wenigsten schwierige Route zum Großen Ifinger führt. Es handelt sich, im wesentlichen Bestandteil, um eine »Via ferrata«, keine der schlimmen, mit Hunderten von Metern an Drahtseil willkürlich in die Senkrechte installiert für Muskelpakete, sondern um einen den Strukturen angepaßten »Eisenweg« – Drahtseile, Ketten – und dennoch irgendwie verwandt zum verdrahteten Meran 2000.
Am Weg heißt uns das *Oswaldkirchlein* – »Doaswoldkirchl« – in fast 2200 Meter willkommen. Das alte

Oben: Ausblick vom Großen Ifinger (rechts Kleiner Ifinger) östlich über Kuhleiten und durch die Kesselbergscharte auf die Dolomiten. Im rechten Bildteil die Meraner Hütte.

Kirchlein stand ab 1641 ¼ Stunde oberhalb, annähernd ein Vierteljahrtausend, bis 1879 das neue entstand. Eine winzige Insel der Vernunft und gläubiger Einkehr. Früher schritten Haflinger und Schennaer Bauern zweimal im Jahr zum Bittag, heute nur mehr am 5. August. Der Heilige zählt zu den »Wetterherren« – ehedem richteten sich nach dem Wind an seinem Jahrestag die Ernte und Aussaat – und gilt überdies als Patron der Schnitter und des Viehs. Einst duldete der Haflinger Kurat nicht, daß weibliche Personen am Bittgang teilnehmen. Jedes Tier erhielt am Oswaldtag »a Fauscht voll Miat« (Kleie). Wo gibt es heute noch Kühe in dem von schrecklichen Erosionsnarben gezeichneten Hochtal?

Droben auf *Kuhleiten* (2362 m) steht ein Selbstbedienungs-Gasthaus. Der Lift ist sommers eingestellt, wie die anderen Lifte auf Meran 2000, bereits seit 1982. Ab Kuhleiten beginnt der eigentliche Gipfelgang, der sich vor der Spitze des Kleinen Ifingers rechts dem Felsleib des Großen zuwendet.

Westlich des Berges steht die *Ifingerhütte,* Ausflugsziel und bester Kletterstützpunkt. Zum Beispiel für die mittlerweile schon klassische, 1925 erstdurchstiegene Ifinger-Nordwand (III und IV+), für die 100 Meter hohe, extreme »Gritschplatte«. Am 15. August 1986 eröffneten Peter Dapra und Wolfgang Klotzner aus Lana den Ifinger-Hüttenpfeiler (VI+), links der auffallenden weißen Platten. Wolfgang Klotzner glückte im August 1987 die Thaler-Gedächtnisführe, womit der VII. Schwierigkeitsgrad am Ifinger Premiere feierte. Etwa 100 Meter rechts des »Hüttenpfeilers« beginnt die Südwestgratführe, unter der »Gritschplatte« ansteigend. Es ist die einzige leichtere Kletterei (II) von der Ifingerhütte, sogar markiert.

Von Meran 2000

Auf breitem Weg nordöstlich, nach ½ Stunde oberhalb der *Waidmannalm* vorbei und weiter, unter dem

Rechts: Der Große Ifinger von Osten (Kuhleiten). In der Bildmitte der erste (unschwierige) Teil des Anstieges.

Der Ifinger von Südosten (Meraner Hütte) mit der Normalroute über Kuhleiten. Der Gipfelaufbau ist nicht zu erkennen.

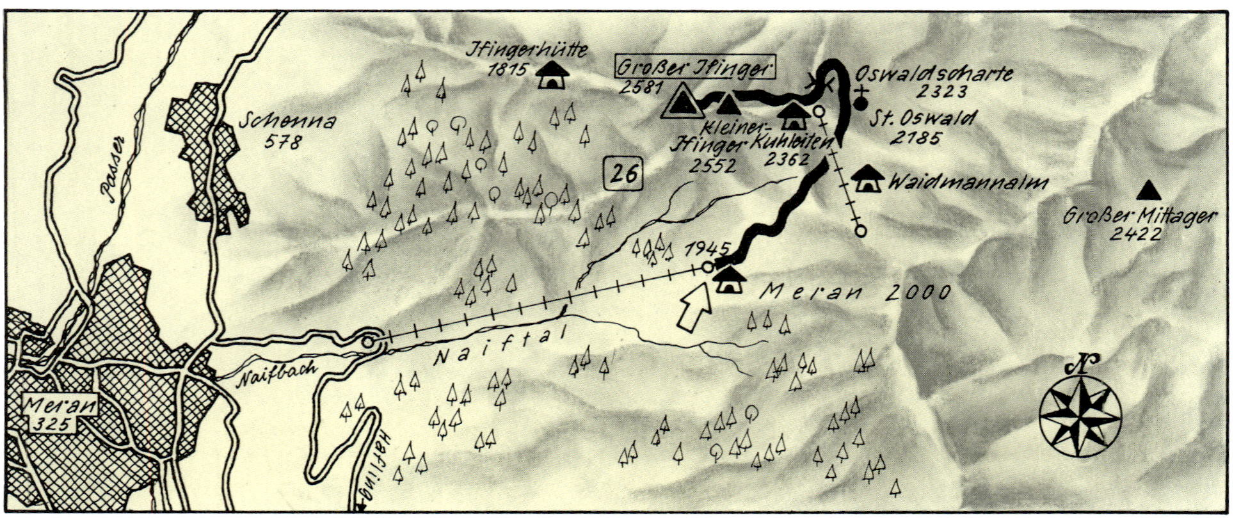

Kuhleitenlift hindurch, linkshaltend zum *Oswaldkirchlein* (2185 m). Von hier in knapp ½ Stunde hinauf zur *Oswaldscharte* (2323 m, auch Kirchsteigerscharte) und in wenigen Minuten zum Schutzhaus *Kuhleiten* (2362 m). 2 Stunden.
Westlich hinunter in einen Sattel. Dann kehrenreicher Gegenanstieg links des Rückens über felsdurchsetzte Grashänge. Etwa 50 Meter unter dem Gipfel des Kleinen Ifingers wird der breite Weg rechts verlassen. Auf einem felsigen, rampenähnlichen Steig (Drahtseile) durch die Nordostflanke in eine Scharte zwischen den Gipfeln. Kurz abwärts (Ketten, Drahtseil), rechts hoch, über eine Steilstufe. Hernach in plattigem Fels den durchgehenden Sicherungen folgend zu einer kleinen Schulter. Um die Ecke herum und über Blöcke (I+) zum höchsten Punkt.

Touristische Angaben

Talort: *Meran* (325 m), internationaler Kurort an der Passermündung in die Etsch, von Bozen 27 Kilometer. Bahnhof. Busverbindungen. Hotels, Gasthöfe, Pensionen. Campingplatz. Die Talstation der Seilbahn nach Meran 2000 befindet sich 4 Kilometer östlich des Zentrums an der Öffnung des Naiftales; Busverbindungen. *Sehenswert:* Gotische Pfarrkirche St. Nikolaus mit 83 Meter hohem Turm. Altertümliche Lauben (Geschäftsstraße) im Kern der Altstadt. Hinter dem Rathaus die Landesfürstliche Burg aus der Zeit um 1480 (Besichtigung). Städtisches Museum (Galileistraße 43).
Ausgangspunkt: *Meran 2000* (1945 m). Bergstation der Seilbahn von Meran, Betriebszeiten stündlich von 9.00 bis 17.00 Uhr oder nach Bedarf. Bergstation des Sesselliftes von Falzeben (1621 m, Asphaltstraße 5 Kilometer von Hafling, Busverbindungen, Parkplätze, Hotel), Betriebszeiten: 9.00 bis 12.00 Uhr und 13.15 bis 16.40 Uhr.
Höhendifferenz: Meran 2000–Gipfel 700 Meter.
Gehzeit: Meran 2000–Gipfel etwa 3 Stunden.
Zwischenstation: *Schutzhaus Kuhleiten* (2362 m), privater Berggasthof östlich des Ifingers, höchstgelegenes Schutzhaus in der näheren Umgebung von Meran. 20 Schlafplätze. Bewirtschaftet von Juni bis Oktober. Tel. 0473/99364. 1 Stunde vor dem Gipfel.
Karten: Tabacco Wanderkarte 1:25000, Blatt 011 Meran und Umgebung; Mapgraphic Wanderkarte 1:33000, Blatt Sarntaler Alpen; Freytag & Berndt Wanderkarte 1:50000, Blatt S1 Bozen, Meran.

Tour 27

Johanniskofel, 658 m

Siedlungsplatz vor 5000 Jahren

Spaziergang.

Kurzer Steilaufstieg im Felsgelände aus der Sarner Schlucht. Kein Schatten.

Unschwierig, jedoch Trittsicherheit ratsam. Bei Nässe am Gipfel einige Meter unangenehm.

Beste Jahreszeit: Ganzjährig.

Während der Fahrt durch die *Sarner Schlucht,* jenem tiefen, zerklüfteten Spalt, der gleich nördlich der Provinzhauptstadt Bozen hinter ihren Burgen Runkelstein und Ried eingeschnitten ist und den Durchschlupf ins Sarntal erlaubt, taucht unversehens ein mächtiger Felszahn auf: 230 Meter hochschnellend, senkrecht bis überhängend, im Bett der Talfer fußend. Vor Jahrzehnten horstete in halber Höhe der Nordwestwand ein Steinadler, später soll sich ein Uhu eingenistet haben. Die Gipfelkuppe ist bewaldet, umschlungen von Strauch- und Buschwerk. Johanniskofel heißt dieses aufsehenerregende Naturdenkmal – »Hanniskofel« bei den Einheimischen.
Wir sind im »Maggner Kessel«, dem wildesten Teil der sowieso schon abenteuerlich genug gestalteten Schlucht, benannt nach dem von Sagen umrankten Maggnerhof in den ostseitigen Steilflanken. Das wärmespeichernde Porphyrgestein fördert Mannaesche, Opuntie, Rebe und Edelkastanie. Smaragdeidechsen, »Groazen« in der Mundart, fühlen sich wohl, ebenso die »Gottesanbeterin« (»Maringgele«), einzige mitteleuropäische Fangheuschrecke, sowie Sing-Zikaden (»Zigole«) – Pflanzensauger –, eine Art Zirbe. Auf dem Kofel blühen die weißen und rosa-purpurnen Trauben von Robinien.
Ungestüme Frühjahrsfluten haben den alten Schluchtweg längst wertlos gemacht. Die 1937 fertiggestellte Straße schlängelt sich mit Hilfe von 17 Tunnels am Wächter und Sinnbild des äußeren Sarntales vorbei. Der Urweg verlief über die Höhen von Burg Rafenstein und Afing ins Sarntal.
Wenn dem Monolith auch alpine Dimensionen feh-

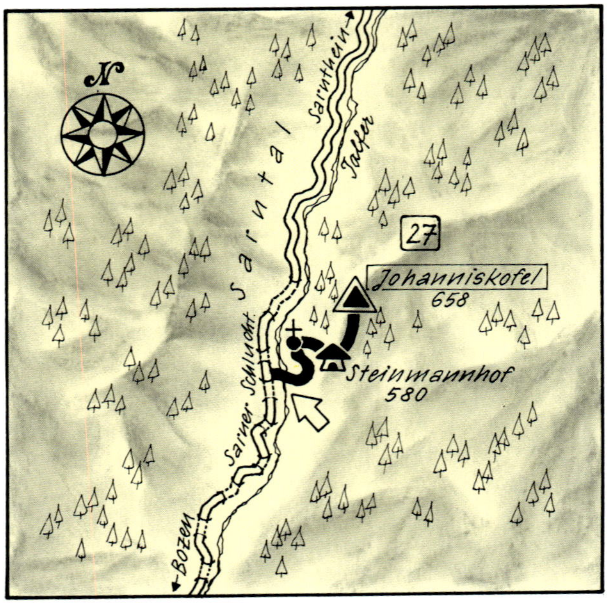

Aufstieg von der Sarner-Schlucht-Straße zum Johanniskofel.

len, so stellt er ein löbliches Ziel für Ruhetage dar, oder bei unsicherem Wetter, aber auch als Selbstzweck für Leute, die im Gebirge nicht nur Spitzen sehen (und mit Scheuklappen drauflossteuern), sondern das Land in seiner Mannigfaltigkeit kennenlernen möchten. Und dazu gehört neben anderem die Geschichte.

5000 Jahre Vergangenheit hüllen den *Johanniskofel* ein. Erste prähistorische Funde – Branderde, Knochen, Scherben – tätigte 1938 Luis Oberrauch. Der Heimatforscher brachte schließlich 1972 den Beweis einer frühbronzezeitlichen Siedlung auf dem Gipfel, ungefähr aus der Zeit zwischen 1800 und 1500 v. Chr. Noch größeres Aufsehen erregten die Entdeckungen der Bozener Kletterer und autodidaktischen Vorgeschichtesucher Otto Eisenstecken und Günther Niederwanger im Herbst 1978, unter Seileinsatz auf einer Felsstufe. »Es handelt sich um mehrere Fragmente einer helltonigen Keramik mit eingestrichener, kurvolinearer Verzierung um das Bruchstück einer feinen, schwarztonigen Schüssel mit Schnürsenkelösen und liniengerahmtem, flächigem Dreiecksdekor aus eingestochenen Punkten«, begutachtete Dr. Reimo Lunz die Schätze: Neolithische, das heißt aus der jüngsten Steinzeit geborgene Keramik. »Demnach«, folgert der Wissenschaftler, »wäre für die neolithische Station auf dem Johanniskofel ein zeitlicher Ansatz gewonnen, der uns bis an den Beginn des Spätneolithikums (ca. 3000 v. Chr.) zurückführt.« Das Neolithikum breitete sich in Europa ab 6000 v. Chr. von der Balkanhalbinsel aus und erreichte die Südalpen um 4500 v. Chr. In der Folge umfaßte es die Zeitspanne bis etwa 1800 v. Chr., abgelöst von der Bronzezeit.

Die Menschen am Johanniskofel hielten möglicherweise schon Haustiere wie Rinder, Schweine, Hunde; pflanzten Einkorn und Emmer an. Jagd, Fischfang und Pflanzensammeln diente nicht mehr als alleiniger Nahrungserwerb. Beisetzungen erfolgten in steinegerahmten Grabgruben, meist hockend.

Wagen wir uns auf die 1979 angebrachte, 33 Meter lange Hängebrücke über die schwindelnd tiefe Talferschlucht! Früher soll eine Hängebrücke aus Lederstricken den Dienst versehen haben. Im Steinmannhof erbittet man den Schlüssel für das im 15. Jahrhundert erstmals urkundlich verbriefte Kirchlein *»St. Johann am Stein«*. Baumwuchs versteckt es vor den Blicken hastiger Automobilisten. Am Südrand beschwört ein Wetterkreuz des Himmels Gunst. Die war offensichtlich dem 25jährigen Rechtsreferendar Dr.

Johanniskofel. In der Tiefe die Straße durch die Sarner Schlucht.

Erich von Ferrari versagt geblieben. Er stürzte sich 1912 über die Wand, aus Liebeskummer wegen einer rothaarigen Bäckerstochter, wie man munkelte. Der Selbstmord wurde vor der Öffentlichkeit verheimlicht, denn der Unglückliche entstammte einer geachteten Bozener Familie.
Die Bäuerin im *Steinmannhof* kredenzt roten Eigenbauwein, frisch duftend, köstlich mundend verglichen mit standardisierten Genossenschaftsflaschen. Dazu schmeckt ein Stück Speck, Fladenbrot oder hartes, knackiges Schüttelbrot, im Herbst zum »Törggelen« geröstete »Köschtn« (Kastanien) oder heiße Kartoffel in der Schale und den »nuin« Wein. Dabei ist's schon manches Mal draußen dunkel geworden, in der heimeligen, holzgetäfelten Stube!

Aus der Sarner Schlucht

Von der Straße kurz abwärts und über die Hängebrücke. Jenseits bergan, vorbei an einem Marterl zum Sattel zwischen Steinmannhof (rechts) und Johanniskofel (links). Aus der Einsattelung links, auf schmalem, felsigem Pfad zum Wetterkreuz und zur nahen Gipfelwiese mit dem Kirchlein.

Touristische Angaben

Ausgangspunkt: *Sarner Schlucht,* unmittelbar vor Tunnel Nummer 14 (6,5 km von Bozen). Beschränkter Parkraum. Busbedarfshaltestelle.
Höhendifferenz: Etwa 200 Meter.
Gehzeiten: Ausgangspunkt–Johanniskofel ¾ Stunden.
Zwischenstation: *Steinmannhof* (580 m), Bauernhof und Jausenstation östlich des Johanniskofels, ganzjährig geöffnet.
Karten: Mapgraphic Wanderkarte 1:33000, Blatt Sarntaler Alpen; Freytag & Berndt Wanderkarte 1:50000, Blatt S1 Bozen, Meran und Umgebung. (Eine Karte ist auf dieser Tour nicht unbedingt erforderlich.)

Tour 28

Rittner Horn, 2260 m

Seit alters gerühmte Aussicht

Halbtages- oder Tagestour.

Spaziergänge über Wiesen und Grasflanken. Von Norden stiller als von Süden. Kein Schatten.

Unschwierig. Bei Nebel eventuell Orientierungsprobleme. Die Sesselbahn auf der Südseite verkürzt dort den Anstieg um etwa 1½ Stunden.

Beste Jahreszeit: Ende Juni bis Allerheiligen.

Brettleben ist der Gipfel des »Hornes«, an den Rändern zerschrundene konglomeratische, erkaltete vulkanische Quarzporphyrergüsse. 1893, als Graf Anton

Arz-Vasegg die erste Skibesteigung des Rittner Hornes unternahm, weihte die Sektion Bozen des Österreichischen Touristenklubs ihr Rittner-Horn-Haus ein. Schon damals war der Berg wegen seiner Aussicht jedermann geläufig, rief doch der Innsbrucker Sarntaler-Alpen-Erschließer Julius Pock vor 100 Jahren aus: »Wer Tirol mit einem Blick überschauen will, besteige diese Höhen!« Ganz Tirol sieht man allerdings beim besten Willen nicht, immerhin aber unzählige Gipfel des bis 1918 vereinten Teiles der Monarchie. Das Hauptaugenmerk gilt ohne Einschränkung den Dolomiten. Erregend nahe, wie zum Greifen, der Schlern, seine Trabanten Santnerspitze und Euringerspitze (»Schlernzacken«). Außerdem Latemar, Rosengarten, Langkofel, Geislerspitzen, Peitlerkofel: stolze Parade weltbekannter Gipfelhäupter von exquisitem Charakter.

Unter *Ritten* versteht man allgemein die zwischen 1100 und 1300 Meter gelegenen Hochflächen nordöstlich von Bozen, zwischen Eisacktal und Sarntal, in Wellenstufen sich erhebend zum Rittner Horn. Alpingeographisch reicht der Ritten bis zum Gasteigersattel nördlich des Berges. Die politische Gemeinde Ritten greift hinab in die Täler. Sie nimmt eine Fläche von 111,48 Quadratkilometer ein.
Das Gebiet ist verkehrsmäßig erschlossen durch die 1965 fertiggestellte Provinzstraße 73 von Bozen (Stadtteil Rentsch), auf der nach 5,5 Kilometern die Gemeinde Ritten beginnt; überdies durch eine Straße aus dem Sarntal (über Wangen), aus dem Eisacktal (über Barbian) und durch die 1966 eröffnete Seilbahn Bozen–Oberbozen (Zahnradbahn von 1908 im Jahre 1966 eingestellt), deren Anschluß das Rittner-Bähnlein nach Klobenstein bildet.

Auf dem Weg vom Schwarzhorn in die Südflanken des Rittner Hornes, das vom gleichnamigen Schutzhaus gekrönt wird.

Das Landschaftsschutzgebiet Ritten umfaßt das gesamte Rittner Hochplateau einschließlich der Abhänge zur Talfer im Westen, zum Bozener Kessel im Süden und zum Eisack im Osten. Mit Dekret des Landeshauptmannes vom 30. April 1973 trat für diesen Raum ein landschaftlicher Gebietsplan in Kraft, um den Schutz der Naturausstattung und der Kulturobjekte zu sichern und seine landschaftsschonende Entwicklung zu gewährleisten, wie es im Wortlaut heißt. Landschaftsschonend? Dagegen spricht überdeutlich das abstoßend erosionsgeschädigte Antlitz des liftbesetzten Südhanges. An einem wunderschönen Spätherbsttag begegneten dem Verfasser im Abstieg nach Roßwagen ganze Rudel von Gelände-Motorradartisten in Richtung Rittner Horn, das sogar im Kinderwagen erreicht werden kann – auf einem Fahrweg. Negativerscheinungen beziehen sich gottlob nur auf die Südseite, wo von Pemmern ein Sessellift die *Schwarzseespitze* (2071 m) erschließt. Von dort sind es ¾ Stunden zum Gipfel – für Hundertschaften.
Verschont geblieben von schizophrener Gewinnmitnahme ist Weg Nummer 3 ab Barbian. Er endet direkt an den Gipfelfelsen, weist jedoch einen Höhenunterschied von mehr als 1400 Metern auf und dauert 4 Stunden. Müheloser gestaltet sich der Anmarsch von der Villanderer Alm, der hier vorrangig behandelt wird. Die zweite Tour, südseitig, modifiziere ich durch den Abstieg und Rückweg über den verschlafenen Rittner Weiler Gißmann, sozusagen als Linderung vorhergegangener Schrecken.

Von der Villanderer Alm

Auf der Westseite der Gasserhütte halbrechts (nordwestlich) in 20 Minuten zum Mair-in-Plum-Hof (1860 m). Hier links und dem Almgüterweg folgen in mäßiger Steigung zum *Gasteiger Sattel* (2056 m) am Treffpunkt mehrerer Wanderwege. Nun südwärts (Markierungen 1, 3, 7) über Wiesen hinauf zur zweiten Einsattelung rechts des Sattelberges. Danach abwärts, bei der Neuen Tramisalm (2142 m) den Fahrweg halblinks verlassen, in etwa 20 Minuten zum *Rittner-Horn-Haus.* 2¼ Stunden.

Rundwanderung von Pemmern-Zirm

Bei der Talstation des Panoramaliftes die Straße überqueren und mit Markierung 1 nördlich bergan in ½ Stunde zu einem querverlaufenden Weg. Auf ihm links, unter dem Sessellift hindurch und auf einem Fahrweg (links Bildstock »Auf der Schön«) nördlich

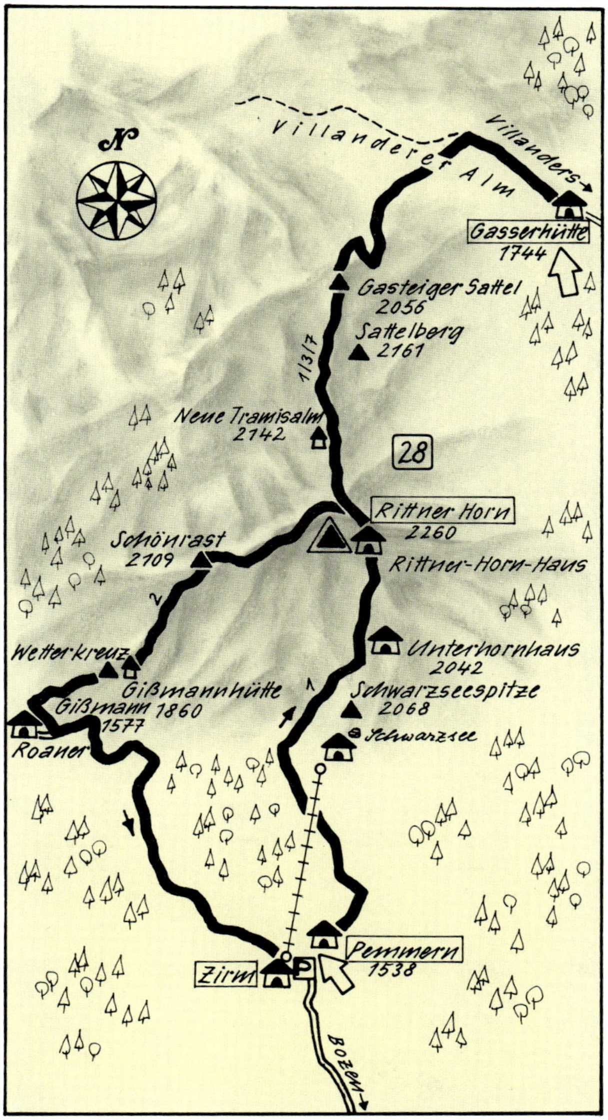

durch die Westhänge der Schwarzseespitze in die Einsattelung vor dem Aufschwung des Rittner Hornes (hierher 10 Minuten von der Bergstation des Panoramaliftes auf der Schwarzseespitze). Rechts der Lifttrasse geht es links am *Berggasthaus Unterhorn* vorbei in ½ Stunde zur Höhe. 2¼ Stunden.
Abstieg: Auf der Westseite der Hütte nimmt man Wegnummer 2. Kurz darauf an der Gabelung links halten, abwärts zu den Hüttchen der Oberhornalm (2186 m). Jetzt aufpassen: Nicht auf dem linken breiten Weg, sondern links etwas unterhalb der Hütten

Das Gipfelhaus auf dem Rittner Horn.

die Wegspuren beachten (weiß-rot markiert), den Almgüterfahrweg kreuzen und geradeaus über feuchte Wiesen zu einem Viehgatter. Die Farbzeichen leiten uns über die schwach gewölbte Kuppe der *Schönrast* (2109 m). Etwa ¾ Stunden nach dem Gipfel steht rechts eine gemauerte Hütte. Den Markierungen folgend in einen Sattel mit zwei Almhütten (1860 m). Vom Gipfel 1¼ Stunden.
Hinauf zum *Wetterkreuz* (drei Balken). Anschließend abwärts durch Wald in ½ Stunde zum *Gasthaus Roanerhof.* Nun auf der Straße 5 Minuten zur 1749 erbauten Kirche Maria Heimsuchung im Weiler Gißmann (1577 m). Vom Rittner Horn 2 Stunden. Abschließend vom Gasthaus Boar auf der Asphaltstraße, begleitet von Einzelhöfen, über den Sattel Roßwagen (1702 m) nach *Pemmern-Zirm.*

Touristische Angaben

Ausgangspunkte: *Gasserhütte* (1744 m), Berggasthof am Ostrand der Villanderer Alm an der Waldgrenze. 6 Betten. Geöffnet vom 15. Mai bis 15. November. Straße (9 km) von Villanders über dem Sambergerhof (Berggasthaus). Bis dorthin (2,5 km vor der Gasserhütte) Asphaltstraße und Busse von Villanders; anschließend Schottersträßchen.
Pemmern-Zirm (1538 m), Talstation des Panoramaliftes Rittner Horn (auf die Schwarzseespitze), 5 Kilometer von Klobenstein, von Bozen 20 Kilometer. Zwei Gasthäuser. Parkplätze. Busverbindungen mit Klobenstein um 10.00 und 17.30 Uhr. Betriebszeiten des Panoramaliftes im Sommer von 8.00 bis 17.30 Uhr.
Höhendifferenzen: Gasserhütte–Rittner Horn 550 Meter; Pemmern-Zirm–Rittner Horn 730 Meter; insgesamt für diese Rundtour 860 Meter.
Gehzeiten: Gasserhütte–Rittner Horn 2¼ Stunden; Pemmern-Zirm–Rittner Horn 2¼ Stunden; Abstieg und Rückweg 2½ Stunden; insgesamt etwa 4¾ Stunden.
Zwischenstationen: *Gasthaus Unterhorn* (2042 m), im Südhang des Rittner Hornes, ganzjährig geöffnet. *Rittner-Horn-Haus* (2260 m), CAI-Sektion Bozen. Bewirtschaftet vom 10. Juni bis Ende Oktober (Allerheiligen). 14 Betten, 10 Lager. Tel. 0471/56207. – *Gasthof Boar* in Gißmann, Donnerstag Ruhetag.
Karten: Mapgraphic Wanderkarte 1:33000, Blatt Sarntaler Alpen; Freytag & Berndt Wanderkarte 1:50000, Blatt S1 Bozen, Meran und Umgebung.

Tour 29

Villanderer Berg, 2509 m
Sarner Scharte, 2460 m

Wände über dem Sarntal

Tagestouren.

Einerseits Wandabbrüche, andererseits Gras und Schrofen. Markierte Wege und Pfade. Teilweise Schatten (von Sarnthein und Reinswald); auf der Villanderer Alm baumlos. In den Gipfelbereichen felsig.

Unschwierig, jedoch Trittsicherheit am Gipfelkamm ratsam. Bei Nebel Orientierungsprobleme.

Beste Jahreszeit: Ende Juni bis Oktober.

Villanderer Berg und Sarner Scharte, vereint durch die 1,5 Kilometer lange »Schneide«, bilden einen komplexen Bergstock, nordöstlich von Sarnthein, südlich von Reinswald, westlich von Villanders. Kammlinien und Ausläufer modellieren eine großräumige schalenähnliche, nach Südosten offene Mulde. Der breitgelagerte Renommierberg des mittleren Sarntales hat zwei grundverschiedene Gesichter: hier Kletterziel, dort Schafweiden. Zum Sarntal hin, über den verstreuten Einzelhöfen von *Riedelsberg,* eine achtunggebietende Mauer aus rötlichem Quarzporphyr. An ihren plastisch abgezeichneten Kanten, Pfeilern und Verschneidungen finden Felsgeher rassige Reibungsklettereien, luftige Balanceakte auf den Routen des unvergessenen Schennaers Heini Holzer, des in Trient verheirateten Kölners Heinz Steinkötter, der Lokalmatadoren Jochen Gruber und Richard Kalmsteiner, des Nürnberger Alleingängers Tobias Sigler. Sigler wertet, einige Führen können sich »ohne weiteres mit den berühmten Traumklettereien der Alpen messen«.

Dem Wanderer auf der *Villanderer Alm* bleiben die Sarntaler Felsstudien versagt. Ihn umgeben Almwiesenrundungen, graskarge Böden, flimmernde Horizonte; ab dem Totenkirchl Geröllflecken, Schrofen, mürber Fels. »Am Toatn« gilt als unheimlicher Ort, verschlungen mit Legenden aus der Pestzeit anno 1663. Das Kirchlein kontrolliert seit 1863 den windigen Sattel. In Hörweite gähnen »Mundlöcher« eingestürzter Stollen des ehemaligen Seeberger »Goldbergwerks«. Dort wurden braune Zinkblende (wichtigstes Zinkerz), Zinn, Blei und ein bißchen Silber gefördert. Unterhalb der Seeberger Alm entdeckte man einen Schmelzplatz aus der Zeit um 1000 v. Chr.

Riedelsberg (Sarntal) und Gasserhütte (Villanderer Alm) vermitteln hochgelegene Ausgangspunkte, wodurch sich die Touren erklecklich verkürzen. Am dekorativsten – in der Hülle von Landschaft und Bauerntum – finde ich die Einstimmung vom anmutigen Streuweiler *Riedelsberg,* den ein Asphaltsträßchen an Sarnthein bindet. Wer Zeit hat (und Wißbegierde), sollte die holzgetäfelte, einstige Richterstube im Morgenstätterhof besichtigen. Das Anwesen, hervorgegangen aus einem mittelalterlichen Wohnturm, sowie die Annakapelle, dösen südlich des Sträßchens, ein Stück abseits (auf den Wanderkarten ersichtlich).

Am Weg in die Sarner Scharte seien, schon ziemlich weit oben, im Bergsturzbereich auf einem großen Felsblock die Knieabdrücke des hl. Zyprian zu sehen, der für die »sündigen Sarner gebetet hat«, erzählt Bruno Mahlknecht eine Überlieferung. Der Verfasser suchte vergebens nach dem »Betstuhl«! In der Sarner Scharte, rechts der Scharte als solcher, erwartet uns eine kleine Holzhütte, 1975 erbaut, das sogenannte *»Scharten-Biwak«.* Es ist ständig offen und bietet zur Not zwei Schlafplätze. Aus der Scharte sind es dann nur mehr knapp 20 Minuten zum Kreuz auf der *Sarner Scharte,* dem Gipfel. Und ½ Stunde später ist der Villanderer Berg erreicht.

In der Tiefe erstreckt sich harmonisch ausgewogen das Sarntal, von dem der 1924 verstorbene Landeskundler Joseph Tarneller sagte, es sei das »deutscheste aller Täler südlich des Brenners«. Er begründet dies mit den mehrheitlich deutschen Hofnamen – sie reichen ins 13. Jahrhundert zurück – sowie bezogen auf Volksart und Volkstum. Letzteres ist in einem Ausmaß und in einer Spontanität vorhanden wie nirgendwo anders in Südtirol. Spitzige gotische Kirchtürme etikettieren die Dörfer. Grüne Rodungswiesen leuchten aus Fichtenwäldern. Vieh weidet phlegmatisch. Die Welt scheint eingeschlafen zu sein. Solche Ruhe strahlen Tal und Bergkränze aus.

Aus dem Sarntal

Vom *Riedlerhof* (1503 m) den Markierungen des Dreier-Weges folgen, ansteigen in schütterem Lärchen-

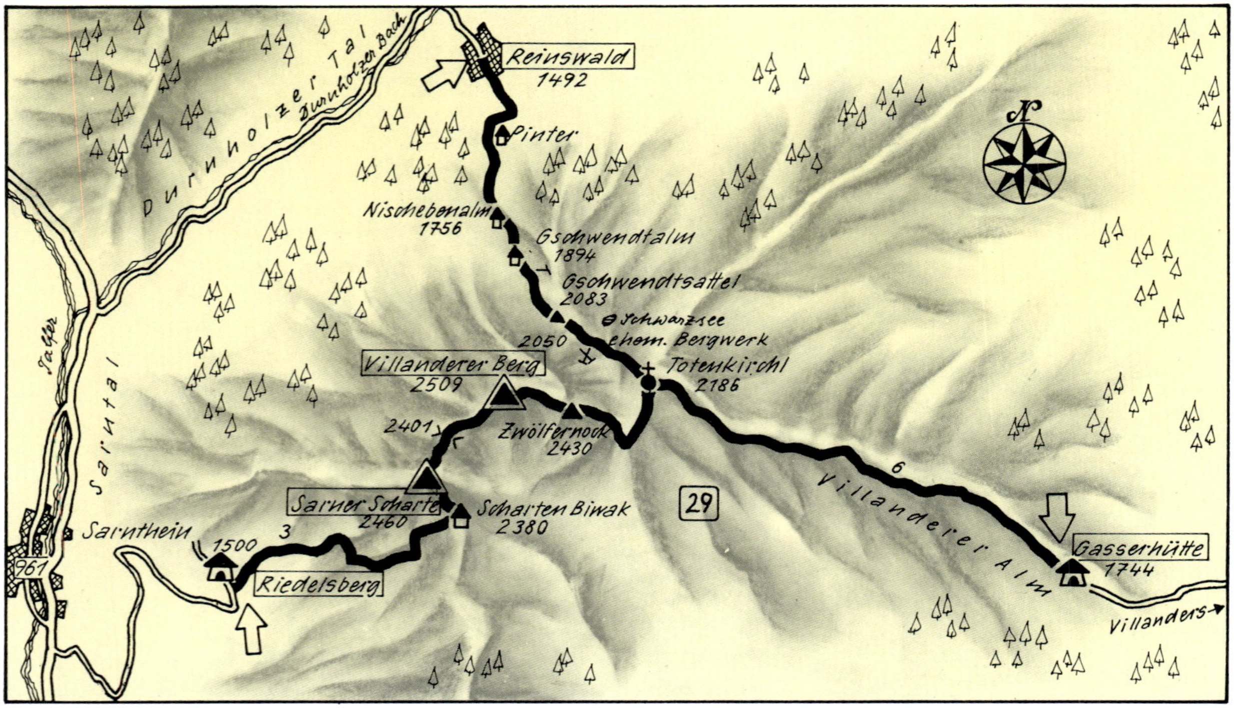

wald und in ¾ Stunden zu einem Bildstock (1778 m), wo sich der Steig rechts wendet, durch Latschenfelder und Bergsturzgeröll an Höhe gewinnt. Oberhalb der Legföhrenzone weiter in Kehren steil empor in die *Sarner Scharte* (2380 m). 2½ Stunden.

Jetzt nordöstlich (Markierung T), das heißt den Rükken hinauf, anschließend fast eben über den Südwestgipfel (2460 m) zum großen, ins Sarntal grüßenden Kreuz (Buch) der *Sarner Scharte (Gipfel).* Aus der Scharte etwa ¼ Stunde. Weiter nordöstlich, rechts der »Schneide«, geleitet von Wegspuren – rechts unten mehrere kleine Lacken – etwa 10 Minuten absteigen in eine Einsattelung (2401 m). Von dort wieder aufwärts am Südwestkamm zum Kreuz auf dem *Villanderer Berg.* Insgesamt 3¼ Stunden.

Über die Villanderer Alm

An der Westseite der *Gasserhütte* (1744 m) auf dem Fahrweg halbrechts (nordwestlich). Nach 20 Minuten am Mair-in-Plun-Hof (1860 m) vorbei und zur Wegegabelung am sogenannten »Scheibenstock-Bild«. Hier halblinks (Markierung 6) und mit dem breiten Almgüterweg, begleitet von Kreuzwegstationen, in schwach nordwestlicher Richtung über die Villanderer Alm, abschließend durch die »Möser« hinauf in den Sattel mit dem *Totenkirchl* (2186 m). Knapp 2 Stunden.

Links in Südrichtung (Markierung T) in der Ostflanke eines brüchigen Ausläuferrückens ansteigen – oberhalb des Totensees –, zum Schluß ziemlich steil zu einer kleinen Scharte und zu einem querverlaufenden Weg (2365 m, Steinmann) am Südostrücken des Villanderer Berges. Rechts auf ausgetretenem Steig im begrasten Hang weiter aufwärts, über die Kuppe des *Zwölfernocks* (2430 m) in die dahinterliegende Einsenkung. An der Wegeteilung geradeaus (links Markierung T zur Sarner Scharte) und links einer Rinne empor zum Gipfelkreuz des *Villanderer Berges.* Insgesamt 3¼ Stunden.

Von Reinswald

Vom Pfarrwirt beziehungsweise ab der Kirche dem Sträßchen folgend zum Getrumbach. Am anderen Ufer rechts, an der Gabelung beim *Pinterhof* links (Markierung T), im Wald südlich bergan in ¾ Stunden zur *Nischebenalm* (1756 m). Weiter aufwärts, einen Querweg kreuzend, die Gschwendalm passierend zu einem Hüttchen (1990 m). Anschließend in die mit Felssturzbrocken gefüllte Mulde, in der rechts Weg Nummer 6 von Sarnthein mündet. Gemeinsam vollends hoch in den *Gschwendtsattel* (2083 m) mit einem hölzernen Pfeilerbildstock. Jenseits öffnet sich die Seebergmulde, die man südöstlich quert. Links unten die drei Seeberger Seelein (auf den Karten »Schwarzsee«), auch Schwarze Lacken genannt. Wir kommen zum Stolleneingang des längst aufgelassenen *Seeberger Bergwerks* (2050 m). Anschließend in 20 Minuten hinauf in den Sattel des *Totenkirchls* (2186 m). 2 Stunden. Danach rechts und wie beim Weg über die Villanderer Alm beschrieben in etwa 1¼ Stunden zum höchsten Punkt.

Touristische Angaben

Talorte: *Sarnthein* (961 m), politischer und kirchlicher (Dekanatsitz) Mittelpunkt der Gemeinde Sarntal, von den Einheimischen »Dorf« genannt. Hotels, Gasthöfe, Pensionen. Von Bozen 19 Kilometer, vom Penser Joch 28 Kilometer. Busverbindungen. Busbahnhof und Parkraum auf dem Griesplatz. *Sehenswert:* Cypriankirche am linken Ufer der Talfer, gotisch aus der 2. Hälfte des 13. Jahrhunderts. Turm aus der Zeit um 1475. Freskoschmuck des späten 14. Jahrhunderts. Pfarrkirche Maria Himmelfahrt, 1211 erstmals erwähnt, 1347 Erweiterung des romanischen Baues, 1645/46 umgestaltet. Ausstattung neuromanisch.
Villanders (880 m), Hauptort einer aus mehreren Fraktionen bestehenden Gemeinde über dem Eisacktal. Hotels, Gasthöfe, Pensionen. Von Klausen 4,6 Kilometer (Busverbindungen), von Barbian 7 Kilometer. Die Besiedlungsspuren in Villanders reichen in die Epoche um 4000 bis 5000 v. Chr. zurück; Reste von archaischen Wohnstätten wurden auf den Plunäckern entdeckt. Es war die Heimat der Herren von

Am Wanderweg von Villanders über die Villanderer Alm zum Villanderer Berg.

Villanders, die ab 1140 Einfluß in die Tiroler Geschichte nahmen. Landeshauptmann Engelbert von Villanders wurde 1349 auf Burg Stein wegen Rebellion gegen das Tiroler Herrscherhaus hingerichtet. Aus einer anderen Linie stammen die Herren von Wolkenstein. *Sehenswert:* Alte Dorfgasse vom »Steinbock« zum Friedhof, eine der schönsten Gassen in Tirol, für den Maler Franz v. Defregger Hintergrund seines bekannten Bildes »Das letzte Aufgebot«. Gasthof Steinbock. Pfarrkirche zum hl. Stephan, Langhaus 1521 vollendet, Turm um 1400. Neugotische Altäre. An der Nordwand des Chores das ehemalige Hauptaltarbild (Steinigung des hl. Stephan), 1776 von Franz Unterperger aus Cavalese gemalt. Die schmiedeeisernen Kreuze auf dem Friedhof sind vor den Grabhügeln aufgestellt – einmalig in Tirol –, damit das Weihwassergefäß besser erreicht werden kann.

Reinswald (1492 m), in einem Seitental des Durnholzer Tales. Hotels, Gasthöfe, Pensionen. 8,3 Kilometer von der Straße im Durnholzer Tal. Busverbindungen.

Ausgangspunkte: *Riedelsberg* (1500 m), östlich von Sarnthein. Jausenstation Thalerhof. Die asphaltierte Zufahrtsstraße (Forstweg Riedelsberg) zweigt am südlichen Ortsrand von Sarnthein von der Talstraße ab. Bis zum Wendeplatz unweit des Hallerhofes 6,5 Kilometer. Eingeschränkter Parkraum ist beiderseits der Straße zwischen Hallerhof und der Zufahrt zum Riedlerhof vorhanden.

Gasserhütte (1744 m), Berggasthof am Ostrand der Villanderer Alm. Zufahrt von Villanders 9 Kilometer, zuletzt 2,5 Kilometer Schottersträßchen. Bis zum Berggasthaus Samberger Hof (1530 m, 2,5 Kilometer vor der Gasserhütte) Busverbindungen vom 1. Juli bis 13. September.

Höhendifferenzen: Riedelsberg–Villanderer Berg 1070 Meter; Gasserhütte–Villanderer Berg 770 Meter; Reinswald–Villanderer Berg 1020 Meter.

Gehzeiten: Riedelsberg–Villanderer Berg 3¼ Stunden; Gasserhütte–Villanderer Berg 3¼ Stunden; Reinswald–Villanderer Berg 3¼ Stunden.

Karten: Mapgraphic Wanderkarte 1:33000, Blatt Sarntaler Alpen; Freytag & Berndt Wanderkarte 1:50000, Blatt S1 Bozen, Meran und Umgebung.

Am Totenkirchl. Links der Aufstiegsweg zum Villanderer Berg.

Tour 30

Kassianspitze, 2581 m

Aus dem Eisacktal und dem Sarntal

Tagestouren.

Breite Hüttenwege, wenig Schatten (aus dem Eisacktal etwas mehr als von Reinswald). Nach der Hütte markierte Gras- und Schrofenpfade. Bei dichtem Nebel Orientierungsprobleme.

Unschwierig.

Beste Jahreszeit: Ende Juni bis Spätherbst.

Schwach nordwestlich des Latzfonser Kreuzes erhebt sich mit der breit aufgebauten Kassianspitze einer der namhaftesten und am häufigsten erstiegenen Gipfel im Ostkamm der Sarntaler Alpen. Ihre unzureichend anziehenden Formen macht sie mit einer Aussicht wett, die zwar jener vom Villanderer Berg gleicht, indes umfangreicher ist, vor allem auf die eisblinkenden Zillertaler Alpen. Als ersten Touristen auf dem Gipfel kennen wir den Innsbrucker Julius Pock, am 16. September 1891.

Im Osten liegt an den Ufern des Eisack die durch bischöfliche Geistlichkeit im Laufe von Jahrhunderten geprägte Stadt Brixen. Davon ausgehend hängt wohl die Namengebung unseres Berges indirekt zusammen. Man verehrt den hl. Kassian nämlich als Schutzpatron und einen der Gründer des Bistums Säben-Brixen. Allerdings setzt ihn die Legende dem hl. Kassian von Imola gleich, den seine Schüler im Jahre 304 mit Griffeln zu Tode marterten, während von einem Säbener Bischof erstmals 575 auf der Synode in Grado die Rede ist. Übrigens gibt es im Sarntaler Ostkamm noch drei andere Heiligenberge: Lorenzispitze, Jakobspitze, Lorenzenspitze.

Der fromme Name paßt zur Kassianspitze, denn schwach südöstlich des Berges befindet sich die höchstgelegene (2302 m) Wallfahrt Europas: *Latzfonser Kreuz.* Das Hospiz – 1952 neu erbaut – hat runde 70 Jahre mehr auf dem Rücken als das erste Alpenvereins-Schutzhaus (Hirzerhütte von 1874) in Südtirol. Die Kirche entstand in ihrer heutigen Gestalt zwischen 1867 und 1869. Der verehrte »Schwarze Herr-

Die Kassianspitze von Süden mit dem Normalweg ab dem Latzfonser Kreuz (rechte Bildhälfte).

gott« kam als Wetterkreuz bereits 1700 hierher, aus der Latzfonser Totenkapelle, nachdem Hagelschläge hintereinander drei Ernten zerstört hatten. Wachte er zunächst im Freien über die Latzfonser Fluren, so bot ihm nun die Kirche ein Sommerquartier. Alljährlich am Freitag nach Fronleichnam tragen Gläubige den »Schwarzen Herrgott« in feierlicher Bittprozession unter die Kassianspitze. Ein Fest im Gleichklang von Liturgie und Lebensfreude, geistlicher und leiblicher Stärkung. Hunderte – Priester und Ministranten, Ordensleute, Pilger in bodenständigen Trachten, Bergsteiger und Ausflügler – beleben mit farbiger Vielfalt die gesegnete Stätte. Im Oktober kommt der Herrgott wieder nach Latzfons. Das Kirchweihfest findet am 22. Juli, dem Magdalenentag, statt.

Möglicherweise wurden hier schon in vorchristlichen Epochen Gottheiten Opfer dargebracht, vielleicht in der kleinen Felshöhle hinter dem Hospiz. Es wäre kein Einzelfall, wenn den heidnischen Kultplatz eine christliche Stätte abgelöst hätte.

Obgleich der Anmarsch von Reinswald durch das Getrumtal ½ Stunde länger ist als der eisacktalseitige über die Klausener Hütte, gehe ich ihn lieber. Im Getrumtal herrscht mehr Besinnlichkeit, in locker gruppierten Lärchenstreifen, auf blumendurchwirkten Grasteppichen; Umfeld und Weg selbst sind abwechslungsreicher.

Auf dem breiten Fahrweg an der Klausener Hütte vorbei kann es schon mal passieren, daß man von einem Lkw überholt wird. Ab der Rungger-Saltner-Hütte begleiten uns 14 Stationen des 1982 eingeweihten Kreuzweges, aus Zirbenholz geschnitzt und auf Lärchensäulen eingepflockt.

Die Route zum Gipfel, 1890 vom Bozener Alpenverein

trassiert und markiert, verläuft für alle gleich, auch für die vom Durnholzer See Kommenden (rund 3 Stunden über die Fortschellscharte und anschließend die Osthänge der Ritzlarspitze traversierend).

Von Reinswald

Am Parkplatz neben der Sessellift-Talstation auf dem Almgüterfahrweg (Markierung 7, Kreuzwegstationen) bergan. Nach ¼ Stunde an der Wegegabel dem Asphalt folgen. Etwa ¾ Stunden nach Reinswald endet das Asphaltsträßchen links, während wir geradeaus in ¼ Stunde zur Hillwall-Hütte (1911 m) spazieren. Etwa 5 Minuten später an der Wegeteilung halblinks auf dem oberen Weg und zur Jausenstation *Getrumhütte* (2083 m). Von Reinswald 1¾ Stunden. (Links mündet Markierung 11 von der Latschenhütte an der Bergstation des Reinswalder Sesselliftes. Von dort sind es knapp 1¼ Stunden zur Getrumhütte.) Talein zum obersten, begrasten und welligen Boden der Getrumalm. Stellenweise verliert sich der Weg, ist aber vorzüglich markiert. Eine halbe Stunde nach der Getrumhütte erinnert eine Tafel an den 1965 verunglückten Peter Prast. Wir halten uns rechts und beginnen 10 Minuten nachher mit der Querung unter plattigen Felsaufschwüngen hinüber ins *Lückl* (2378 m), von wo man zum ersten Mal die Hütte sieht sowie die Dolomiten. Von Reinswald 2½ Stunden. Durch die Öffnung des Trockenmäuerchens und abwärts, schließlich leichter Gegenanstieg zum *Latzfonser-Kreuz-Kirchlein* beziehungsweise 200 Meter vor

Ausblick vom Lückl über das Latzfonser Kreuz zu den Geislerspitzen (rechts) und zum Peitlerkofel (links). Am Anstieg von Reinswald.

Die Klausener Hütte am Weg zum Latzfonser Kreuz und zur Kassianspitze aus dem Eisacktal (Latzfons).

der Hütte, in Höhe des Wetterkreuzes (rechts), scharf links mit Markierung 17 durch die weitläufige Hochkarmulde den Farbzeichen folgend in etwa ½ Stunde hinauf zum kleinen *Kassiansee* (2469 m). An seinem Ostufer steiler hoch, über gestufte Grashänge zu einer Einsattelung im Westrücken. Über ihn rechts zu dem 1966 von Bergfreunden aus Diedorf bei Augsburg gestifteten *Kreuz* (Buch).

Über die Klausener Hütte

Vom *Kühhof* auf breitem Almgüterfahrweg durch Wald und über Wiesen in 1¼ Stunden zur *Klausener Hütte* (1923 m). Der Fahrweg schwingt sich auf zur *Rungger-Saltner-Hütte* (2042 m). Jetzt auf dem Kreuzweg, den Plankenbach überschreiten und zum *Latzfonser Kreuz* (2302 m). Vom Kühhof 2¼ Stunden. Westlich der Hütte 200 Meter in Richtung Lückl. In Höhe des Wetterkreuzes am sogenannten »Gampmaul« (links), geht es halbrechts mit Markierung 17 und wie vorher erklärt auf den Gipfel.

Touristische Angaben

Talorte: *Reinswald* (1492 m) in einem Seitental des Durnholzer Tales, seit dem 12. Jahrhundert besiedelt. Hotels, Gasthöfe, Pensionen. 8,3 Kilometer von der Straße im Durnholzer Tal. Busverbindungen. Betriebszeiten des Sesselliftes vom 1. Juli bis 20. September. Parkplätze am oberen Ortsrand neben der Sessellift-Talstation.
Latzfons (1161 m), Fraktion der Gemeinde Klausen im Eisacktal, erstmals um 1050 als »Lazefunes« erwähnt. Gasthöfe, Pensionen. Von Feldthurns 5,2 Kilometer (Busse), von Klausen durch das Thinnetal 8,5 Kilometer (Busse). *Sehenswert:* Pfarrkirche zum hl. Jakob, ursprünglich romanisch, gotisiert, 1857 verlängert,

neugotisch eingerichtet. Granit-Taufwasserstein des 16. Jahrhunderts.

Ausgangspunkt (Eisacktal): *Kühhof* (1551 m), nördlich von Latzfons; Zufahrtssträßchen 4,5 Kilometer. Auch Kleinbus-Verbindungen ab Klausen, Feldthurns, Latzfons (bei den Verkehrsämtern anfragen). Parkraum ist etwas oberhalb des Anwesens vorhanden.

Zwischenstationen: *Getrumhütte* (2083 m), im Sommer Jausenstation. Von Reinswald 1¾ Stunden. – *Klausener Hütte* (1923 m), CAI-Sektion Bozen. Bewirtschaftet vom 15. Mai bis 15. Oktober; auch Übernachtung. Vom Kühhof 1¼ Stunden. – *Latzfonser-Kreuz-Hütte* (2302 m), privat, südöstlich der Kassianspitze. Bewirtschaftet von Mitte Juni bis 1. Oktober. Stromerzeugung mittels Windrad.

Höhendifferenzen: Reinswald–Gipfel 1170 Meter; Kühhof–Gipfel 1040 Meter.

Gehzeiten: Reinswald–Gipfel 3¾ Stunden; Kühhof –Gipfel 3¼ Stunden.

Karten: Mapgraphic Wanderkarte 1:33000, Blatt Sarntaler Alpen; Freytag & Berndt Wanderkarte 1:50000, Blatt S1 Bozen, Meran und Umgebung oder Blatt S4 Sterzing, Jaufenpaß, Brixen.

Tour 31

Lorenzispitze, 2483 m
Plankenhorn, 2543 m

Im Dornröschenschlaf

> *Tagestour.*
>
> *Ab der Klausener Hütte überwiegend weg- und markierungslos über die Gipfel zur Fortschellscharte; grasiges, schrofiges Gelände oberhalb der Waldgrenze. Bei Nebel erhebliche Orientierungsprobleme. Rundtour.*
>
> *Unschwierig. An den Gipfeln Trittsicherheit notwendig; Schneereste bis Frühsommer.*
>
> *Beste Jahreszeit: Mitte Juni bis Spätherbst.*

Lorenzispitze und Plankenhorn sind noch nicht aus ihrem Dornröschenschlaf von einem Prinzen wachgeküßt worden. Achtungslos fließt der »Verkehr« an

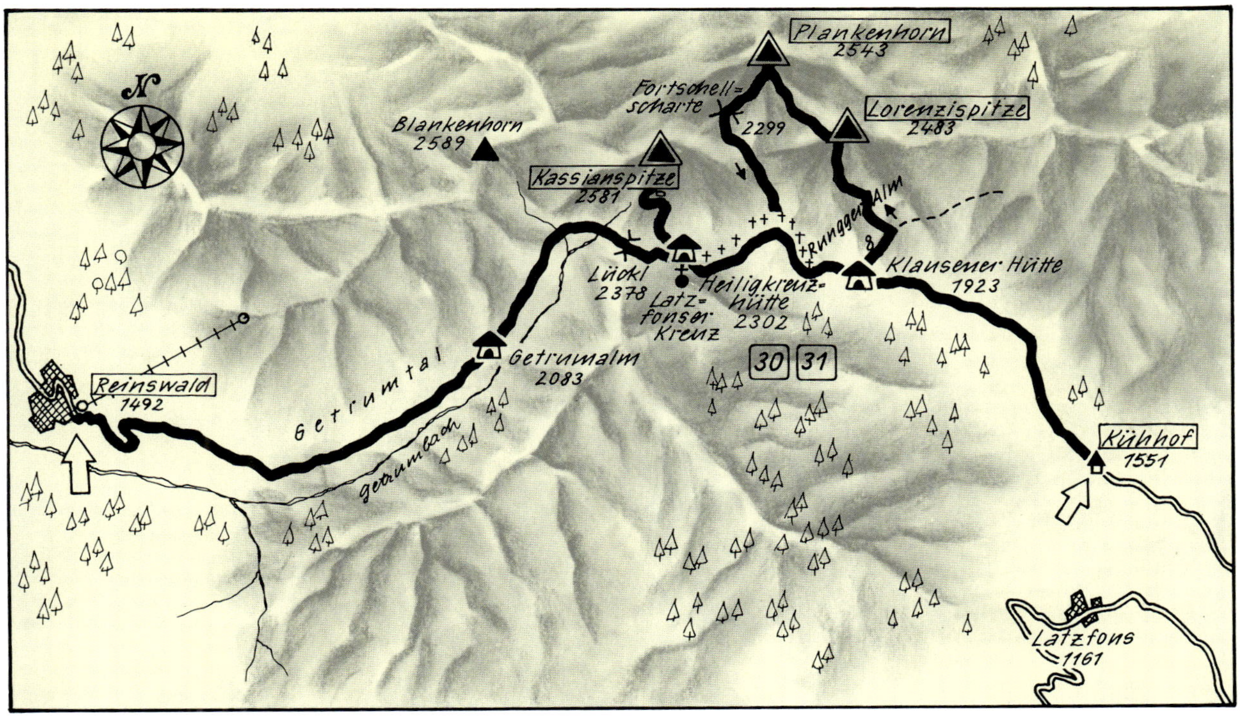

ihnen vorüber, dem Latzfonser Kreuz entgegen, wobei die Klausener Hütte lediglich als Verschnaufpause dient. Kein Wunder, denn die Gipfel fallen vom Wallfahrtsweg Latzfonser Kreuz so gut wie überhaupt nicht auf, erwecken den Anschein untergeordneter Graterhebungen im Radlseekamm, der an der Fortschellscharte beginnt und östlich zur Königsangerspitze (Tour 32) zieht. Lorenzispitze und Plankenhorn (Tour 31) machen sich lediglich zum Schalderertal hin bemerkbar, sogar recht markant, werden von dort aber nur vereinzelt besucht, die Lorenzispitze dann und wann über die gleichnamige Scharte östlich des Berges. Das Plankenhorn erhebt sich nordwestlich der Lorenzispitze. Seine Kuppe sieht öfter Wanderer: ¾stündiger Abstecher aus der Fortschellscharte. Erstbesteiger waren sicherlich Hirten oder Jäger. Oder gar Steinzeitmenschen, von deren Anwesenheit Funde in der Fortschellscharte sprechen.

Ausschlaggebend für den geringen Bekanntheitsgrad von Lorenzispitze und Plankenhorn – trotz fantastischer Dolomitensicht – dürften in erster Linie die Nähe der zugkräftigen Kassianspitze, des höchstgelegenen europäischen Wallfahrtsortes Latzfonser Kreuz sowie das vielbeachtete Tourengebiet um die Radlseehütte sein.

Beinahe wäre Kompatsch (Klausener Hütte) Pilgerstätte geworden: Als die Latzfonser im Jahre 1700 ihren »Schwarzen Herrgott« aus der Totenkapelle zur Abwendung böser Unwetter auf die Höhen trugen, sahen sie als Standort auch Kompatsch vor. Doch der Herrgott habe dort den Kopf geschüttelt, ebenso an der Rungger-Saltner-Hütte. Erst mit der heutigen Stelle war der Gekreuzigte einverstanden... Die Klausener Hütte entstand 1909 unter der Alpenvereinssektion Klausen als Umbau einer Almhütte, wurde 1922 vom italienischen Staat enteignet und ist seitdem Besitz des Club Alpino Italiano beziehungsweise dessen Sektion Bozen.

Über die Klausener Hütte

Vom *Kühhof* (1551 m) dem breiten Almgüterfahrweg folgen, durch Wald und über Wiesen, in 1¼ Stunden zur *Klausener Hütte* (1923 m). Auf der Ostseite des Schutzhauses bergan mit Markierung 8, schwach rechtshaltend durch einen lichten Waldgürtel, über die Baumgrenze hinaus und in Richtung der deutlich eingekerbten Lorenzischarte im Nordosten. Nach 20 Minuten, unmittelbar vor einem Bächlein, verläßt man die markierte Spur links und folgt dem Bächlein weglos durch Wiesen nordwärts in 5 Minuten zu einem hölzernen Brunnentrog. Hier schwach rechts halten in eine beiderseits von Geröllfeldern gesäumte Mulde in Fallinie des Gipfels der Lorenzispitze.

Etwa 40 Minuten nach der Klausener Hütte stößt man auf den querverlaufenden Weg 7 und 5. Auf ihm links, 10 Minuten, zum zweiten stumpfen Rücken, von dem sich erstmals das Latzfonser-Kreuz-Kirchlein zeigt. Rechts vom Weg ab, nun wieder weglos durch die Mulde ansteigen in Richtung des zunächst noch sichtbaren Gipfelkreuzes. Man steuert einen auffallenden, einzelnen Felsblock an. Hernach rechts eines schmalen Schuttfeldes, jetzt steiler, durch den felsbesetzten Grashang, der sich nach oben hin zusammenschnürt. Am Ende der felsigen Kuppe erscheint abermals das Kreuz. In eine schwach ausgeprägte Einsattelung und am Südwestrücken aufwärts, bald mit Steigspuren am rechten Rand plattiger Felsen zum Kreuz (Buch) der *Lorenzispitze.* 1¾ Stunden von der Klausener Hütte.

Übergang zum Plankenhorn: Auf dem Herweg kurz zurück, dann rechts durch eine geröllgefüllte Mulde (Wegspuren) in 5 Minuten hinunter zu einem Tümpel am tiefsten Punkt (2398 m) zwischen Lorenzispitze und Plankenhorn. Gegenanstieg auf dem Rücken, links etwas unterhalb seiner grasig-felsigen Schneide. Etwa ¼ Stunde nach der Lorenzispitze beginnt der eigentliche Aufstieg: links um eine schrofige Kuppe herum und aus der nächsten Einsattelung weglos im Schutt- und Schrofengelände über den Südrücken zum Gipfel des *Plankenhorns.* Von der Lorenzispitze ½ Stunde.

Abstieg: Der Südwestrücken des Berges leitet uns in ½ Stunde zum Bildstock (in Form eines Baumstammes mit kleinem Kruzifix) der *Fortschellscharte* (2299 m). Südlich in das Hochtal des Plankenbaches. Wenige Minuten später, kurz nach dem Wegweiser, hält man sich an der Gabelung schwach halbrechts, ein Stück fast weglos über Gras. In den Alpenrosenbüscheln verstecken sich Schneehühner. Unentwegte Blicke auf Langkofel, Schlern, Rosengarten Latemar, ja bis zu den Palazacken.

Der Plankenbach wird überschritten. Und schon ½ Stunde nach dem Kreuz betritt man den breiten Querweg Klausener Hütte–Latzfonser Kreuz. Links, begleitet von den Stationen des 1982 eingeweihten

Ausblick von der Lorenzispitze westlich über die Fortschellscharte zur Ritzlarspitze und Kassianspitze (rechts, Tour 30).

Kreuzweges. Die Reliefs sind aus Zirbenholz geschnitzt und in Lärchensäulen gepflockt. Die Marmolada kommt ins Blickfeld, dann auch noch die Geislerspitzen. In 10 Minuten sind wir bei der *Rungger-Saltner-Hütte* (2042 m), und in weiteren 10 Minuten wieder drunten an der *Klausener Hütte,* wo die längst fällige Jause auf der aussichtsreichen Terrasse genossen wird. Vom Kühhof trennen uns nur mehr 50 Minuten.

Touristische Angaben

Talort: *Latzfons* (1161 m), Fraktion der Gemeinde Klausen im Eisacktal, erstmals um 1050 als »Lazefunes« erwähnt. Gasthöfe, Pensionen. Von Feldthurns 5,2 Kilometer (Busse), von Klausen durch das Thinnetal 8,5 Kilometer (Busse). *Sehenswert:* Pfarrkirche zum hl. Jakob, ursprünglich romanisch, gotisiert, 1857 verlängert, neugotisch eingerichtet. Granit-Taufwasserstein des 16. Jahrhunderts. An der Kanzel Bergpredigt-Holzrelief aus der Zeit um 1800. – Almabtrieb Mitte September (Volksfest).

Ausgangspunkt: *Kühhof* (1551 m), nördlich von Latzfons; Zufahrtssträßchen 4,5 Kilometer (3 km asphaltiert). Auch Kleinbus-Verbindungen ab Klausen, Feldthurns, Latzfons (Anfragen bei den Verkehrsämtern). Parkraum ist etwas oberhalb des Anwesens vorhanden.

Höhendifferenzen: Kühhof–Lorenzispitze 940 Meter. Übergang zum Plankenhorn 110 Meter. Insgesamt zu bewältigende Steigung: 1050 Meter.

Gehzeiten: Kühhof–Lorenzispitze 3 Stunden; Übergang zum Plankenhorn ½ Stunde; Abstieg 2¼ bis 2½ Stunden; insgesamt 5¾ bis 6 Stunden.

Karten: Mapgraphic Wanderkarte 1:25000, Blatt Brixen und Umgebung; Freytag & Berndt Wanderkarte 1:50000, Blatt S1 Bozen, Meran und Umgebung oder Blatt S4 Sterzing, Jaufenpaß, Brixen.

Gipfelaufbau der Lorenzispitze vom Anstieg ab der Klausener Hütte.

Tour 32

Königsangerspitze, 2436 m

Hausherr am Radlsee

> *Tagestouren.*
>
> *Die Wege zur Radlseehütte verlaufen größtenteils im Wald. Danach freies Gras- und Schrofengelände, auch etwas Fels.*
>
> *Unschwierig. Gipfelkamm stellenweise bei Nässe rutschig.*
>
> *Beste Jahreszeit: Ende Juni bis Herbst.*

Die Königsangerspitze bildet den östlichsten, alpin buchenswerten Ausläufer des 6 Kilometer langen *Radlseekammes.* Er beginnt in der Fortschellscharte, schwenkt an der Lorenzispitze in Ostrichtung ein, zum Eisacktal hin, und besteht aus Brixener Quarzphyllit: silbrig-seidig glänzender, blättriger, feinschuppiger, grünlich-grauer Tonglimmerschiefer, Quarz, Feldspat, Chlorit. Dieses gegen Verwitterung sehr empfindliche Gestein ist ursächlicher Grund für sanfte Bergformen und Almflächen; außerdem erweist es sich pflanzenwuchsfördernd. Am »Königsanger« (Volksmund) sind derartige Merkmale einwandfrei vorhanden. Seine West-Ost-Ausrichtung wird von gratähnlichen Rücken bestimmt, die nördlich ins Schaldererertal Felsbänke aufweisen. Der grasige Südrücken ist nur schwach gewölbt. Ältere Karten nennen den Gipfel »Angerberg«. Dem entspricht, abgeleitet, der italienische Name: Monte del Pascolo – Berg der Weiden –, was sich hauptsächlich südwestseitig mit den großräumigen Wiesen der Kühbergalm äußert.

Wann der »Anger« königlich wurde, konnte der Verfasser nicht erfahren. Wußten (oder ahnten) vielleicht gar schon die Alten von seiner prähistorischen Funktion als Brandopferplatz? Luis Oberrauch, fleißiger Bozener Vorzeitforscher, lokalisierte 1951 am Gipfel einen *Kultort* der Endbronzezeit (1000 bis 900 v. Chr.), am Übergang zur Eisenzeit. Das Brauchtum der Brandopferaltäre dürfte jedoch älter sein als die ausklingende Bronzezeit. Die gefundenen Tonscherben werden der »Laugener Kultur« zugeschrieben. Sie entwickelte sich wahrscheinlich im Trentino, basiert aber namentlich in der frühgeschichtlichen Seeufersiedlung Laugen auf der Hochfläche Natz-Elvas nordöstlich von Brixen. Laugener Keramik ist im Eisacktal zwischen Ritten und Sterzing nachgewiesen. Später erweiterte sich ihr Kreis bis Villach, Vorarlberg, Graubünden. So zählt die Königsangerspitze zu den

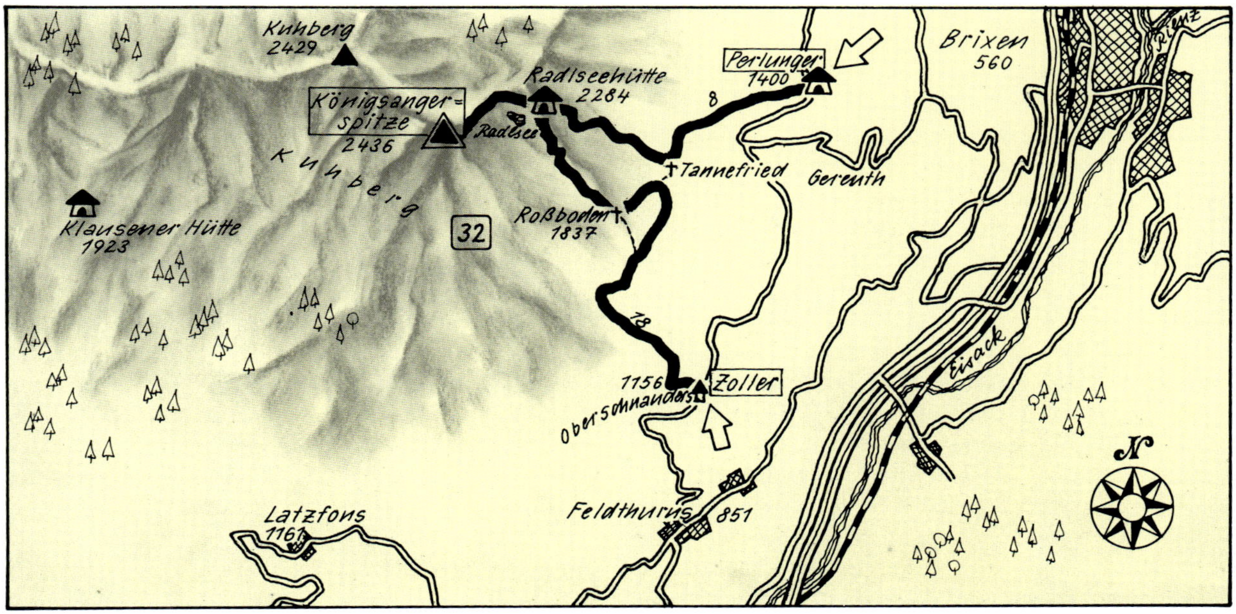

Radlseehütte, Radlsee und Königsangerspitze. Der Gipfelgang erfolgt von rechts über den Rücken.

höchstgelegenen, bisher bekannten Stätten dieser südalpinen Kulturgruppe. Auch Blumenfreunden bietet der Berg Ungewöhnliches: Im August und September blüht das Zwergseifenkraut (Saponária pumilio), was, bezogen auf das hier vorherrschende Gestein, eine Ausnahme in Südtirol darstellt.

Der Gipfelaufbau – 3000 Jahre menschliche Vergänglichkeit – findet sein Spiegelbild östlich im 200 Meter tiefer ruhenden *Radlsee.* Um das »Radl« zu erkennen, freilich optisch verzerrt, muß man an seinem südöstlichen Ufer stehen. Tatsächlich mißt das sagenumwobene, kristallklare Gewässer 130×60 Meter; schätzungsweise 8 bis 10 Meter tief, ohne Zu- und Abfluß. Mittels Hubschrauber hat man Regenbogenforellen, Bachsaiblinge und Elritzen (Pfrillen) eingesetzt.

Radlseehütte und Königsangerspitze – prächtiger als Fürstenlogen – sind bei trübem Wetter wie die Suppe ohne Salz, schlimmer noch, uniform farblos, trostlos. Nur Sonnenhimmel und blankgeputzter Horizont offenbaren das aus aller Munde gepriesene aufwendige Dolomiten-Panorama, wonnetrunkenes Schauen, dessentwegen allein schon die Radlseehütte regen Zustrom verspürt.

Zitta und Frowin Gietl, freundliche Pustertaler, sie gelernte Köchin, er Kunstschlosser und Ex-Rennrodelpilot, bewirtschafteten das Schutzhaus überm Radlsee 1989 in der 15. Saison. Mustergültig! Eigner ist seit dem Neubau 1956 die Südtiroler Alpenvereinssektion Brixen. Die Hütte steht an der Stelle einer 1912 eröffneten, im letzten Weltkrieg abgebrannten privaten Unterkunft. Ein Kreuz am üblichen Weg zur Hütte, kurz vor ihrem Erreichen, erzählt, daß an dieser Stelle am 31. Juli 1978, nach Mitternacht, Klaus Gietl, Sohn der Wirtsleute, unterm Sternenzelt das »Licht« der Welt erblickte. Sturzgeburt! Der Großvater nabelte seinen Enkel mit einem Bindfaden ab!

Der kürzeste Weg (ca. 3 Stunden) gipfelwärts nimmt seinen Ausgang beim *Perlungerhof* auf der Rodungsinsel Gereuth westlich von Brixen, die erstmals 1187 in einer Schenkungsurkunde an das Kloster Neustift erscheint. Eine »typisch nach nordischer Einstellung ausgerichtete Streusiedlung«, bemerkt der Brixener Heimatkundler Hans Fink. Für diesen Zugang habe ich eine kaum begangene, taugliche Variante entdeckt. Ungefähr ½ Stunde länger ist der Forstfahrweg vom Weiler *Oberschnauders* bei Feldthurns. Hingegen hat der fünfstündige Aufstieg von Bad Schalders ganz wenige Liebhaber.

Vom Perlungerhof

An der 1922 geweihten Perlungerkapelle links vorbei, kurz danach links halten, entlang an einem kunstvoll nach Väter Art gestalteten Holzzaun, streckenweise auf steingepflastertem Weg zu einem Forststräßchen (Natur-Rennrodelbahn). Dem Sträßchen links folgen. Nach insgesamt 20 Minuten an der Wegegabel halbrechts auf dem oberen Weg. Zehn Minuten später, wo sich das Forststräßchen rechts wendet (Rastbank), geht es geradeaus mit den Farbzeichen von Steig Nummer 8, gute 10 Minuten, dann links über den Bärengraben. Etwa 1 Stunde nach der Perlungerkapelle bietet eine Bank links des Weges schöne Ausblicke. Dann sind wir am Kreuz beim *Tannefried.* Knapp 1¼ Stunden.
Während nun die meisten Wanderer weiterlaufen zum nahen Fahrweg, biegt unsere Route unmittelbar vor dem Kreuz rechts ab auf schmaler Spur im Hangwald. Es folgt ein Flachstück mit wetterzerzausten Fichten. Rund ¾ Stunden oberhalb von Tannefried erwartet uns bei einer Almhütte (2030 m) ein hübscher Rastplatz mit Brunnen. 2 Stunden vom »Perlunger«. Vor der Hütte setzt sich der Weg rechts fort und führt nahe an den vermurten Bärengraben heran. Linkshaltend schräg durch den Alpenrosenhang ansteigen zu einem Rücken, über den das Schotterweglein auf die Kammhöhe leitet. Sie wird unweit eines 1985 erstellten Kreuzes, in das ein Marienbildstock integriert ist, erreicht. Augenblicke danach zeigt sich die *Radlseehütte,* zu der es nur mehr etliche Minuten sind. Vom »Perlunger« knapp 2½ Stunden.
An der Westseite der Hütte lenkt uns Markierung 7 nordwestlich durch den Hang überm Radlsee in eine Scharte am Nordostkamm der *Königsangerspitze.* Links, den ersten Aufschwung links umgehen, über eine Kuppe in einen Sattel und empor zum Kreuz. Ab der Hütte 35 Minuten.
Für den *Abstieg* empfiehlt sich von der Radlseehütte der gewöhnliche Zugang (Markierung 8), vorbei am »Gietl-Kreuz« in 20 Minuten zum Fahrweg (Materialseilbahn). Nach weiteren 20 Minuten, ein Stück nach dem *Roßbodenkreuz* (1837 m), wird der Fahrweg in einer Rechtskurve links zum Tannefried verlassen.

Von Oberschnauders

In Oberschnauders, vom Parkplatz beim *Zollerhof,* rechtshaltend (nördlich) auf dem Forstfahrsträßchen ansteigen. Nach etwa 1½ Stunden zweigt links der alte Hüttenweg ab, während Markierung 18 auf dem Fahrweg bleibt, durch die Wälder des Bleiberges. Nahe des Waldkreuzes Tannefried folgt man der Linkskurve in 20 Minuten zum *Roßbodenkreuz* (1837 m). Links breiten sich die Kompatschwiesen aus. Nach ½ Stunde sind wir bei der Materialseilbahn. Etwa 5 Minuten später steht am Wanderpfad das »Gietl-Kreuz«. Die obersten Zirben bleiben zurück. Das Kreuz der Königsangerspitze taucht auf. Um einen Geländerükken herum zu der erst jetzt sichtbar werdenden *Radlseehütte* (2284 m). Abschließend wie vorher beschrieben in 35 Minuten zum Gipfel. Von Oberschnauders etwa 3½ Stunden.

Touristische Angaben

Talorte: *Perlungerhof* (1400 m) auf Gereuth. Von Brixen asphaltierte Straße (9 km) über Tils. Parkraum etwas unterhalb des Anwesens bei der Perlungerkapelle. – *Oberschnauders* (1156 m), Weiler oberhalb von Schnauders (1,2 km), einer Fraktion von Feldthurns. Parkplatz beim Zollerhof beziehungsweise am Waldrand, 2,1 Kilometer von Schnauders. *Sehenswert:* Schloß in Feldthurns, Führungen um 10.00, 11.00, 14.30, 15.30 Uhr; Montag geschlossen. In Feldthurns (Tanzgasse) stießen Bauarbeiter 1986 auf eine 4000 Jahre alte Steinplatte (Menhir-Bruchstück) mit magisch-kultischen Zeichen.
Höhendifferenzen: Perlungerhof–Gipfel 1100 Meter; Oberschnauders–Gipfel 1300 Meter.
Gehzeiten: Perlungerhof–Gipfel 3 Stunden; Oberschnauders–Gipfel 3½ Stunden.
Zwischenstation: *Radlseehütte* (2284 m), AVS-Sektion Brixen. Bewirtschaftet von Ende Mai bis Ende Oktober (einschließlich Allerheiligen), 50 Schlafplätze. Tel. 0472/45230.
Karten: Mapgraphic Wanderkarte 1:25000, Blatt Brixen und Umgebung; Freytag & Berndt Wanderkarte 1:50000, Blatt S4 Sterzing, Jaufenpaß, Brixen.

Tour 33

Tagewaldhorn, 2708 m

Vom Durnholzer See etwas mehr als vier Stunden

> *Ein- bis Zweitagestouren.*
>
> *Breite Wege zur Flaggerschartenhütte, aus dem Eisacktal halbwegs schattig. Ab der Hütte Geröll- und Felsgelände; markiert.*
>
> *Unschwierig. Trittsicherheit und Schwindelfreiheit am Gipfelgrat notwendig. Stellenweise Drahtseile.*
>
> *Beste Jahreszeit: Mitte Juli bis Herbst.*

Über den hintersten Karmulden des Tramintales, des Puntleidertales und des Flaggertales schwingt sich das Tagewaldhorn als einer der höchsten und begehrtesten Sarntaler Gipfel auf. Sein Massiv kapselt sich von der Umgebung ab durch drei Scharten: Traminscharte, Gaisscharte, Hörtlahnerscharte. Zwischen letzterer und der Spitze erhebt sich noch die auf manchen Karten unberücksichtigte Traminspitze (2646 m).

Am zugkräftigsten – als Horn – zeigt sich der Berg von Südwesten, vom terrassenähnlichen Rücken oberhalb des seichten, dreieckigen Flaggersees, am Normalweg. Er ist bis zum Ostgrat einzusehen: lange, vorerst mäßig ansteigende Traverse in den Geröllhalden der Südflanke. Während dieser Querung löst sich für den Betrachter die Horngestalt auf. Ihre Formen versinken in flächige Mittelmäßigkeit. Sie werden erst wieder beim schmiedeeisernen Gipfelkreuz offenkundig, bestürzend ersichtlich am Knotenpunkt dreier Grate, über der 400 Meter hohen Nordwand, die der Bozener Felsmeister Hans Kiene am 12. Juli 1931 mit Gefährten eroberte. »Schutthaufen« lästerten Eingeweihte. Und auch der Nürnberger Tobias Sigler, am 9. August 1980 ebenfalls auf neuer Route erfolgreich, schimpfte über den Bruch.

Als erster erklomm Julius Pock das Tagewaldhorn. Am 12. August 1885. Seinerzeit reiste man »mit dem feurigen Dampfross über den Brenner«, schrieb der Innsbrucker. Die Tour begann in *Mittewald* am Bahnhof, auf einem uralten Wallfahrerpfad durch das Flag-

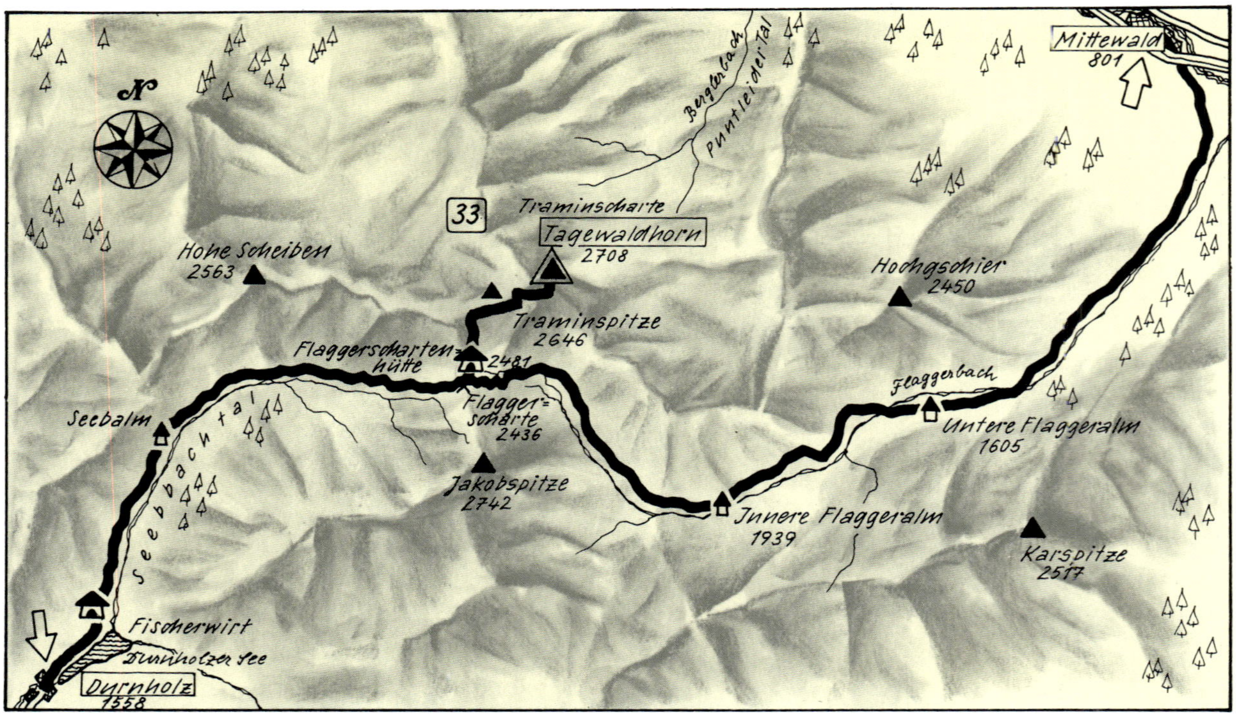

gertal. Ich bin seinen Spuren einmal gefolgt, im Herbst 1985, als verheerende Unwetter die Talschaften mit Muren überschwemmt, Wege unterspült und fortgerissen haben. Das Vieh konnte nur unter Schwierigkeiten von den Almen abgetrieben werden. Ab Mittewald sind es 7½ Stunden auf das Tagewaldhorn. In unbeschadeter Natur, vorbei an Felsklammen, über den wunderbaren Hochtalboden der Inneren Flaggeralm. Absolute Stille! Selbst an schönen Wochenenden im Herbst, wenn es um die Flaggerschartenhütte quirlt von Menschen, kann man die Wanderer aus dem Flaggertal an den Fingern einer Hand zählen.

Der Anmarsch vom *Durnholzer See* ist halt fast um die Hälfte kürzer – 750 Höhenmeter weniger, den Abstieg zugerechnet sogar 1500 Meter. Beide Wege vereinen sich an der Flaggerschartenhütte, holen dort zum Gipfelgang aus. Es war das letzte, vor dem Ersten Weltkrieg im südlichen Tirol vollendete Alpenvereinsschutzhaus. Die deutschen Sektionen Marburg/Lahn und Siegerland finanzierten den Bau. Deshalb der Name »Marburg-Siegener-Hütte«, offiziell jedoch *Flaggerschartenhütte* – Rifugio Forcella Vallaga – der CAI-Sektion Franzensfeste, seit 1975.

Vom Durnholzer See

Von den Parkplätzen in 5 Minuten hinauf zu dem 1980 unter Naturschutz gestellten Durnholzer See (1545 m), in dem Tiefen bis 13 Meter gelotet wurden. Am westlichen Ufer in 10 Minuten zum Gasthaus *Fischerwirt.* Kurz danach geradeaus (Wegweiser, Markierung 16) auf dem Forstweg am Seebach entlang, rechts über den Bach und an der folgenden Rechtskurve (1608 m) geradeaus ins Seebachtal. Vom Ende des Fahrweges halblinks und durch die Almhänge zunächst nordöstlich, dann östlich, zuletzt kehrenreich hinauf in die *Flaggerscharte* (2436 m), aus der rechts die Jakobspitze ansteigt. Links in guten 5 Minuten zur *Flaggerschartenhütte* (2481 m, 2¾ Stunden).

Rechts oberhalb des *Flaggersees* in knapp 10 Minu-

Etwas oberhalb der Flaggerschartenhütte ist der Normalweg auf das Tagewaldhorn weitgehend einzusehen.

ten auf einen flachen Rücken. Jenseits absteigen etwa 30 Meter über eine drahtseilgesicherte Felsrampe. An ihrem Ende nicht links (zur Hörtlahnerscharte), sondern rechts auf der unteren Spur (Markierung 14a). Sie ist passabel ausgetreten und durchmißt die Geröllhänge in der Tagewaldhorn-Südflanke zu einer Geländerippe. Weiter im Geröll queren, dann links mühsam hoch. Unterhalb eines riesigen Blockes rechtshaltend empor zu einem Schärtchen im Ostgrat. Am Gratrücken links, einem Felszacken links ausweichen (Drahtseil) und zum eigentlichen Gipfelaufschwung, der uns am Kreuz abliefert. Insgesamt 4¼ Stunden.

Aus dem Eisacktal

In *Mittewald* (801 m) vom Haupteingang der Kirche auf der Mühlstraße südwärts, durch die Eisenbahnunterführung und links zum Haus Nummer 9; beschränkter Parkraum. Rechts ins waldbestandene Flaggertal: Markierung 16. Nach etwa 1½ Stunden wird die halbverfallene *Untere Flaggeralm* (1605 m) passiert. Es folgt ein luftiges Wegstück über dem wilden Flaggerbach. Danach über einen Hochtalboden und hinauf zum Möslboden. Jenseits des Baches steht die *Innere Flaggeralm* (1939 m). Von Mittewald 3 Stunden.
Weiter ansteigen, durch eine kurze Klamm, vorbei an der verfallenen Roßalm (2050 m, auch Schafalm) und in 40 Minuten zum Sulzboden, wo der Flaggerbach überschritten wird. Nun windet sich das Weglein schwach linkshaltend den Hang empor in eine weite Geröllmulde. Schließlich vor der Flaggerscharte rechts zur *Flaggerschartenhütte* (2481 m). Jetzt wie beim Weg vom Durnholzer See in etwa 1½ Stunden auf den Gipfel.

Touristische Angaben

Talorte: *Durnholz* (1558 m) im hintersten Durnholzer Tal, im Hang westlich des Durnholzer Sees. Zwei Gasthof-Pensionen. Parkplätze etwa 5 Minuten vor dem Ort, 10,5 Kilometer von Astfeld/Sarntal. Bushaltestelle am See. *Sehenswert:* Pfarrkirche St. Nikolaus, ursprünglich romanisch, heutige Gestalt spät-

Rückblick vom Weg zum Tagewaldhorn auf Flaggerschartenhütte und See; dahinter die Jakobspitze.

Aussicht vom Tagewaldhorn nach Nordwesten ins Tramintal. Im Hintergrund Teile der Stubaier Alpen (Mitte Sonklarspitze und Wilder Freiger, rechts die Tribulaune).

gotisch. Großartiger Freskoschmuck auf annähernd 150 Quadratmeter aus dem frühen 15. Jahrhundert, teilweise erst 1986 freigelegt.
Mittewald (801 m), Fraktion von Franzensfeste im Eisacktal. Gasthäuser. Busverbindungen. Personenzug-Haltestelle. Wanderwege-Übersichtstafel bei der Kirche. *Sehenswert:* Pfarrkirche St. Martin, 1473 geweiht, Neubau 1833 vollendet. Altarbilder (u.a. Tod des hl. Martinus) des Pustertalers Josef Renzler, 1834.
Höhendifferenzen: Durnholzer See–Gipfel 1180 Meter; Mittewald–Gipfel 1920 Meter.
Gehzeiten: Durnholzer See–Gipfel etwa 4¼ Stunden; Mittewald–Gipfel etwa 7½ Stunden.
Zwischenstation: *Flaggerschartenhütte* (2481 m) am Flaggersee südwestlich des Tagewaldhorns. CAI-Sektion Franzensfeste. Bewirtschaftet von Anfang Juli bis Ende September. 18 Betten, 16 Matratzenlager. Tel. 0472/23562.
Karten: Mapgraphic Wanderkarte 1:33000, Blatt Sarntaler Alpen (hauptsächlich für Aufstieg ab Durnholzer See); Freytag & Berndt Wanderkarte 1:50000, Blatt S4 Sterzing, Jaufenpaß, Brixen.

Tour 34

Tatschspitze, 2526 m

Alternative zum Weißhorn

Stramme Halbtagestour.

Schattenlose, markierte Kammpfade durch steile Grashänge. Hinter dem Niedereck in der Westflanke stellenweise weglos.

Unschwierig. Trittsicherheit empfehlenswert, besonders an der Niedereck-Traverse, bei Schnee oder Vereisung (oftmals frühmorgens!) gefährlich. Nebel kann am Gipfelaufbau Orientierungsprobleme hervorrufen.

Beste Jahreszeit: Juli bis Spätherbst.

»Schien« sei »der Tatsch«, rät mir ein Sterzinger. Mit schön meint er ohne Einschränkung die Aussicht von der Tatschspitze: unvergleichlich. Wegen seiner verhältnismäßig vorgeschobenen Lage ins obere Eisacktal bietet der Gipfel eine grandiose Plattform auf die im Nordosten, jenseits des Eisack um Gunst buhlenden Pfunderer Berge, über deren Häupter die Eisgiganten des Zillertaler Hauptkammes glänzen. Die bei Einheimischen gängige Anrede »der Tatsch« läßt sich damit erklären, daß man ihn früher (rätoromanisch) »den Montatsch« nannte. Es bedeutet »schlechter Berg«, wohl bezogen auf das lockere Gestein.

Die Tatschspitze ist sozusagen verlängerter Arm des vom Schultergelenk Penser Joch ostwärts streichenden Kammes Astenberg–Niedereck. Ihr mächtiger Granitstock bildet den nördlichsten Eckpfeiler des Sarntaler Ostkammes, der hier in Südrichtung, über verwunschene ruinenhafte Felsgestalten zum Tagewaldhorn hin einschwenkt. Dem flachen Südgipfel, bei dem es vernünftige Wanderer belassen, sind nördlich zwei markante Zacken angegliedert, zum Verwechseln – nur kleiner – mit den berühmten Schlernzacken Santnerspitze und Euringerspitze. Dieses Gebilde vermittelt die Nordrampe der Penser-Joch-Straße ziemlich weit oben, etwa in Höhe der Berglalm. Verflochten mit dem plateauähnlichen Gipfelrücken, ergibt sich ein Mini-Schlern. Nordgipfel und Südgipfel sind durch eine tiefe, bröcklige Einschartung getrennt. Von Norden, aus dem Eggertal, kletterte 1880 erstmals Julius Pock zum Gipfel. »Ich mußte es mir selbst gestehen, daß es mir ein zweitesmal nicht gelingen dürfte, vielleicht auch einem Anderen nicht«, warnte der Innsbrucker Erschließer. Pock ließ wissen, es gäbe im Sarntalrund »nicht eine einzige Spitze von Bedeutung…, deren Scheitel mein Fuß nicht schon betreten hatte.« Damals, 1888, bezeichnete lediglich ein »verwittertes Kreuz« das *Penser Joch.* Seit 1969 ist die Militärstraße der dreißiger Jahre zwischen Sterzing und dem Sarntal durchgehend asphaltiert. Im »Alpenrosenhof« genießt der Gast trotz zeitweiligem Massenandrang behagliche Atmosphäre sowie preiswürdige Leistung.

Am Penser Joch begeistern unübersehbar im Südwesten die Kanten des Weißhorns, heben es heraus und räumen ihm in den Augen des Beschauers Vorrang

Am Gipfel der Tatschspitze.

An der Querung des Niederecks zum Gipfelaufbau der Tatschspitze.

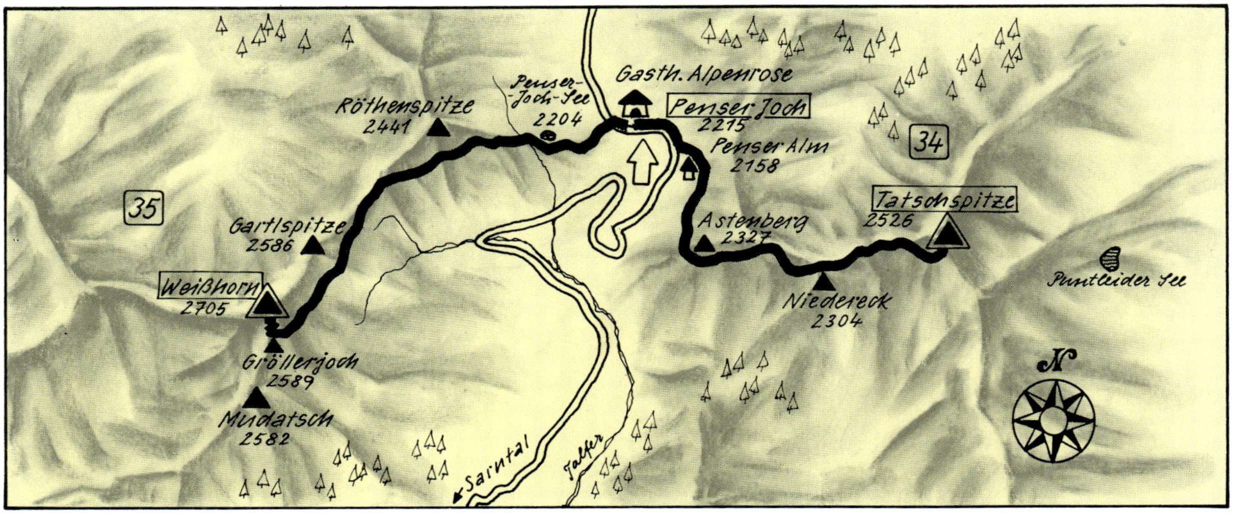

ein. Allerdings ist das Weißhorn schwieriger als die Tatschspitze. Deshalb dieses Ausweichprogramm, jedoch kein Lückenbüßer. Damit würde man der Tatschspitze unrecht tun.

Vom Penser Joch

Zunächst auf der Straße 10 Minuten abwärts in Richtung Sarntal. Bei der *Penser Alm* (2158 m) die Straße links verlassen und nun Wegnummer 14a folgen. Am Almgebäude rechts vorbei zu einem kleinen Kreuz. Geradeaus den Hang hoch, dann rechts halten, die Ostflanken des Astenberges queren, später links in das Tal des Traminbaches einbiegen. Auf schmaler Spur durch die Grashänge. Dem Verfasser lief hier eine »Höllenotter« über den Weg, eine schwarze Abart der Kreuzotter.
Etwa 1 Stunde nach dem Penser Joch erreicht man den Nordwestrücken des Niederecks. Südwestlich sind die Höfe von Asten und Pens zu sehen. Auf schmalem, stellenweise abschüssigem Pfad die Niedereck-Nordflanke queren, 5 Minuten, zum Nordostrücken der Erhebung. Ab Penser Joch etwa 1¼ Stunden.
Vom Wegweiser schwach links halten über grasige, felsbesetzte Böden in ¼ Stunde zum Aufschwung der breiten Westflanke. Rot-weiß gestrichene Holzpflöcke und Farbzeichen auf Steinen erklären die Route. Links einer Felsblockzone leiten Steigspuren empor in einen schwach ausgeprägten Sattel des felsigen Gipfelkammes und zum nahen Kreuz.

Touristische Angaben

Ausgangspunkt: *Penser Joch* (2215 m), Paßhöhe der Staatsstraße 508 Sterzing–Sarntal. Von Sterzing 16,5 Kilometer, von Bozen 47 Kilometer. Vom 11. Juli bis 13. September Busverbindungen mit dem Sarntal. Parkplätze. *Gasthaus Alpenrosenhof,* bewirtschaftet von Mitte Mai bis Ende Oktober, 19 Betten. Tel. 0472/67170. Einige Minuten östlich des Gasthauses Aussichtsplatz.
Höhendifferenz: Etwa 400 Meter (infolge von einigem Auf und Ab).
Gehzeit: Penser Joch–Gipfel 2½ Stunden.
Karten: Mapgraphic Wanderkarte 1:33000, Blatt Sarntaler Alpen (nur Gebiet zwischen Penser Joch und Tatschspitze); Freytag & Berndt Wanderkarte 1:50000, Blatt S4 Sterzing, Jaufenpaß, Brixen; Kompass Wanderkarte 1:50000, Blatt 56 Brixen.

Tour 35

Weißhorn, 2705 m

Sarntaler Matterhorn

Tagestour.

Bis ins Gröllerjoch Höhenwanderung auf markierten Wegen. Hernach Schrofen und Fels. Kein Schatten.

Nur für Geübte. Am Gipfelaufbau stellenweise leichte Kletterei; Drahtseilsicherungen an drei Passagen. Im Falle von Schnee oder Eis gefährlich. Schon bei Nässe Komplikationen, was sich meist erst im Abstieg bemerkbar macht. Bei Nebel schwierige Orientierung.

Beste Jahreszeit: Mitte Juli bis September.

Profil sowie weiße Kalkfelseinschübe in der unteren Hälfte des Stockes haben dem Weißhorn seinen Namen verliehen. Um es von anderen Südtiroler Weißhörnern – zum Beispiel dem Eggentaler oder dem Aldeiner – zu unterscheiden, heißt es offiziell *Sarntaler Weißhorn.* Hier wird es zum Sarntaler Matterhorn geadelt. Obwohl diese Auszeichnung gerne leichtfertig und nicht selten deplaciert auf andere, ähnliche Berge glorifizierend übertragen wird, erlaube ich mir an der schneidigen Gneispyramide einen Vergleich mit dem »Löwen von Zermatt«. Bei der Ansicht vom Penser Joch zeichnet sich nämlich in den Konturen des Südrückens – wirkungsvollste der nördlichen Sarntaler Alpen – ein der »Furggennase« am Furggengrat des Matterhorns verwandter Höcker ab. Desgleichen schwebt einem rechts des Gipfels der Zmuttgrat vor, ohne der Fantasie völlig freien Lauf zu gewähren. Allerdings salutiert das Weißhorn nur nach Osten und Nordosten in typischer Manier. Es mangelt ihm natürlich auch an Höhe, vergleichsweise. Kurzum: ein Matterhorn im Westentaschenformat!
Nördlich, im Jaufental, ist kein Aufkommen von Schlankheit festzustellen, weshalb – auch angesichts der Höhenunterschiede (1400 Meter) – der Anstieg im unendlich stillen Tal des Ontrattbaches wenige Verehrer findet. Ebenso das Oberbergtal im Nordwesten.

Der markante Spitz des Sarntaler Weißhorns von Osten.

Streckenmäßig bilden mehr als drei Viertel unserer Tour einen ausgesprochenen Höhenpfad, praktisch bis ins Gröllerjoch vor dem Bergleib – rund 4 Kilometer Luftlinie vom Penser Joch. Dann ist's vorbei mit Schlendrian. Keine Angst! Jeder halbwegs trainierte Bergsteiger schafft die letzte halbe Stunde zum kunstvoll geschmiedeten Kreuz. Über die Aussicht erspare ich mir weiteres Lob, denn der »Hochtourist« (Band IV), erstes grundlegendes ostalpines Führerwerk, schwelgte schon 1926 in Superlativen: »... eine der schönsten in Tirol.« 100 Jahre vorher, 1822, standen A. Siegl und C. Wechner als erste Menschen auf dem Gipfel.

Vom Penser Joch

Am Bildstock auf der Paßhöhe vorbei, mit Markierung 12 zum *Kleinen-Penser-Joch-See* (2204 m), im Sarntal »Astner Lacke« genannt. Schwach rechtshaltend hinauf zum Kamm Gänsekragen–Röthenspitze, an dem man kurz rechts in die Nordseite überwechselt. Anschließend durch die steile Röthenspitze-Südostflanke (rötlich-braune Felswand) und – eine ausgesetzte Passage – in die Hochkarmulde »Steinwand«. Entweder durch Blockwerk zu den beiden Steinwandseen hinab oder (besser) ohne Höhenverlust die Seen rechts oberhalb umgehen, südwestlich im Geröll auf Steigspuren zur Hochkarmulde unter dem Gröllerjoch. Weiter über einen Rücken bergan, durch Mulden (Schneereste!), einen Markierungsfelsblock passieren und ins *Gröllerjoch* (2589 m, 2 Stunden).

Rechts (nördlich) in felsigem Terrain den Farbzeichen folgen, mit Steigspuren aufwärts, die Rinne rechts queren und im Zickzack, teilweise ausgesetzt, an

Das Weißhorn von Osten, von der Penser-Joch-Straße aus gesehen, mit dem Normalweg.

einem Marterl vorbei, dann vollends hoch zum Gipfelgrat und über ihn zum Endpunkt.

Touristische Angaben

Ausgangspunkt: *Penser Joch* (2215 m), Paßhöhe der Staatsstraße 508 Sterzing–Sarntal. Von Sterzing 16,5 Kilometer, von Bozen 47 Kilometer. Busverbindungen mit dem Sarntal von Mitte Juli bis Mitte September. Parkplätze. *Gasthaus Alpenrosenhof,* bewirtschaftet von Mitte Mai bis Ende Oktober, 19 Betten. Tel. 0472/67170. Einige Minuten östlich des Gasthauses Aussichtsplatz.
Höhendifferenz: Etwa 550 Meter.
Gehzeit: Penser Joch–Gipfel 2½ bis 2¾ Stunden.
Karten: Mapgraphic Wanderkarte 1:33000, Blatt Sarntaler Alpen (nur Gebiet zwischen Penser Joch und Weißhorn); Freytag & Berndt Wanderkarte 1:50000, Blatt S4 Sterzing, Jaufenpaß, Brixen.

Tour 36

Telfer Weißen, 2588 m

Nordwestlich von Sterzing

Tagestour.

Von Almwiesen ins Felsgelände. Markierte Wege und Pfade; kein Schatten.

Unschwierig, sofern man auf dem Vorgipfel bleibt. Der Übergang (Altschneereste) zum Hauptgipfel erfordert leichte Kletterei; Drahtseil. Für den Grat Roßkopf–Telfer Weißen sind absolute Trittsicherheit und Schwindelfreiheit Voraussetzung; bei Nässe sehr gefährlich.

Beste Jahreszeit: Juli bis Spätherbst.

Der *Aglskamm* der Stubaier Alpen zweigt bei den Feuersteinen, genauer gesagt in der Magdeburger

Scharte südöstlich vom Tribulaunkamm ab. Er ist um Algsspitze und Lorenzspitze gletscherummantelt, verliert danach als Scheide von Pflerschtal und Ridnauntal ständig an Höhe und läuft mit dem Roßkopf im Eisacktal bei Sterzing aus. Die Popularität seiner Gipfel nimmt zu, je mehr sich der Kamm dem Fuggerstädtchen nähert. Abgesehen vom harmlosen, in der Ostflanke durch Skilifte und Seilbahn geschädigten Grasberg Roßkopf, stehen die Telfer Weißen im Rufe eines vorrangigen Zieles: aussichtsreicher als der Roßkopf, zwar etwas länger, jedoch im Verlauf abwechslungsreicher und in heiler Umwelt.

Markenzeichen der Telfer Weißen sind ihre weithin leuchtenden, namengebenden hellen Gipfelzacken aus weißgrauem Kalk beziehungsweise Trias-Dolomit, hier in einer Mächtigkeit von 150 bis 200 Metern, auf der Nordseite stärker als auf der Südseite. Das Grundgebirge bildet kristalliner Gneis. An den Berührungsstellen von Urgestein und Kalk sind Bergkristalle zu finden. Entsprechend der Gesteinsschichtung weist auch das Pflanzenkleid belehrende Vielfalt auf, vornehmlich an den Kontaktzonen. In den Südwesthängen des Berges weiß man aus dem Verleihbuch des Berggerichts Sterzing von einem Silber- und Bleibergwerk. Es wurde vermutlich im späten 15. Jahrhundert erschlossen, im letzten Viertel des 18. Jahrhunderts aufgelassen. Die »Mundlöcher« der beiden Stolleneingänge vereinigen sich zum »St.-Barbara-Stollen« entlang einer Erzader. Anfangs sei der Silbergewinn sehr ertragreich gewesen, wird überliefert. Und eine Sage erzählt, die Knappen hätten sich ihre Schuhe im Reichtum mit Silbernägeln beschlagen... Heute sieht man auf den Gesteinshalden hin und wieder Mineraliensucher herumkriechen. Der Abtransport des Erzes in Ochsenkarren nach Gossensaß erfolgte auf dem »Oberen Erzweg« (im Gegensatz zum »Unteren Erzweg«, der Ridnauner Talstraße). Seine Trasse entspricht einem Teilstück des Rid-

Der Verbindungsgrat Roßkopf – Telfer Weißen von Süden. Hinter dem Verbindungkamm spitzen Gipfel der Schleyerwand hervor.

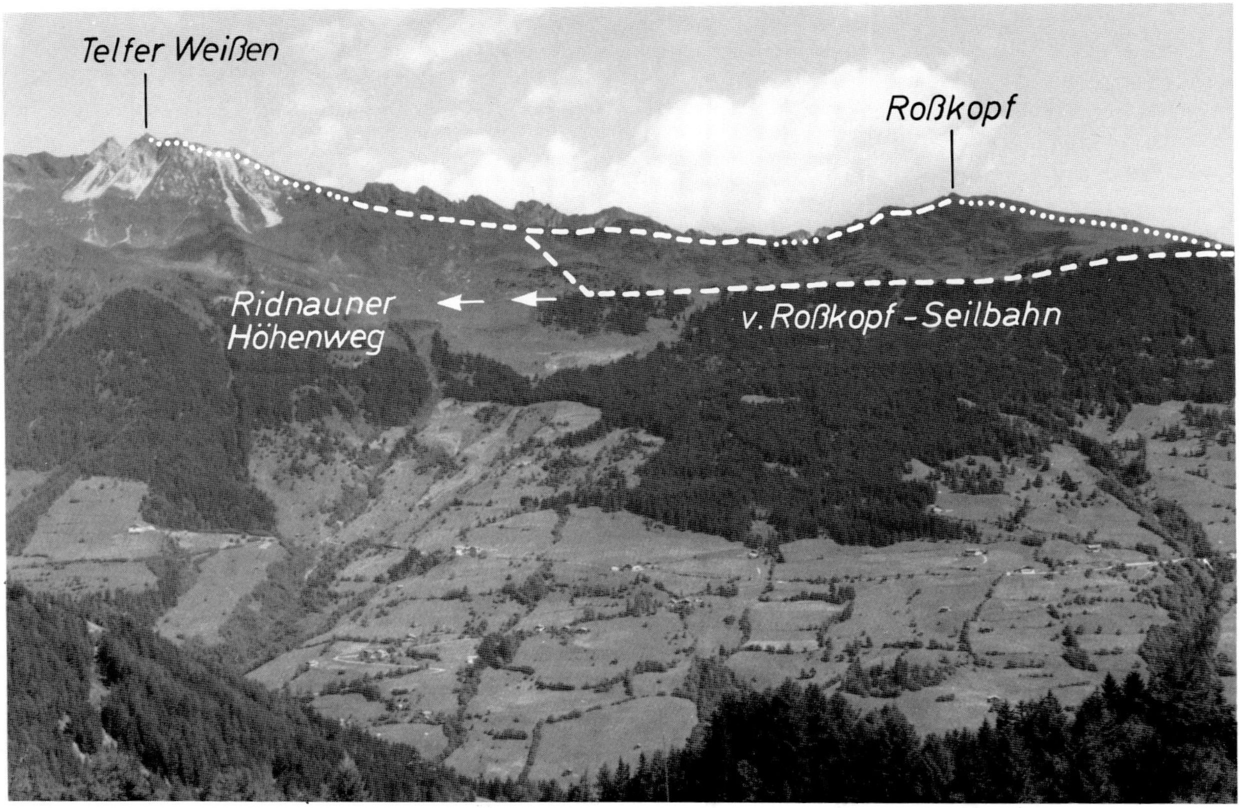

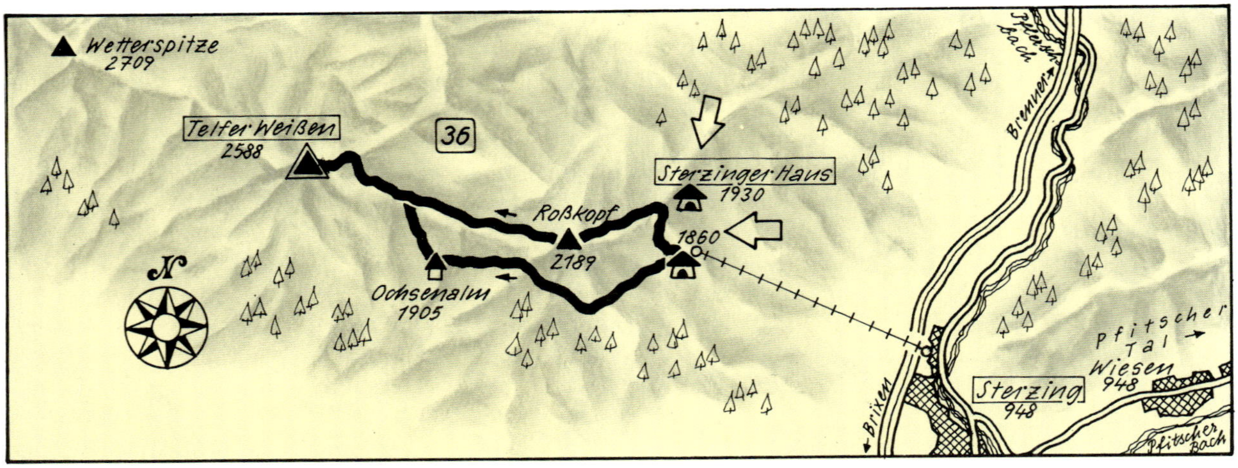

nauner Höhenweges zwischen Roßkopf-Seilbahn und Prischeralm.

Der *Ridnauner Höhenweg* (siehe Trenker/Dumler »Die schönsten Höhenwege in Südtirol«) bildet den Auftakt des Normalweges bis kurz hinter die Ochsenalm. Der fast ebenen Querung schließt sich die Steigung an, zunächst an den Verbindungskamm Roßkopf–Telfer Weißen, dann vollends auf den Ostgipfel. Größere Ansprüche stellt der etwa 2,5 Kilometer lange Grat ab Roßkopfkreuz westlich zu Punkt 2331, an dem die übliche Route mündet. Vom Roßkopf sind die Wellenlinien dieser streckenweise scharfen Schneide instruktiv überschaubar. Allerdings täuscht die Entfernung über die tatsächliche Strecke hinweg, erscheint kürzer, weil eine Erhebung die andere ablöst, unterbrochen durch mehr oder weniger eingekerbte Scharten: stetes Auf und Ab mit den damit verbundenen Höheneinbußen. Die auf den Karten eingezeichneten Ausweichmöglichkeiten ins Vallmingtal konnte der Autor nirgendwo als solche erkennen. Gleich unter dem Roßkopfgipfel hemmt die erste »Teststelle«: kurzer, exponierter Abstieg. Fehltritte oder Stolpern kann verhängnisvoll sein! Wer hier schon Wankelmut spürt, sollte rechtzeitig umkehren. Angemessene Sicherheit macht indes die Tour zum luftigen Erlebnis über dem Vallmingtal mit dem kleinen Almdorf der Vallmingalm. Nördlich der Schleyerwand gucken die klotzigen Tribulaune hervor. Im Süden, 1000 Meter tiefer, erstreckt sich die Sohle des 15 Kilometer langen Ridnauntales.

Normalweg

Von der *Roßkopf-Seilbahnstation* (1860 m) ansteigen zum nahen, querverlaufenden Almgüterfahrweg; hierher auch vom Sterzinger Haus in 10 Minuten. Dem breiten Weg links folgen in etwa ¾ Stunden zur Kuhalm. Nun auf dem oberen Weg. Etwa 10 Minuten später unweit der im Sommer einfach bewirtschafteten *Ochsenalm* (1905 m) vorbei. Nach 5 Minuten biegt man rechts in den Steig Nummer 23A ein; Wegweiser. Rote Farbzeichen leiten uns im Südhang in 20 Minuten hinauf zur steingefaßten Quelle des Ferchwassers (2030 m). Der schmale Weg führt zwischen Alpenrosenteppichen hindurch und mündet im Verbindungskamm (2331 m).

Links (westlich) zum Aufbau der Telfer Weißen, an dem sich der Kamm auflöst, rechtshaltend schräg bergan im Osthang, oben links und zum Ostgipfel (2566 m). Von der Roßkopf-Seilbahn 3 Stunden. Westlich einen Kamin abklettern (Drahtseil). Aus der Scharte Gegenanstieg durch Geröll in 10 Minuten zum Kreuz auf dem Hauptgipfel. Vom Vorgipfel etwa ¼ Stunde.

Über den Roßkopf

Von der Südseite des *Sterzinger Hauses* (1930 m) hinauf zu einem Drehkreuz. Danach halbrechts auf dem oberen Pfad und im Rechtsbogen an den grasigen Roßkopf-Nordostrücken, der den Weiterweg bildet. Zuletzt durch eine schmale Einsattelung hinauf zum 1968 erstellten Holzkreuz (2189 m, 35 Minuten).

Vom Roßkopf ist der Grat zur Telfer Weißen überschaubar.

Vom Kreuz auf schmaler Spur westlich in 5 Minuten hinunter zur ersten sehr ausgesetzten Passage. Der oftmals nur fußbreite Pfad hält sich an den grasig-schrofigen Gratkamm bis zur Einmündung von Markierung 23A des Normalweges.

Touristische Angaben

Talort: *Sterzing* (948 m) in einem sonnigen Kessel des oberen Eisacktales. Hotels, Gasthöfe, Pensionen. Vom Brennerpaß 19 Kilometer, von Brixen 30 Kilometer. Autobahn-Anschlußstelle südlich der Stadt. D-Zug-Station. Busbahnhof beim Café Steindl am nördlichen Stadtrand. Dort auch Talstation der Roßkopf-Seilbahn. *Sehenswert:* Historisches Stadtbild, spätgotische Bürgerhäuser und Lauben, in der »Neustadt« einer der schönsten Straßenzüge Südtirols. Der Zwölferturm (Granitquadern) aus der 2. Hälfte des 15. Jahrhunderts trennt die »Neustadt« von der »Altstadt«. Rathaus (Museum) zwischen 1468 und 1473 erbaut; im Lichthof römischer Mithrasstein und Meilenstein aus der Zeit des römischen Kaisers Septimius Severus (193–211 n. Chr.). Am Stadtplatz ehemalige Spitalkirche zum Heiligen Geist, älteste Kirche Sterzings, herrlicher Freskenschmuck. Stadtpfarrkirche zu Unserer Lieben Frau im Moos aus dem späten 15. Jahrhundert, im 18. Jahrhundert barockisiert, neugotischer Hochaltar, Taufstein (Sterzinger Marmor) aus der 1. Hälfte des 16. Jahrhunderts. Bei der Stadtpfarrkirche, im Deutschhaus, das Multscher-Altar-Museum, geöffnet von Montag bis Samstag von 10.00 bis 12.00 und von 15.00 bis 17.00 Uhr.

Ausgangspunkte: *Bergstation* (1860 m) der Roßkopf-Seilbahn. – *Sterzinger Haus* (1930 m), AVS-Sektion Sterzing, nordöstlich des Roßkopfs. Bewirtschaftet von Ende Juni bis Mitte September; 40 Betten, 40 Lager. Tel. 0472/765301. Von Obertelfes breite Schotterstraße, 8 Kilometer. Von der Roßkopf-Seilbahn ¼ Stunde.

Höhendifferenzen: Normalweg zum Ostgipfel 730 Meter; Überschreitung Sterzinger Haus–Roßkopf-Ostgipfel etwa 750 Meter.

Gehzeiten: Normalweg zum Ostgipfel etwa 3 Stunden; Überschreitung Sterzinger Haus–Roßkopf-Ostgipfel 3½ bis 4 Stunden; Abstieg auf dem Normalweg etwa 2¼ Stunden; insgesamt 5¾ bis 6 Stunden.

Karten: Freytag & Berndt Wanderkarte 1:50000, Blatt S4 Sterzing, Jaufenpaß, Brixen; Kompass Wanderkarte 1:50000, Blatt 44 Sterzing.

Tour 37

Becher, 3191 m

Vom Eis umschlungen

Zweitagestour.

Langer, anstrengender Aufstieg in hochalpine Gletscherregion; Markierungen. Unterwegs zwei Hüttenstützpunkte, einer davon (Teplitzer Hütte) bewirtschaftet. Kein Schatten.

Unschwierig. Trittsicherheit und Schwindelfreiheit notwendig, hauptsächlich am Becherfels (bei Vereisung gefährlich!); Drahtseilsicherungen. Gletscherbegehung auf etwa 500 Meter, meist Spur vorhanden, erfahrungsgemäß ungefährlich; in dichtem Nebel und nach Schneefällen Orientierungsprobleme.

Beste Jahreszeit: Mitte/Ende Juli bis Mitte September.

Auf Gletscherfahrten ergraute »Füchse« schütteln die Köpfe, wenn sie vom Becher als Gipfelziel hören, gilt er doch in ihren Kreisen infolge zentraler Hochlage ausschließlich als ideales Sprungbrett für die in der Umgebung Aufmerksamkeit fordernden »Herrschaften«: Wilder Freiger, Wilder Pfaff, Zuckerhütl, Sonklarspitze. Der Becher ist eben nur eine Sekundärerhebung im Südsporn des Wilden Freigers, eine der am häufigsten besuchten Spitzen am Stubaier Hauptkamm. Trotzdem muß ihm wenigstens Gipfelähnlichkeit zugestanden werden, dem Urgesteinsbuckel im wogenden Eismeer des Übeltalferners, den fast ein Dutzend Dreitausender rahmen. Der *Übeltalferner* gehört zu den ansehnlichsten seiner Art im Ostalpenraum, zweitgrößter Südtirols. Sein gewaltiger Eispanzer platzt stellenweise in unzähligen Rissen auf, kreuz und quer zerfranst, gestaltet von Mulden und Rücken, Rippen und Polstern. Er trägt seinen Namen nicht umsonst, denn in der Vergangenheit führten Gletscherwassermassen eines im »Üblen Tal« natür-

Auf dem Weg zum Übeltalferner, über dem sich der Felsstock des Bechers mit dem Schutzhaus erhebt.

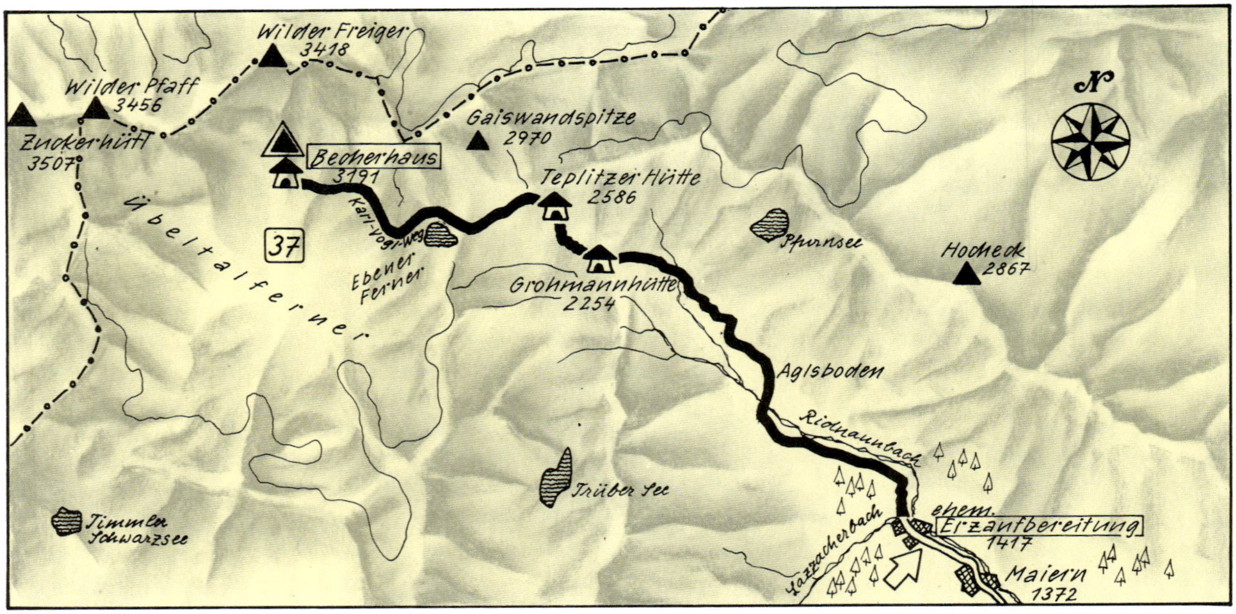

lich gestauten Sees wiederholt schwere Verwüstungen im Ridnauntal herbei. Wegen des allgemeinen Zurückweichens der Gletscher ab 1850 (unterbrochen von kurzen Wachstumsperioden) sowie mit Hilfe der jüngsten (1880) Sperrmauer am Vorderrand des Aglsbodens, neuerdings auch durch Wildbachverbauungen, konnte man die Gefahren bannen. Deshalb ist das im Bau befindliche Rückhaltebecken auf dem »Sennerboden«, so die Einheimischen zum Aglsboden, überflüssig, zumindest drückt das ein wissenschaftliches Gutachten der Universität Innsbruck vom Januar 1988 aus.

Der *Becher* bietet dem alpinen Normalverbraucher – ohne Pickel, Steigeisen oder gar Seil – eine lohnende Zielsetzung, die bei entsprechendem Können keineswegs ein Mehr ausklammert, freilich fast 1800 Meter über dem Ridnauntal, von dort 7 Kilometer Luftlinie, Wegstrecke rund 11 Kilometer. Als Entschädigung dann den Hauch berühmter Berge sowie eine unwahrscheinliche Fernsicht, vorzugsweise südöstlich, wo man an klaren Tagen die Adria, den Monte Maggiore bei Fiume und die Dinarischen Alpen sehen soll.

Auf dem Gipfel winkt seit 1888 das *Becherhaus,* als Kaiserin-Elisabeth-Haus am 17. August der Öffentlichkeit übergeben. »Ein kleines Berghotel mitten in der Gletscherwelt«, urteilte Johannes Emmer in der »Zeitschrift des Deutschen und Oesterreichischen Alpenvereins 1894«. Filzbelag dämpfte die Schritte, an den Türen schwere Portieren, als schmückende Wandzier Gemälde von Compton, Maffey, Kaulbach, Franz von Defregger. Ausmaße: 12×10 Meter. Bauherr war die Alpenvereinssektion Hannover unter ihrem Vorstand Dr. Carl Arnold. Das 80 Kilogramm wiegende Marmorrelief der Kaiserin brachte der Träger Rainer an einem Tag zur Höhe. Meister Kelderer aus Sterzing zimmerte das Holzgerüst der Hütte. Es wurde in Maiern wieder zerlegt, die Balken numeriert und per Schlitten beziehungsweise Materialbahn mühsam auf den Becher geschafft. Wachsende Gästezahlen rechtfertigten 1905 einen Neubau: Höchstgelegene bewirtschaftete Hütte der Stubaier Alpen. 1911 entstand im Haus die Kapelle Maria Schnee, um Besuchern die Sonntagsmesse zu ermöglichen. Das Altarbild ist im Jugendstil gemalt: himmelnächstes Marienheiligtum der Alpen, ja der ganzen Welt!

Politische Wandlungen nach dem 1. Weltkrieg, Enteignung 1922, Vandalismus und Plünderungen, faschistische Machthaber – Umtaufe in »Königin-Elena-Haus« – ließen das einstige Schmuckkästlein hoffnungslos verkommen. Erst 1979 sorgte die besitzende CAI-Sektion Verona für Sanierungsmaßnahmen. 1980 pachtete der Ridnauner Hans Braunhofer das »Rifugio Gino Biasi al Bicchieri« – das Becherhaus. Die Versorgung erfolgt mittels Hubschrauber. Schon der Anmarsch wird zum aufschlußreichen Gang in

Die Teplitzer Hütte, Stützpunkt am Weg zum Becherhaus, mit Botzer.

die einhundertjährige Alpenvereins-Hüttengeschichte, und zwar der nordböhmischen Sektion Teplitz-Schönau. Sie erstellte nämlich 1887 auf dem »Bloßen Bühel« die erste *Teplitzer Hütte.* Damals – man höre und staune! – nur ungefähr 30 Meter über dem Ebenerferner, einem Ast des Übeltalferners.
Aber bereits im Mai 1888 fiel die Unterkunft (14 Schlafplätze) einer Staublawine zum Opfer. Unverzagt schufen die Böhmerwäldler Dank großzügiger Subventionen ihres 2. Vorsitzenden Theodor Grohmann an gleicher Stelle 1889 abermals eine Hütte: Grohmannhütte, zu Ehren von Frau Maria Grohmann, Gattin des Spenders. Überdies erwuchs 1 Stunde oberhalb, am Beistein, die Neue Teplitzer Hütte. Beide wurden am 14. August 1889 eingeweiht. Im Zusammenhang trassierte man auch den »Sonklar-Weg« auf den Becher. Vollständigkeitshalber sei erwähnt, daß die Teplitzer später (1908) noch die Müllerhütte – westlich des Bechers – bauten, das heißt etwas unterhalb des von ihrem Schriftführer Dr. Carl Müller 1891 gestifteten Hüttchens am Pfaffennieder, seinerzeit Erzherzog-Karl-Franz-Joseph-Schutzhaus.

Aus dem Ridnauntal

Von den Parkplätzen bei der *ehemaligen Erzaufbereitung* über den Lazzacherbach; Wegweiser. Markierung 9 führt im Tal des Ridnauner Baches einwärts, begleitet vom Rauschen der »Burkhard-Klamm« zum Aglsboden. Die alte Sperrmauer überqueren. Im Talhintergrund zeigen sich die 23 Meter hohen Agls-Wasserfälle. Weiter auf der orographisch linken Seite des wasserreichen Hochtalbodens, vorbei an einer Almhütte (2037 m), zu der bald sichtbar werdenden *Grohmannhütte* (2254 m). 2½ Stunden. (Die auf dem Aglsboden rechts abzweigende, in den Karten als Nr. 9A eingezeichnete Route über Aglsalm–Pfurnsee ist nicht ratsam, bezogen auf den Abschnitt Pfurnsee – Grohmannhütte.)
Anschließend bringen uns steile Kehren in etwa

1 Stunde hinauf zur *Teplitzer Hütte* (2586 m). Nun ist Markierung 9 identisch mit dem *Karl-Vogl-Weg* durch die Südhänge der Gaiswandspitze. Nach etwa ½ Stunde geht es rechts am Übeltalsee, einem Gletschersee, vorüber und an den Ausläufern des Roten Grates auf einen verhältnismäßig flachen Arm des Übeltalferners, der – nahezu spaltenlos – überschritten wird, westlich haltend, zum gut markierten Einstieg in den Becherfels. Abschließend durch den Gneis in etwa 1¼ Stunden zum *Becherhaus.*

Touristische Angaben

Talort: *Maiern* (1372 m), letzter Ort im Ridnauntal, 15 Kilometer von Sterzing am Ende der asphaltierten Straße. Hotels, Gasthöfe, Pensionen. Busverbindungen. Auf dem höchsten Hof (Staudenhof) lebte Maria Faßnauer (1870–1917), die »Riesin von Ridnaun«: 2,17 Meter groß bei einem Körpergewicht von 172 Kilogramm. Das »Riesenmoidl« bereiste als Attraktion ganz Europa. *Sehenswert:* Das 1480 umgebaute Lorenzikirchlein auf einem von Gletschern geschliffenen Felshügel östlich des Dorfes, vermutlich von Bergleuten gestiftet. Das Altarbild zeigt das Martyrium des hl. Laurentius.

Ausgangspunkt: *Erzaufbereitung* (1417 m), 1 Kilometer hinter Maiern. Parkplätze. Die 1980 endgültig aufgelassene Erzaufbereitung – wie eine Geisterstadt anmutend – der am Schneeberg gewonnenen Erze kam 1925 hierher, mit St. Martin/Schneeberg durch eine Lastenseilbahn sowie durch eine Gondelbahn verbunden, die die Knappen zur Schicht brachte.
Bergwerksmuseum geplant.

Höhendifferenz: Erzaufbereitung–Becher 1780 Meter.

Gehzeit: Erzaufbereitung–Becher etwa 7 Stunden.

Zwischenstationen: *Grohmannhütte* (2254 m), auch »Übeltalfernerhütte« genannt. CAI-Sektion Bozen. Unbewirtschaftet, 8 Schlafplätze. – *Teplitzer Hütte* (2586 m), privat, bewirtschaftet von Anfang Juli bis Mitte September, 60 Schlafplätze. – *Becherhaus* (3191 m), CAI-Sektion Verona, bewirtschaftet von Mitte Juli bis Mitte September. Voranmeldung ratsam. Funkverbindung mit dem Sonklarhof (Tel. 0472/66212 oder 66224) in Ridnaun. Tel. des Wirtes 0472/66265 in Ridnaun.

Karten: Freytag & Berndt Wanderkarte 1:50000, Blatt S8 Passeier, Timmelsjoch, Jaufen; Kompass Wanderkarte 1:50000, Blatt 44 Sterzing.

Tour 38

Wolfendorn, 2776 m

Zwischen Brenner und Pfitschtal

Tagestouren.

Breite, vergessene Wege ins Flatschjöchl, aus dem der Gipfelgang ansetzt. Schatten nur im unteren Teil. Markiert.

Unschwierig. Am Gipfelaufbau stellenweise abgerutschter Steig.

Beste Jahreszeit: Ende Juni bis Spätherbst.

»Dornspitz« vermerken ältere Karten anstatt Wolfendorn. Beides meint die Figur des kantigen Dornes im Tuxer Kamm, unisono der italienische Name »Spina del Lupo« (Dorn des Wolfes). Das hat – entgegen landläufiger Meinung – überhaupt nichts mit dem Wolf zu tun, der vor mehr als 150 Jahren noch in den Tälern heulte. »Wolfen« hieß eine Flur am Brenner, wo heute die Zollformalitäten abgewickelt werden. Dies wiederum hängt mit Kaspar Wolf zusammen, einem Bauern, der dort im 16. Jahrhundert seinen Hof beackerte. Wolf steckt zusätzlich im *Gasthaus »Brennerwolf«* samt »Wolfenkapelle«. Sie mußten 1968 dem Autobahnbau weichen und wurden etwas höher versetzt, inklusive der historischen, Fuhrmanns-Romantik ausstrahlenden Gaststube.

Die Rarität des gewichtigen Stachels, als solcher knapp 200 Meter hoch auf massigem Grundgebirge lastend, birgt verworrenes geologisches Vielerlei. Gipfelbildend sind nämlich körnige weiße Tuxer Marmorlagen, Bänderkalke, »Pfitscher Dolomit«, »Tuxer Grauwacken«, im Unterbau Quarzphyllite. Zahlreiche ostalpine Pflanzenarten haben hier ihren westlichsten Verbreitungsraum, so daß die Brennerfurche nicht allein Wasserscheide (Adria – Schwarzes Meer) ist.

Der *Tuxer Kamm* bildet einen Ast der Zillertaler Alpen, schräg gestellt zum Zentralalpenkamm, nordöstlich von Sterzing. Er verläuft ab der kreuzgeschmückten Graskuppe des Saun zwischen oberem Eisacktal und Pfitschtal über Riedspitze–Bairnockspitze–Weißspitze–Hühnerspiel (»Amthorspitze«)–Rollspit-

Am Aufstieg von Kematen (Pfitschtal) zum Wolfendorn. Im Südwesten die Rollspitze.

ze–Flatschspitze bis zum Wolfendorn auf Südtiroler Boden, anschließend als Ländergrenze zur Hohen Wand. Mit dem Wolfendorn stößt Österreich wie ein Keil in italienisches Staatsgebiet vor. Demzufolge, besonders aber angesichts der strategischen Bedeutung der Brennerfurche, entstanden beiderseits von 1934 bis 1936 unter strenger Geheimhaltung Militärstraßen, Betonbunker etc.: »Linea Badoglio« (nach Pietro Badoglio, 1871–1956, General), eine Art »Alpenwall«. Am 11. März 1938, zwei Tage vor der Besetzung Österreichs, anerkannte Hitler in einem Brief an Mussolini die Brennergrenze. Am 18. März 1940 trafen sich die Diktatoren im Bahnhof Brenner. Der »Duce« versprach seinem Achsenpartner den Kriegseintritt Italiens, der am 10. Juni 1940 erfolgte.
Der Wolfendorn ist Endpunkt des 1896 von der ein Jahrzehnt vorher ins Leben gerufenen Alpenvereinssektion Eisacktal geschaffenen Höhenweges vom Hühnerspiel, der seinen weiteren Ausbau beziehungsweise seine Verlängerung zum Pfitscher Joch durch die niederbayerische Sektion Landshut erfuhr. Mittlerweile ist der Landshuter Höhenweg auf das rund dreistündige Teilstück Landshuter Hütte–Pfitscher Joch geschrumpft, was den Wolfendorn, früher »mitgenommen«, zum Einzelgänger stempelte. Obgleich seitlich des Brennerpasses, wo er sich bei der Nordauffahrt den wissenden Augen charakteristisch offenbart, kommen von dort nur vereinzelt Fußgänger. Wer macht schon am Brenner halt zum Zweck einer Bergtour? Man saust unbeeindruckt in den wärmeverheißenden Süden! Schade, denn die Gipfel um den Brenner gehören zu den verwaisten Revieren Südtirols. Schon öfter schultern Wanderer in Kematen, dem Siedlungskern des Pfitschtales, die Rucksäk-

ke. Dieser Zugang bietet die aufwendigeren Genres, kreiert vom urwilden Kamm Grabspitze–Felbespitze–Rotes Beil in den Pfunderer Bergen südlich des Pfitschtales. Das Entzücken erleben aber auch »Brennerleute«, sobald sie das Flatschjöchl erreichen, vielleicht einprägsamer infolge des Überraschungsmomentes.

Vom »Brennerwolf«

Neben der Kapelle die Schranke des Güterfahrweges passieren und auf dem Weg noch etwa 100 Meter weiter. An der Rechtskurve geht es links, nach 5 Minuten (kurz vor der Forstschranke) rechts, spitzwinkelig mit Markierung 12 bergan in Serpentinen durch schattenarmen Wald. Nach ½ Stunde kurz links, dann rechts auf breitem Weg. Bei Sichtkontakt zur *Luegeralm* rechts, vor dem Tobel links, am Wasserschloß vorbei, an Trockenmäuerchen entlang zum breiten Querweg (ehemaliges Militärsträßchen); vom Parkplatz ½ Stunde.

Den Querweg schräg rechts kreuzen, über Plattenstufen (Markierung 12) bergan. Durch eine lockere Waldzone in das Hochtal mit den karg bewachsenen Böden der Luegeralm. Die breite Wegtrasse kann nicht verfehlt werden. Südöstlich zeigt sich die Flatschspitze. Abschließend über flache Hänge in den steinigen Sattel des *Flatschjöchls* (2395 m). Die hier aufgeschichteten Mäuerchen haben zur volkstümlichen Bezeichnung »Brennermäuerl« beigetragen. Jenseits

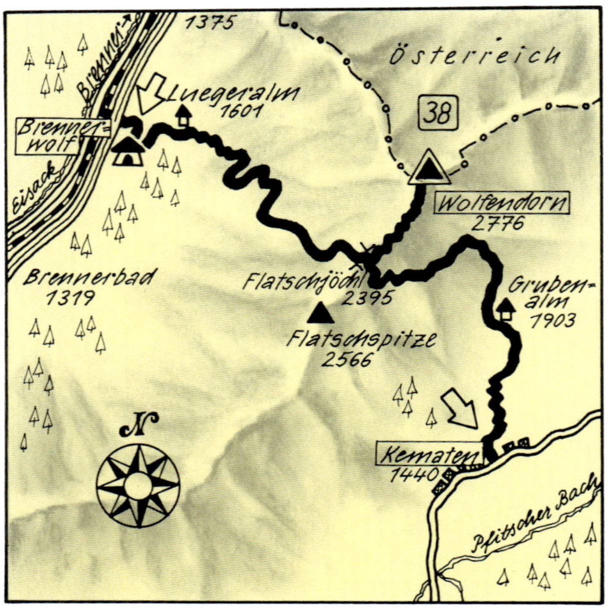

des Joches kleine Holzhütte (Unterstand). Vom »Brennerwolf« 3¼ Stunden.

Jetzt nordostwärts auf dem breiten, einstigen Militärfahrweg in langen Schleifen (Abkürzer möglich!) mäßig bergan zum Gipfelaufbau. Halblinks reckt sich der Felsturm »Wolfendornkind«, den 1887 J. Sowerby erstmals erkletterte. Am Gipfelaufbau setzen sich die ausgebauten Kehren fort. Links mündet Wegnummer 5 direkt vom Brennerpaß, dessen »Einstieg« allerdings seit dem Autobahnbau unauffindbar ist. Die aus dem Fels gesprengte Rechtsabzweigung (zur Landshuter Hütte) bleibt unbeachtet. Letzte Kehren bringen uns zum Kreuz.

Aus dem Pfitschtal

In *Kematen* an der Ostseite der Kirche (Wegweiser) ansteigen, Steinmäuerchen folgend, dann rechts durch das Wiesental und über das Bächlein. Am anderen Ufer ansteigen. Etwa 30 Meter unterhalb des Wasserbunkers rechts, zu einem nichtmarkierten Pfad am bewaldeten Rücken und zum breiten Almgüterfahrweg. In eintönigem Serpentinenmarsch aufwärts. Oberhalb der Waldgrenze weitet sich das Blickfeld. Links breitet sich eine idyllische, mit einem kleinen See angefüllte Almmulde aus. Im Südwesten zeigt sich als markante Felspyramide die Rollspitze.

Der Fahrweg leitet in einigem Abstand an der *Grubenalm* (1903 m) vorbei, wendet sich dann links zu den Grubberghütten (2006 m), von denen eine im Sommer zeitweise als Jausenstation dient. Die Hütten links oder rechts passieren. Ein Militärsträßchen übernimmt uns. In der Tiefe verschwindet der Kirchturm von Kematen. Von der Einsattelung eines Wiesenrückens weiter auf schmalem Weg zum Holzhüttchen (Unterstand) und ins *Flatschjöchl* (2395 m). Von Kematen etwa 3 Stunden. Rechts, nordöstlich, wie beim Aufstieg vom »Brennerwolf« in ¾ Stunden zum Gipfel.

Touristische Angaben

Talorte: *Brenner* (1375 m), Ortschaft und Paß in der tiefsten Senke des Alpenhauptkammes, seit 1919 Staatsgrenze. Hotels, Gasthöfe. D-Zug-Bahnstation. Busverbindungen. Autobahn-Anschlußstellen. Von Innsbruck 36 Kilometer, von Sterzing 19 Kilometer. *Sehenswert:* Ehemalige Pfarrkirche St. Valentin, ursprünglich 14. Jahrhundert, im 17. Jahrhundert umgebaut, 1790 vergrößert, barock (Altäre, Deckenge-

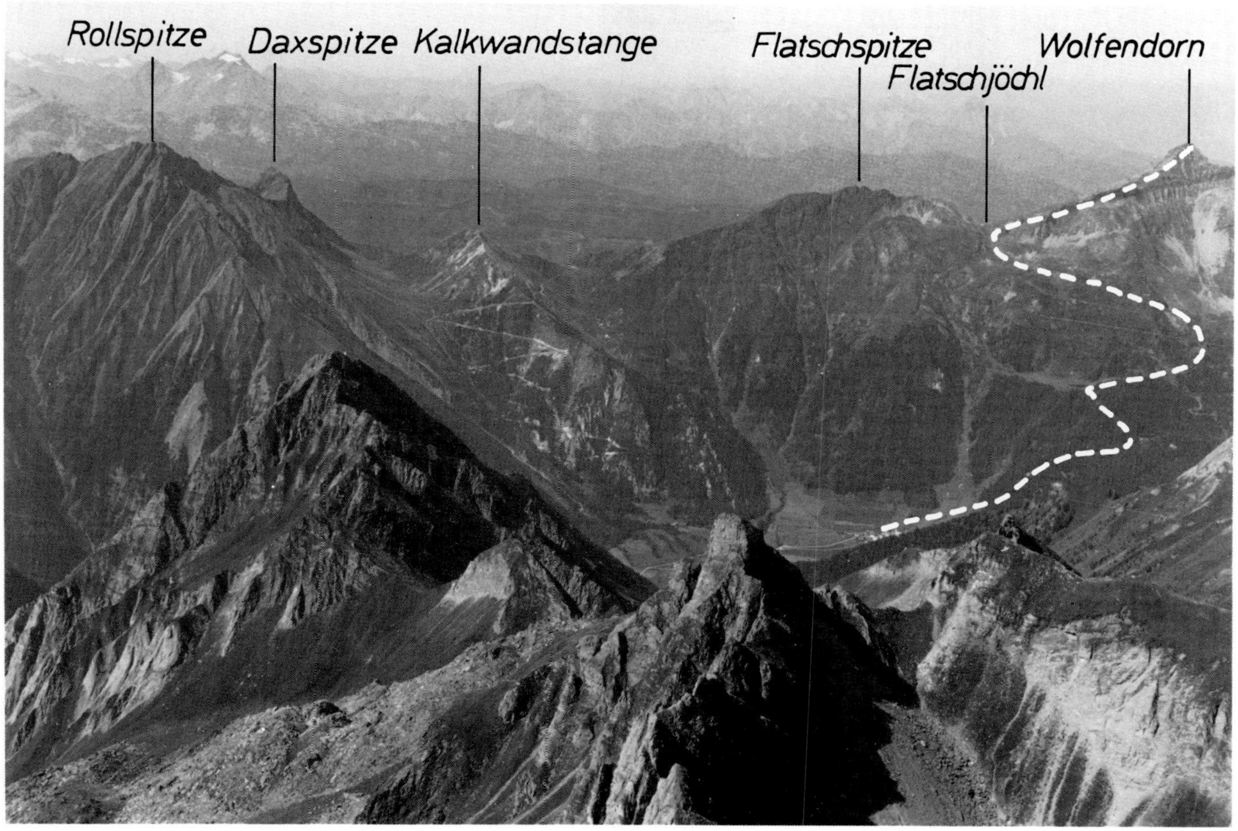

Ausblick vom Trenser Joch nordwestlich über das Pfitschtal (Kematen) zum Wolfendorn.

mälde) ausgestattet. Gegenüber dem Hotel Post führt ein Stichweg zum nahen, 32 Meter hohen Eisackfall.
Kematen (1440 m) in Außerpfitsch, etwas oberhalb der Umgehungsstraße. Gasthof, Pensionen. Bushaltestelle. Von Sterzing 15 Kilometer. *Sehenswert:* Pfarrkirche St. Nikolaus. Neubau von 1807. Weihwasserstein aus weißem Marmor von 1578. Der Turm stammt von der alten, 1486 geweihten, ehemaligen Pfarrkirche.
Ausgangspunkt: *Gasthaus Wolf* (1370 m, »Brennerwolf«), am östlichen Hang der Brennersenke. Die Zufahrtsstraße (1,3 Kilometer) zweigt von der Staatsstraße 12 etwa 2,5 Kilometer südlich der Staatsgrenze ab. Geöffnet von Ende Mai bis Ende September.
Höhendifferenzen: »Brennerwolf«–Gipfel 1410 Meter; Kematen/Pfitschtal–Gipfel 1340 Meter.
Gehzeiten: »Brennerwolf«–Gipfel 4 Stunden; Kematen/Pfitschtal–Gipfel 3¾ Stunden.
Karte: Freytag & Berndt Wanderkarte 1:50000, Blatt S4 Sterzing, Jaufenpaß, Brixen.

Tour 39

Rotbachlspitze, 2895 m

Hausberg des Pfitscher Joches

Halbtagestour.

Markierte Pfade und Steige in vegetationslosem Hochgebirge.

Unschwierig. Bei Nässe oder Schnee im Abstieg rutschig.

Beste Jahreszeit: Anfang Juni bis Spätherbst.

»Schönster Aussichtsplatz für die gigantischen Nordwestabstürze des Hochferners«, lautet im »Gebietsführer Südtirol« (Band 3) das Urteil über die Rot-

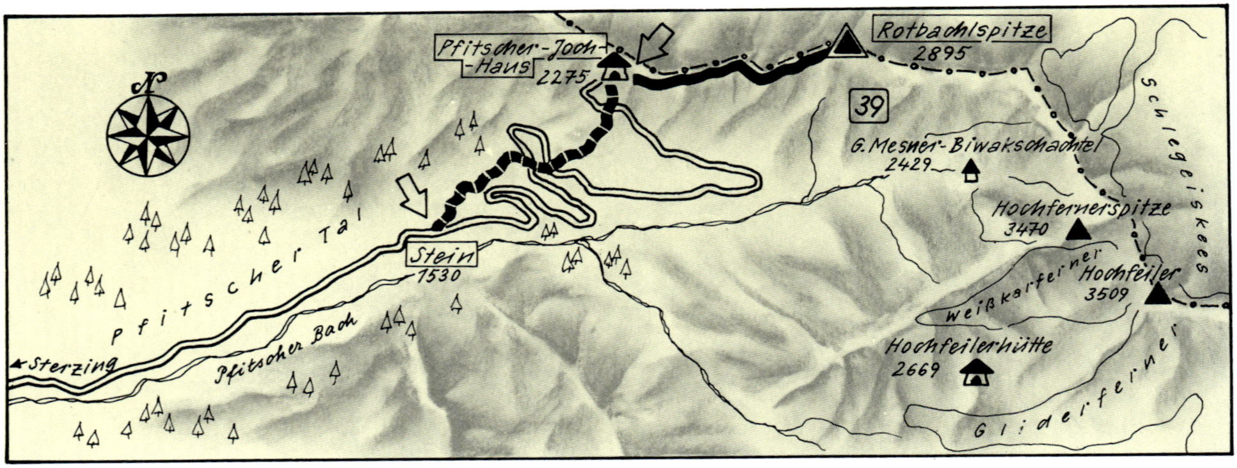

bachlspitze im Zillertaler Hauptkamm. Schon während des Anstiegs vom Pfitscher Joch, ab Punkt 2583, dem Beginn des langgestreckten Westrückens der Rotbachlspitze, sind sie allgegenwärtig: Grießferner (links) und Hochferner, die erschreckend zerrissenen Hängegletscher der Hochfernerspitze, die höchsten (900 Meter) Eiswände der Zillertaler Alpen. Wie zwei riesige Krakenarme greifen sie aus ihren im Urgestein geschürften Betten in die Tiefe, oftmals Menschen den Tod bringend, Alpinisten, die die Herausforderung der Spalten- und Séracwildnis annehmen. Hin und wieder ist das Krachen des Eisschlages zu vernehmen – die verhängnisvolle Gefahr des Hochferners. Ein mächtiger Felssporn trennt die zerklüfteten Gletscherflüsse. Zu Füßen des Hochferners kauert, geschützt hinter einem großen Felsblock, die bei konzentriertem Hinsehen sogar erkennbare metallene Günther-Messner-Biwakschachtel. Das sogenannte »Hochferner-Biwak« erinnert an den Villnößer Günther Messner. Er verunglückte 1970 nach der Bezwingung des Nanga Parbats in Partnerschaft seines Bruders Reinhold und blieb verschollen.

Immer wieder den Schritten Einhalt gebieten! Nordwestwärts taucht zunehmend das Stampflkees auf, gerahmt von der länglichen Hohen Wand sowie von den »Schokoladenseiten« der nordgesichtig furchteinflößenden Sagwandspitze und des Schrammachers. Im Norden lüftet der Olperer seinen Hut; rechts davon die Gefrorenen Wandspitzen. Schwach südöstlich heben sich die Schattenrisse des zweigipfeligen Roten Beils in der Vormittagssonne ab; dahinter dunkle Dreieckspitzen der Pfunderer Berge. Abseits des Weges klingt Hämmern und Klopfen: Mineraliensammler auf emsiger Schatzsuche. Die Westflanken der Rotbachlspitze sind bei »Strahlern« als ergiebige Fundgrube angesehen, wie überall, wo Gneise der Schieferhülle entschlüpfen. In der Umgebung des Pfitschtales sollen 60 verschiedene Mineralien vorkommen!

Aus dem hintersten Pfitschtal kurvt eine leidlich ausgebaute Militärstraße der dreißiger Jahre empor zur glazialen *Pfitscher-Joch-Seenplatte* in durchschnittlich 2200 Metern. Zirka ein Dutzend größerer und kleinerer Lacken in den von Gletschern geschabten Wannen bilden das erfrischende Element dieser ansonsten dürftigen Plateaulandschaft. An den feuchten Ufern der Seeaugen nicken Wollgrasköpfe mit ihren silbernen Fäden im kühlen Wind.

Das 1966 in einer für Südtirol politisch turbulenten Zeit – Bombenanschläge, Angriffe auf italienische Militärstützpunkte – gesprengte *Pfitscher-Joch-Haus* entstand 1980 neu, etwa 5 Minuten oberhalb des Pfitscher Joches, dem Grenzübergang. Von dort kommen Wanderer vom Schlegeisspeicher hoch. Im August herrscht Parkraummangel.

Blickfang direkt im Osten der Jochhöhe ist die *Rotbachlspitze.* Bräunlich-rötliche Erde färbt die Westflanken, auf denen Schutt lagert. Eine breite, flache Scharte verbindet den Gipfel mit der benachbarten Spitze von Punkt 2882. Es handelt sich um einen isolierten Bergstock: zahm im Westen, 400-Meter-Abstürze nordseitig über dem Haupental. Die italienisch-österreichische Grenze berührt den Gipfel,

Rotbachlspitze (Bildmitte) vom Aufstieg ab dem Pfitscher-Joch-Haus über den Normalweg.

Rotbachlspitze

senkt sich danach in die Haupentalscharte, erklimmt die Haupenhöhe, um dort in die Generalrichtung Osten einzuschwenken.

Vom Pfitscher-Joch-Haus

Abwärts, etwa 100 Meter, zur Straße aus dem Pfitschtal. An ihrer Mündung scharf rechts umbiegen. Kurz danach, ein Stück vor dem schlammigen Jochsee, geht es links, entlang weiß-roter Farbzeichen auf einem Weglein bergan. Etwa 20 Minuten später verläuft die Spur am rechten Rand eines Rückens, der steil in ein sekundäres Hochtal abbricht. Bald schlängelt sich der Pfad zwischen hochgeschichteten Felsen hindurch, passiert Grenzsteine. Anschließend über einen stumpfen Rücken hinauf zu einer bereits von der Hütte sichtbaren Erhebung (2583 m). Nun auf und am Westrücken in Richtung Kreuz, durch Felsbrocken lavieren, zu guter Letzt in feinem Geröll und Sand ans Kreuz.

Touristische Angaben

Talort: *Stein* (1530 m), letzter Weiler im Pfitschtal. Gasthof, Pension. Asphaltstraße bis zum untersten Hof, 22,5 Kilometer von Sterzing-Bahnhof. Bushaltestelle 900 Meter talaus.
Ausgangspunkt: *Pfitscher-Joch-Haus* (2275 m), privater Berggasthof auf einer Kuppe südwestlich des Pfitscher Joches. Geöffnet von Ende Juni bis Ende September, 30 Betten, 20 Matratzenlager. Tel. 0472/60119. Ab Stein im hintersten Pfitschtal nichtasphaltierte Fahrstraße, 11 Kilometer. Parkplätze u.a. vor dem Haus. Im Sommer Kleinbus-Verbindung ab Sterzing. Zu Fuß von Stein auf markiertem Weg (Nummer 3) etwa 2½ Stunden.
Höhendifferenz: Pfitscher-Joch-Haus–Gipfel 630 Meter.
Gehzeit: Pfitscher-Joch-Haus–Gipfel etwa 2 Stunden.
Karten: Alpenvereinskarte Zillertaler Alpen 1:25000, Westliches Blatt, Nummer 35/1; Freytag & Berndt Wanderkarte 1:50000, Blatt S4 Sterzing, Jaufenpaß, Brixen. (Auf beiden Karten ist der Wegverlauf nicht eingezeichnet.)

Von der Rotbachlspitze bietet sich ein instruktiver Blick in die Nordabstürze der Hochfernerspitze mit Grießferner (links) und Hochferner (rechts).

Tour 40

Wilde Kreuzspitze, 3134 m

Höchster Gipfel der Pfunderer Berge

Tagestouren.

Schattenloses, zum Schluß hin hochalpines Felsgelände. Von der Fanealm als Rundtour beschrieben. Aus dem Pfitschtal gleicher Hin- und Rückweg.

Unschwierig: Am Gipfelaufbau Trittsicherheit ratsam. Bei Nässe oder Schnee stellenweise rutschig. Allseits Schneereste bis in den Sommer.

Beste Jahreszeit: Mitte Juli bis Spätherbst.

3134 Meter mißt der Hauptgipfel, erstiegen wird jedoch allgemein der neun Meter niedrigere Südgipfel, auf dem das Kreuz thront, übrigens gefertigt aus Metallteilen eines am Berg zerschellten Flugzeugs. Das Besondere an der Wilden Kreuzspitze ist, abgesehen vom Dreitausenderflair und der dominierenden Lage, ihre einzigartige Umgebung. Sie findet im Wilden See großartigsten Ausdruck. Er ruht südlich in der Unteren Schieferhülle des Gebirges: größtes natürliches Gewässer – 11,5 Hektar – der Pfunderer Berge und der gesamten Zillertaler Alpen.
Bei dieser Gelegenheit muß wohl einmal der alpingeographische Begriff *Pfunderer Berge* beziehungsweise deren Verhältnis zu den »Zillertalern« genauer erklärt werden, denn die meisten können sich darunter nur wenig oder gar nichts vorstellen. Die Pfunderer Berge breiten sich als südliche Untergruppierung der Zillertaler Alpen aus, nördlich des Pustertales bis hin zum vergletscherten Zillertaler Hauptkamm, sowie zwischen Pfitschtal–Eisacktal im Westen und Weißenbachtal–Taufererttal–Ahrntal östlich. Ihr erdgeschichtlicher Entwurf: Nördlich der Linie Mauls–Vals–Kiens lagert eine Zone alter Gneise, an die nördlich die Schieferhülle stößt, aus der Orthogneise hervorquellen.
Die Wilde Kreuzspitze bereichert den *Kreuzspitzkamm.* Er zweigt an der Unteren Weißzintscharte vom Zillertaler Hauptkamm ab und endet südwestlich im Sterzinger Becken. 1852 hört man von einem

Landesvermessungsbeamten auf dem Gipfel. Erster Alpinist war 1861 Anton von Ruthner, Gründungsmitglied (1862) und Präsident des in seiner Geburtsstunde 627 Personen zählenden Österreichischen Alpenvereins, geleitet vom Bauer Perterer aus Burgum. Sie eröffneten die noch gültige Route aus dem Pfitschtal durchs Burgumer Tal, keine »Heerstraße«, weil das Pfitschtal nicht im Würgegriff des Zeitgeistes röchelt. Auf halbem Weg bietet die 1980 von der AVS-Sektion Sterzing neu eröffnete *Sterzinger Hütte* liebevolle und preiswürdige Gastronomie, deftige Landesgerichte – ausgezeichneten »Kaiserschmarrn« –, zubereitet von der netten Wirtin. Anderswo verpönter, feinsinniger Hüttenzauber ist hier selbstverständlich.

Lauteren Zuspruch erfahren die Anstiege vom munteren *Almdorf Fane* über dem hintersten Valser Tal. Die »Fane« existiert seit dem Mittelalter, nachweislich seit 1450, wie aus einer Urkunde (»Ötscherbrief«) bekannt ist. Fane soll aus dem rätoromanischen »phanna« (= Pfanne als Haushaltsgerät) abgeleitet worden und dem ladinischen Ausdruck »Fanes/Fanis« gleichzusetzen sein.

Ab der Fanealm entweder über den Wilden See oder über die Brixner Hütte. Zeitlich halten sich beide Wege ungefähr die Waage. Jeder weist für sich unverwechselbare Reize auf. Indes vermittelt nur die hier geschilderte Kombination Fanealm–Wilder See–Wilde Kreuzspitze–Brixner Hütte–Fanealm vollständigen Erlebniswert.

Aus dem Pfitschtal

In *Burgum* (1374 m) die Talstraße ostwärts verlassen, durch den ländlichen Weiler und mäßig bergan (Markierung 2) neben dem Wildbach ins mineralienreiche Burgumer Tal. Nach 25 Minuten ergießen sich rechts des Weges die sogenannten »Tropfstein-Quellen« über bemooste Felsen, ein in Südtirol einmaliges Naturdenkmal. Wenige Minuten später geht es bei mächtigen Felsen links über den Burgumer Bach. Und 5 Minuten hernach wendet sich der Hüttenweg links vom Bach ab, wobei sich schöne Ausblicke westlich auf die Rollspitze und das Hühnerspiel ergeben.

Nun über dem orographisch rechten Bachufer im

Ausblick von der Wilden Kreuzspitze in nordwestliche Richtung über das Pfitschtal und den südlichen Tuxer Kamm zu den Stubaier Alpen.

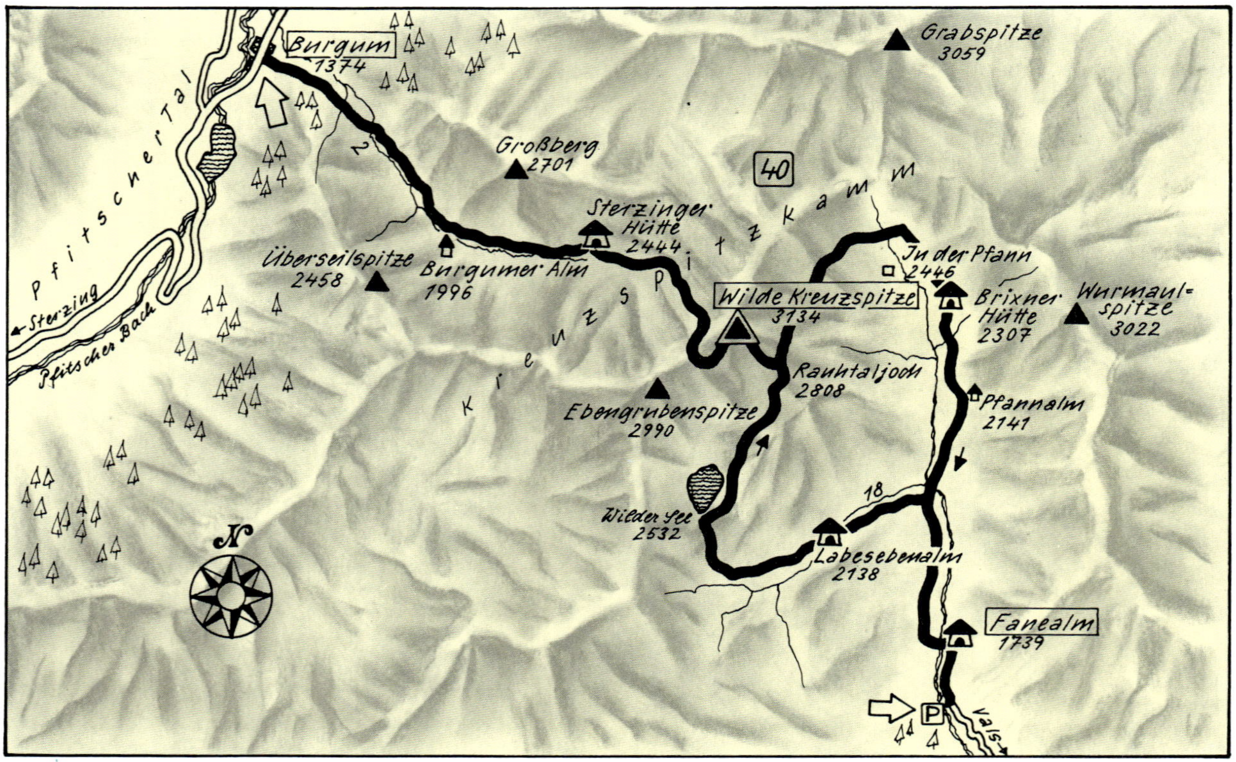

lichten Bergwald, vorbei an einer Heuhütte. Danach über eine Talstufe auf ein Wiesenweglein. Jetzt öffnet sich das Hochtal. Im Hintergrund erscheint die doppelgipfelige Wilde Kreuzspitze. Rechts, jenseits des Baches steht die *Burgumer Alm* (1996 m), in deren Umgebung 60 bis 70 Stück Vieh weiden. Zur Linken bäumt sich der Felspfeiler des Großbergs auf. Bald sieht man das wehende Grün der Südtiroler Alpenvereinsfahne: *Sterzinger Hütte* (2444 m). Von Burgum 2¼ Stunden.
Weiter auf einem Weglein talein, schwach linkshaltend den Farbzeichen folgend durch den Auslauf der Hänge an der nördlichen Talseite in ¾ Stunden zu einem Sattel (ca. 2650 m) am Übergang ins Großbergtal. Aus dem Sattel rechtshaltend. Der Pfad geht in Schrofen und Geröll über. Mühsam in ein Schärtchen am Südgrat der Wilden Kreuzspitze. Von der Hütte etwa 1¾ Stunden. Links, nördlich am Felsrücken ansteigen, durch ein Felstörl und über eine Gratverflachung zum letzten Aufschwung. Um ihn herum. Auf der anderen Seite in 5 Minuten zum Kreuz auf dem *Südgipfel* (3125 m). Aus dem Tal etwa 4½ Stunden.

Rundwanderung von der Fanealm

Vom Parkplatz beziehungsweise von der Fanealm (1739 m) auf der Westseite des Almdorfes über Wiesen ansteigen, wodurch eine Schleife des Fahrweges abgekürzt wird. Nach ¼ Stunde nimmt uns die sogenannte »Schramme« auf, die klammähnliche, tief eingekerbte Schlucht des Valser Baches. Leider ist der vormals luftige, kurz drahtseilgesicherte Steig 1988 verbreitert worden!
Etwa ¾ Stunden nach dem Parkplatz teilen sich die Wege bei einem Kreuz (links am Fels). Geradeaus in Richtung Brixner Hütte (1 Stunde), während wir links

Die Wilde Kreuzspitze von Süden mit den beiden Normalwegen, aus dem Rauhtaljoch sowie von Burgum im Pfitschtal.

Die Brixner Hütte im obersten Hochkessel des Valser Baches.

die Markierung 18 nehmen, am Seebach entlang in ½ Stunde zur *Labesebenalm* (2138 m), einem stattlichen Betrieb mit rund 100 Stück Vieh.
Beim Turbinenhäuschen (interne Stromversorgung) rechts über den Seebach. Vor dem Almgebäude links und im Talhintergrund schwach rechtshaltend. Nach ½ Stunde unterhalb eines wasserfallähnlichen Wildbaches vorbei, über ein Bächlein und linkshaltend hinaus zu weitläufigen Weidewiesen. Dort rechts halten, auf deutlichen Pfadspuren in ¾ Stunden zu einer kleinen, verfallenen, bruchsteingefügten Hirtenunterkunft. Etwa 100 Meter danach aufpassen! Die Route setzt sich auf dem linken (oberen) Hangpfad fort, obwohl die Markierungen nicht eindeutig darauf hinweisen. Bald ist der Pfad auf eine kurze Strecke etwas felsig und sehr luftig. Danach abwärts in eine kleine Wiesenmulde; Wegweiser. Links Gegenanstieg über eine Einsattelung und hinunter zum wunderschönen *Wilden See* (2532 m). Von der Fanealm 3 Stunden.
Lichtgrün bis tiefblau – entsprechend des Standortes – leuchtet der Wasserspiegel. Es sei ein sogenannter »brüllender See«, heißt es, was sich bei Tiefdruck durch brodelnde Blasenbildung äußere, ein Phänomen, das von der Wissenschaft noch nicht befriedigend geklärt werden konnte: 590 Meter lang, 300 Meter breit, 46 Meter tief; letzteres ermittelte der Valser Kurat am 29. Dezember 1834, wobei zuerst die 89 Zentimeter dicke Eisdecke aufgehackt werden mußte. Nördlich baut sich in fliehender Perspektive die Wilde Kreuzspitze auf.
Am Ufer rechts, um eine felsige Ecke herum, danach auf einem Steindamm über den Abfluß. Jenseits rechts, zu einem aussichtsreichen Wiesenrücken, den die Ehrenpolspitze entsendet. Kurz abwärts, dann wieder bergauf und ins breite, firnbedeckte *Rauhtaljoch* (2808 m). Vom Parkplatz 3½ Stunden.
Aus dem Joch linkshaltend, aber nicht auf dem Pfunderer Höhenweg (Markierung rot-weißer Kreis), sondern rechts oberhalb mittels guter Wegspuren im Hang schräg aufwärts in die geröllbedeckte Südost-

flanke der Wilden Kreuzspitze. Später am Südostrükken, über den das Steiglein zum Kreuz leitet. Insgesamt 4¼ Stunden.

Zurück – ½ Stunde – ins *Rauhtaljoch.* Jetzt auf dem Pfunderer Höhenweg (6 Tage von Wiesen/Pfitsch durch die gesamten Pfunderer Berge nach Bruneck). Im urigen Rauhtal absteigen, über das noch im Hochsommer vorhandene Firnfeld, einen kleinen, spaltenfreien Ferner. Etwa 20 Minuten unterhalb des Joches – nördlich zeigt sich hinter den Felszacken der »Kapuziner« die Grabspitze (zweithöchster Pfunderer Gipfel) – gabeln sich die Wegspuren. Man hält sich mit den Farbzeichen schwach links (halbrechts steilerer Abstieg) und betritt 10 Minuten später den ebenen Hochtalboden »In der Pfann«. Über ihn schwach rechtshaltend zu einem Bächlein, dann beim Markierungsfelsblock links über den Bach, eine Steilstufe abwärts und über Wiesenböden hinaus zur *Brixner Hütte* (2307 m). Vom Rauhtaljoch etwa 1 Stunde.

Wir sind im obersten Hochtal des Valser Baches, auf einem von Bergen im Halbrund umgebenen Boden an der Schweißnaht von Kreuzspitzkamm und Wurmaulkamm. Die neuerbaute Brixner Hütte steht hier seit 1973 als anerkanntes Urlauberziel und wichtige Station des Pfunderer Höhenweges.

Abstieg in Südrichtung! Die *Pfannalm* bleibt jenseits des Baches liegen. Nach einer Weile schnürt sich das Tal zusammen, durch die vom Aufstieg her vertraute »Schramme«, und schenkt uns dann wieder das liebliche Gemälde der *Fanealm.*

Touristische Angaben

Talorte: *Burgum* (1374 m), Höfegruppe im Pfitschtal, an der Mündung des Burgumer Tales. Von Sterzing 11,5 Kilometer. Bushaltestelle 500 Meter entfernt bei den Häusern von Ried.

Vals (1353 m), Fremdenverkehrsort im gleichnamigen Tal nördlich von Mühlbach/Pustertal. Von dort Asphaltstraße (8 km), Busverbindungen. Hotels, Gasthöfe, Pensionen. *Sehenswert:* Andreaskirche, neugotischer Bau (1889), Spitzturm der alten, 1487 umgebauten Kirche. Der Gasthof Masl (500 m südlich der Kirche an der Straße) stammt aus dem 17. Jahrhundert.

Stützpunkt: *Fanealm* (1739 m) auf einer Geländestufe des hintersten Valser Tales. Von Vals Asphaltsträßchen (5,5 km) zum Parkplatz (1725 m); zu Fuß in 10 Minuten zum Almdorf. Jausenstation in der Zingerlehütte, 8 Matratzenlager, bewirtschaftet von Anfang Juli bis Mitte September.

Höhendifferenzen: Burgum–Sterzinger Hütte–Südgipfel 1760 Meter; Fanealm–Wilder See–Südgipfel 1400 Meter.

Gehzeiten: Burgum–Sterzinger Hütte–Südgipfel etwa 4½ Stunden; Fanealm–Wilder See–Südgipfel etwa 4¼ Stunden; Abstieg über die Brixner Hütte etwa 2¾ Stunden; insgesamt ungefähr 7 Stunden.

Zwischenstationen: *Sterzinger Hütte* (2444 m), AVS-Sektion Sterzing, nordwestlich der Wilden Kreuzspitze. Bewirtschaftet von Ende Juni bis Anfang Oktober, 20 Schlafplätze. Tel. (im Tal) 0472/65507 oder 65356. *Brixner Hütte* (2307 m), AVS-Sektion Brixen, nordöstlich der Wilden Kreuzspitze. Bewirtschaftet von Anfang Juli bis Ende September, 48 Schlafplätze. Tel. 0472/57171. Bei der beschriebenen Rundwanderung knapp 6 Stunden nach dem Aufbruch.

Karte: Freytag & Berndt Wanderkarte 1:50000, Blatt S4 Sterzing, Jaufenpaß, Brixen.

Tour 41

Rensenspitze, 2473 m
Plattspitze, 2669 m

Weg- und steglos

Tages-Rundtour.

Für Findige, in weglosem Gras- und Felsgelände, teilweise schrofig. Markierungen erst nach dem Abstieg von der Plattspitze, zurück ins Valser Joch.

Unschwierig. Trittsicherheit Voraussetzung. Bei Nebel oder Niederschlägen abzuraten. Im Nordosthang der Plattspitze ausgedehnte Firnfelder bis August.

Beste Jahreszeit: Anfang Juli bis Mitte September.

Die Alpenvereinssektion Brixen, deren Arbeitsgebiete weite Räume der Pfunderer Berge umfassen, entschloß sich unter ihrem verdienstvollen, langjährigen

Vorsitzenden Dr. Lutz Chicken, eine Anzahl Pfunderer Berge von Wege-Erschließung und Markierung zu verschonen, sie total ursprünglich zu belassen. Zwei davon sind Rensenspitze und Plattspitze, nordwestlich von Vals im Plattspitzkamm. Er kehrt dem Kreuzspitzkamm an der Ebengrubenspitze den Rücken und streicht schwach südöstlich nach Spinges.

Rensenspitze und Plattspitze träumen unbelästigt von Menschen – wie viele andere Pfunderer Gipfel – seit den Schöpfungstagen in die Wolken. Zwar zeichnen die Karten einen angeblich markierten Pfad (Nummer 20 a) aus dem Maulser Tal über Gansör und die Plattspitze zur Fanealm, doch den findet man nirgendwo. Lediglich der »Rensengranit« ist Geologen bekannt: Granit-Zwischenschaltung des Urgesteins, das an der Rensenspitze deutlich zutage tritt.

Die Plattspitze trägt ihren Namen von den in ihrer Nordflanke eingelagerten Plattenschüssen. Befragt nach den Gipfeln, machte der Angestellte des Jochtal-Sesselliftes eine vage Armbewegung gen Nordwesten. Da gehe nie jemand hinauf, entschuldigte sich der Mann.

Überschreitung

Von *Jochtal* (2008 m, Sessellift-Bergstation) kurz westlich. Vor dem grasigen Aufbau des Hinterberges rechts. Markierung 9 senkt sich 10 Minuten ins *Valser Joch* (1920 m), einem uralten Übergang aus dem Maulser Tal ins Valser Tal. Gegenanstieg nördlich auf aussichtsreichem Hangweg in ½ Stunde zur *Rotensteinalm* (2107 m, Schellenbergalm). In Höhe der Veranda halblinks der Hangtrasse folgen.

Rensenspitze und Plattspitze (Bildmitte) von Südosten.

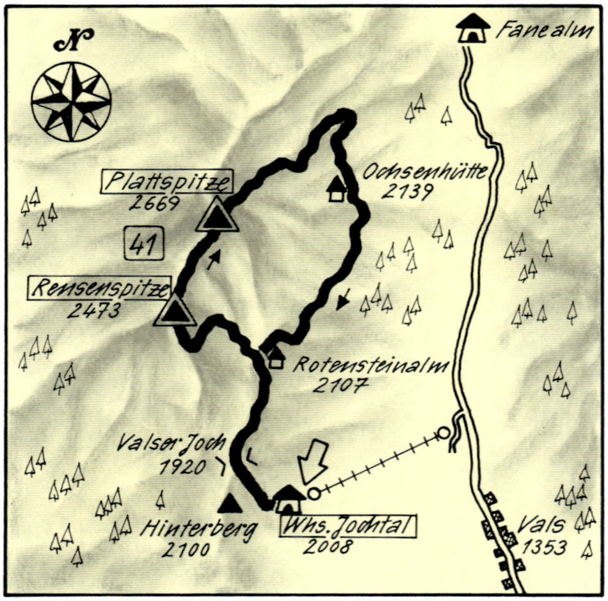

Unmittelbar vor einer blöckevollen Mulde verläßt man den markierten Weg links und geht weglos zwischen Alpenrosenfeldern und Felsbrocken in Richtung der breitgelagerten Rensenspitze. In eine Mulde beziehungsweise links von ihr auf vereinzelten Pfadspuren über einen Rücken. Ein sperrender Riegel aus Trümmerwerk – »Rensengranit« – wird links umgangen. Etwa ½ Stunde nach der Rotensteinalm kommt man in eine quergelagerte Mulde mit riesigen Felsblöcken. Schräg links durch das Blockgewirr. Danach in einer Mulde ansteigen, in deren oberem Teil ein Bächlein fließt. Hinauf zu einer kleinen Wiesenterrasse (Wassertümpel). Rechtshaltend in eine etwas höher gelegene Mulde und zu ihrem tischebenen Hintergrund. Jetzt wieder steiler, rechts der Geröllmure empor in einen Grassattel. Von Jochtal knapp 2 Stunden.

Rechts auf Pfadspuren, das heißt auf der rechten (östlichen) Seite des Rückens in eine Einsattelung vor einem Felsaufschwung. Dort rechts etwa 10 Meter absteigen, links um den Fels herum und anschließend die Grasflanke schräg aufsteigend queren, oberhalb einer großblockigen Geröllhalde vorbei. Etwas später links über den freien Hang zum felsigen Gratrücken und daran entlang auf den höchsten Punkt der *Rensenspitze*. Von Jochtal 2½ Stunden.

Auf dem Gipfelgrat nordwärts, hinunter in einen weiten Sattel. Jetzt auf dem Kamm bis vor seinen felsigen Aufschwung. Hier linkshaltend absteigen in eine Geröllmulde, an deren rechter Seite die Route verläuft. Abschließend aufwärts über einen teilweise felsdurchsetzten Hang und rechts zum trigometrischen Zeichen auf dem West-(Haupt-)gipfel der *Plattspitze*. Von der Rensenspitze ¾ Stunden.

Der *Abstieg* erfolgt zunächst am stumpfen Nordwestrücken, etwa 5 Minuten, dann an geeigneter Stelle halbrechts in die steile, grasbewachsene Nordostflanke. Links der meist noch vorhandenen Firnfelder hinunter in die oberste Mulde. Anschließend auf der orographisch linken Talseite auswärts, zwischendurch Viehpfade benutzend, bis man auf einen markierten, schmalen Querweg stößt. Etwa 1 Stunde vom Gipfel.

In der Tiefe sieht man das Almdorf Fane. Mit dem Querweg rechts, das Tal oberhalb der Ochsenhütte ausgehen. Unweit des Peachenjöchl stößt man auf eine andere Wegspur (Nummer 9). Sie führt uns schwach südwestlich an der Waldgrenze über dem hinteren Valser Tal in etwa 1 Stunde zur *Rotensteinalm*, wo uns noch knapp ¾ Stunden vom Sessellift trennen.

Touristische Angaben

Talort: *Vals* (1353 m), Fremdenverkehrsort im gleichnamigen Tal nördlich von Mühlbach/Pustertal. Von dort breite Asphaltstraße (8 km), Busverbindungen. Hotels, Gasthöfe, Pensionen. *Sehenswert:* Andreaskirche, 1487 nach Umbau neu geweiht (alter Spitzturm erhalten), 1889 neugotischer Bau. Gasthof Masl (500 m südlich der Kirche an der Straße) aus dem 17. Jahrhundert.

Ausgangspunkt: *Jochtal* (2008 m), Gasthaus, Bergstation des Sesselliftes von Vals, Betriebszeiten: Anfang Juli bis Mitte September mittwochs und sonntags von 9.00 bis 11.40 Uhr und von 13.00 bis 17.00 Uhr. Talstation (Bushaltestelle, Parkplätze) 1,5 Kilometer nördlich der Kirche ab der Talstraße. Zu Fuß von Vals (Markierung 10) etwa 1¾ Stunden.

Höhendifferenzen: Bergstation Jochtal–Rensenspitze nicht ganz 600 Meter; Rensenspitze–Plattspitze etwa 250 Meter; insgesamt rund 900 Meter.

Gehzeiten: Bergstation Jochtal–Rensenspitze–Plattspitze 3¼ Stunden; Abstieg und Rückweg etwa 2½ bis 3 Stunden; insgesamt etwa 6 Stunden.

Karte: Freytag & Berndt Wanderkarte 1:50 000, Blatt S4 Sterzing, Jaufenpaß, Brixen.

Tour 42

Gitsch, 2510 m

Ein unbekanntes Hintertürchen

Halbtagestour.

Markierte Wege und Steige aus der Almregion in alpines Felsgelände. Kein Schatten. Rundtour.

Unschwierig ins Falzarer Joch. Am Nordgrat Trittsicherheit und Schwindelfreiheit Bedingung; etliche Stellen I–. Bei Nässe und Schnee gefährlich. Abstieg über Wiesen.

Beste Jahrezeit: Mitte Juni bis Spätherbst.

»Gitsch« ist in Südtirol der jedermann geläufige Ausdruck für ein unverheiratetes Mädchen, im Grunde genommen gleich welchen Alters, meist aber nur für junge gebräuchlich: »die Gitsch«. »Der Gitsch« als Bergname soll, laut dem Brixener Gastwirt und Heimatkundler Hans Fink, vom Ladinischen »agüz« abstammen. Das würde »spitzer Berg« bedeuten, was jedoch kaum den Gegebenheiten entspricht, eingeschränkt nordöstlich von Pfunders im Pfunderer Tal. Auf der Südseite, vom »neuen« Meransen betrachtet, stellt der Gitsch einen stattlichen Grasbuckel dar, beim Näherkommen einen skiliftgeplagten Hang, den überdies noch ein Fernsehverstärker »ziert«. Reizlos für Naturliebhaber? Bedingt möchte ich einwerfen, denn die Nordabstürze sind unangetastet geblieben. In diesem Falle eine erfreuliche Schattenseite. Dort schwingt sich der Nordgrat in leichter Wogenlinie zum Gipfel auf: abwechslungsreiches Steigen, zwischendrin ein Hauch von Kletterei ohne ausgesprochene Schwierigkeiten, aber schon keine Wanderung mehr.

Wie allerorten, wo Tourismus laut propagiert wird und einzieht, unterwarf sich auch das Sonnenplateau von *Meransen* in 1400 bis 1500 Meter Höhe oberhalb von Mühlbach/Pustertal, an den südlichen Ausläufern

Terenten, der Ausgangsort von Tour 43 auf die Eidechsspitze. Im Hintergrund der Gitsch. Über seinen langen Südrücken verläuft der beschriebene Abstieg zum Gitschberg (links im Bild).

des Wurmaulkammes der Pfunderer Berge, einem Wandel: Neubaugebiete, Hotels, wunschgemäße Speisenkarten, individuelle Verluste, selbstredend eine Seilbahn.

Meransen wurde wahrscheinlich schon in prähistorischer Zeit besiedelt, zumindest aufgesucht. Beweis: Fund einer bronzenen Lanzenspitze der Hallstatt-Kultur (800–400 v. Chr.) am Fuße des Gitsch. Die Mühlbacher Fraktion – 2000 Fremdenbetten – erscheint urkundlich erstmals 1167 als »Morans«. 1252 hört man vom Bau einer Kapelle, 1382 von einer Wochenmeß-Stiftung zu Ehren der »Meranser Jungfrauen« Aubet, Cubet, Guere, angeblich burgundische Königstöchter, die es auf der Flucht vor den Hunnen Attilas hierher verschlagen haben soll. Sichtbaren Ausdruck erhält die Jungfrauenlegende sowohl in der Pfarrkirche wie an der Außenwand des danebenstehenden Gasthauses Stubenruß. Des weiteren findet alljährlich am Sonntag nach dem 16. September das »Fest der Jungfrauen« mit feierlicher Prozession statt.

Meransen hat die offenbar unabwendbaren Veränderungen unserer Epoche durchgemacht, griff aber dabei nicht schrankenlos um sich. Hinter dem Gitsch verstecken sich erdhafte Plätzchen: Großer und Kleiner Seefeldsee beispielsweise, im hübschen Altfaßtal. Als Gipfel werben Fallmetzer, Korsspitze, Bretterspitze, Tschiffernaun sowie die formschöne Gaisjochspitze westlich des Altfaßtales. Der Gitsch ist objektiv wegen seiner verhältnismäßig mühelosen Erreichbarkeit und der Sonderstellung des Nordgrates ausgewählt worden. Sollten Sie nach der Tour Lust auf eine originelle Jausenstation verspüren, empfehle ich in Meransen die »Alte Mühle«, etwa ¼ Stunde zu Fuß von der Kirche entfernt, am Sträßchen ins Altfaßtal.

Nordgrat und Überschreitung

Von der Wege-Übersichtstafel beim Ausgang der Kabinenbahn-Bergstation *Gitschberg* (2070 m) geht es links: Markierung 12 A. Nach 20 Minuten ist man bei der *Zaßlerhütte* (2064 m) in einer Mulde des Enderekkerbaches. Anschließend aufwärts, nördlich dem breiten Weg folgen – die Endereckeralm bleibt rechts liegen –, in 25 Minuten zum flachen Sattel des *Ochsenbodens* (2198 m). Jenseits Abstieg. Der Weg ist aus dem Fels gesprengt, zwecks Versorgung der Weißalm. Von der obersten Hütte weiter mit Markierung 12 A. Sie schwenkt rechtshaltend in die Mulde ein, durch die man in ¼ Stunde den Steinmann im *Valzarer Joch* (2259 m) erreicht. 1¼ Stunden von der Seilbahn.

Vom Steinmann rechts, südlich den Hang hoch, etwa 10 Minuten. Ab einem teilweise felsigen Rücken beziehungsweise einer Schulter hält sich die markierte Route links. Über den Hang an der Basis des Felsgrates gute 10 Minuten zum eigentlichen Nordgrat. Er besteht überwiegend aus Fels, annehmbar durch Blöcke gegliedert. Steigspuren lenken die Schritte. An einigen Passagen müssen die Hände zupacken. Und schon 1½ Stunden nach dem Falzarer Joch empfängt uns das *Gitschkreuz.*

Im *Abstieg* hält man sich zunächst schwach links über den Wiesenhang, rechts am Fernsehverstärker

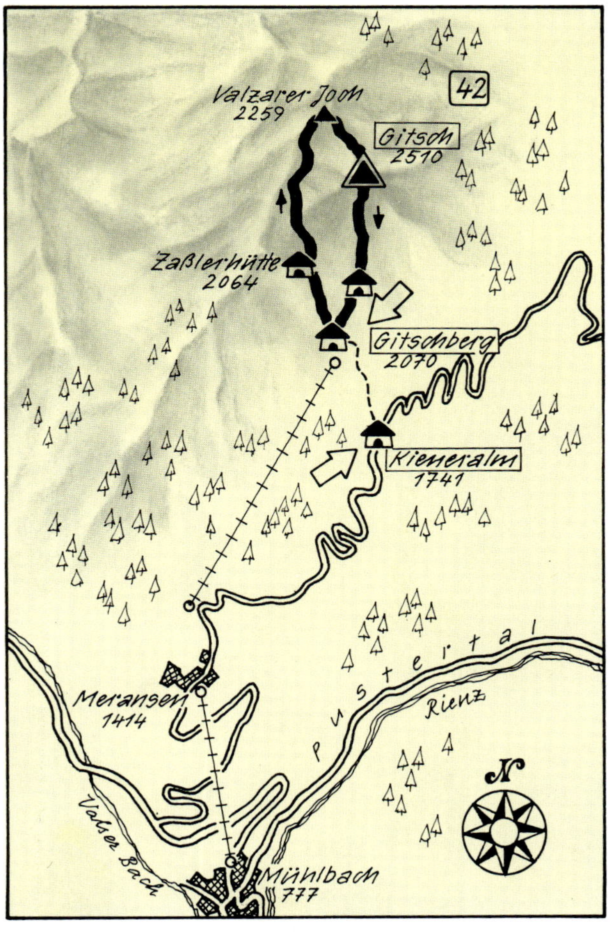

Auf dem Gipfel des Gitsch. Ausblick in nordöstliche Richtung über das hintere Pfunderer Tal auf den Zillertaler Hauptkamm. Etwas links der Bildmitte der Hochfeiler.

vorbei. Vor dem Ostrücken rechtshaltend, kurz auf einem Fahrweg und zu einer Holzhütte (zeitweise Jausenstation). Abschließend in ¼ Stunde hinunter zur *Seilbahnstation*. Vom Gipfel 50 Minuten.

Touristische Angaben

Talort: *Meransen* (1414 m), nördlich von Mühlbach. Von dort breite Asphaltstraße (8,5 km bis zur Kirche); Busverbindungen, außerdem Seilbahn von Mühlbach. Hotels, Gasthöfe, Pensionen. Seilbahn zum Gitschberg. *Sehenswert*: Pfarrkirche St. Jakob, heutige Anlage 1780 geweiht, Außenfresko (Südwand) des hl. Christophorus aus dem späten 15. Jahrhundert, im Inneren an zwei Stellen (rechter Seitenaltar, Schiff) Abbildungen der »Meranser Jungfrauen«.

Ausgangspunkt: *Gitschberg* (2070 m), Restaurant, Bergstation der Kabinenseilbahn von Meransen, auf dem Südrücken des Gitsch. Betriebszeiten der Seilbahn: Mitte Juni bis Mitte Oktober 8.30, 9.30, 10.30, 11.45, 13.30, 14.30, 15.30, 16.30, 17.30 Uhr. Zu Fuß von der Kieneralm (1741 m, Straße von Meransen, 5,5 km) etwa 1 Stunde; markiert.

Höhendifferenz: Gitschberg-Seilbahnstation – Gipfel etwa 500 Meter.

Gehzeiten: Gitschberg-Seilbahnstation – Gitschberg 2¾ Stunden, Abstieg 50 Minuten; insgesamt etwa 3¾ Stunden.

Zwischenstation: *Zaßlerhütte*, 2064 m, Berggasthaus südwestlich des Gitsches. Bewirtschaftet vom 10. Dezember bis Ende Oktober, 32 Betten. Tel. 0472/50131.

Karte: Freytag & Berndt Wanderkarte 1:50000, Blatt S4 Sterzing, Jaufenpaß, Brixen.

Tiefrastensee und Tiefrastenhütte am Weg aus dem Winnebachtal zur Eidechsspitze.

Tour 43

Eidechsspitze, 2738 m

Wetterprophet bei Terenten

Tagestouren.

Aus den Tälern in vegetationslose Felsregion. Im Terententa l auf 350 Höhenmetern Schatten. Markierte Wege und Steige.

Unschwierig, beim Zugang von der Tiefrastenhütte kurze Stelle I–. Trittsicherheit und Schwindelfreiheit ratsam. Bei Nässe oder Schnee mißliche Verhältnisse. Im Nebel problematische Orientierung.

Beste Jahreszeit: Anfang Juli bis Spätherbst.

Trägt »der Hegedex« – im Volksmund – eine Haube, verschlechtere sich das Wetter, warnt mich ein Hirte im Terententa l. Er schaut stirnrunzelnd zum umwölkten Gipfel, der sich von hier kaum abhebt im gestreckten Massiv der Eidechsspitze. Nach einer Weile platschten die ersten Regentropfen ins Gras!
Bei der *Tiefrastenhütte*, die die meisten Besteiger registriert, kann man den Wink nicht frühzeitig wahrnehmen, denn das Orakel bleibt unsichtbar hinter vorgestellten Bergen. Erst wenn das Gewitter blitzend über die Donnerschlagspitze in den Tiefrastenkessel stürmt, herrscht dort endgültige Klarheit, leider oftmals zu spät für Wanderer.
Von graubraunen Felsstöcken – Kempspitze, Graunock, Gruppachspitze, Gamsburg, Donnerschlagspitze, Kompfosspitze – als geharnischte Naturarena eingeschlossen, steht das schmucke Schutzhaus wie ein Podium seit 1978 oberhalb des flachen Tiefrastensees am Platz der 1912 erbauten, in den dreißiger Jahren ruinierten Fritz-Walde-Hütte. Uneingerechnet Gipfelhungrige und Begeher des sechstägigen Pfunderer Höhenweges, kommen auch Spaziergänger aus dem *Winnebachtal*. Dorthin führt ab Terenten ein holpriges, aber zumutbares Fahrsträßchen. Es verkürzt den Anstieg um etwa 1 Stunde. Ein Stück vor dem Parkplatz, kurz vor einem Wasserbunker (Rastbank), liegt etliche Schritte östlich des Fahrweges in den Wiesen der geheimnisvolle, zertrümmerte »Hexenstein«: ein sogenannter »Schalenstein« beachtlichen Ausmaßes mit konischen Näpfchen und Schalen an der Oberfläche. Heidnische Kultstätte?
Der Gipfelgang im *Terententa l*, südlich der Eidechsspitze, kann ebenfalls durch einen höher als Terenten gelegenen Parkplatz erleichert werden. Bricht man direkt im Ort auf (hinterm Café Mühltal), führt der Weg nahe an Erdpyramiden vorbei. Es sind neben denen bei Platten die einzigen derartigen Erscheinungen im Pustertal. Auf einem rund 150 Meter langen Gelände an der orographisch rechten Seite des Terentenbaches mit Erosionsmaterial der Gletscher der letzten Eiszeit reckt sich unter Lärchen ein knappes Dutzend »Pyramiden«; Folgen des Hochwassers von 1837. 1935 berichtet der Brixener Naturwissenschaftler Raimund von Klebelsberg von »drei richtigen Erdpyramiden mit Deckstein«.
Auffallend in der Umgebung von Terenten sind die zahlreichen, verhältnismäßig gut erhaltenen, ehemaligen Kornmühlen. Sozusagen ein Freilichtmuseum. Ihre Besitzer haben die Mühlen vor dem Verfall gerettet. Spontaner privater Denkmalschutz – irgendwie bezeichnend für die »Terner«, denen eine intakte Umwelt ganz offensichtlich mehr wert ist als herbeigebettelte Steigerungsraten und verschuldete Bettenburgen. Die Gemeinde an der »Pustertaler Sonnenstraße« auf 42,52 Quadratkilometer mit 1347 Einwohnern, so die jüngste Statistik von 1984, ließ sich nicht anstecken vom hysterischen Wintersportbazillus. Sie ging sehr behutsam vor in der Freizeitentwicklung, was Gäste als gesund empfinden werden.
Am imposantesten wirkt die Eidechsspitze zweifelsohne vom Kirchhügel in Pfunders – 1700 Meter über dem abgeschiedenen Pfunderer Tal. Grasarme Schrofenflanken entsteigen dichten Tannenwäldern, schwach südöstlich der scheinbar weltverlorenen Einöde Kammerschien. Der Gipfelstock ist trapezähnlich ausgebildet, bedingt durch das Rote Beil in unmittelbarer Nachbarschaft, das ein Gratkamm mit dem Eidechsgipfel verbindet. Allerdings gibt es aus dem Pfunderer Tal keinen Weg zum »Hegedex«.

Über Tiefrasten

Hinter dem Parkplatz im *Winnebachtal* den Bach überschreiten. Fritzalmhütte und Moarhütte bleiben zurück. Nach 35 Minuten gabelt sich der Almgüterfahrweg. Beim Markierungsfels gerade mit dem oberen Weg (Nummer 23) in ½ Stunde zu den Resten der 1979 von einer Lawine niedergerissenen *Huberalm*

(1912 m). Jetzt auf schmalem Weg. Er holt in einem Rechtsbogen aus und führt dann weniger steil schräg links durch die Hänge hoch zu einer Almhütte und zum flachen Boden (2028 m) der oberen Talöffnung. Etwa ¼ Stunde später nimmt die Steigung wieder zu. Bald wird die *Tiefrastenhütte* (2312 m) sichtbar, die nach insgesamt 2¼ Stunden erreicht wird.
Am Materiallift links vorbei, etwas abwärts, über ein verblocktes Bachbett und über eine grasige Kuppe. Anschließend eine Hangquerung (Steig manchmal abgerutscht). Etwa ½ Stunde nach der Hütte muß eine kurze Felsstufe (I–) bewältigt werden. Man gewinnt die Vertiefung etwas oberhalb der *Kompfosscharte* (2452 m), in der der Kompfosspitze-Nordwestgrat fußt. Weiter in eine langgestreckte Mulde. Links über ein Bächlein und ansteigen zum schwach ausgeprägten Sattel über dem sagenumwobenen Kompfossee (2442 m). Nicht hinunter an das Ufer, sondern von der Wegeteilung mit Markierung 23 westlich in felsigem Terrain, vorbei am *Kleinen Kompfossee* (2531 m) die Tour am Ostrücken fortsetzen. Rote Farbzeichen leiten unmißverständlich über den Punkt 2630 und schwenken nach einer Zeitlang halblinks in den Nordosthang ein. Dort mühsam das letzte Stück hinauf zum *Kreuz*. Von der Hütte 1½ Stunden.

Aus dem Terententał

Von der Fahrverbotstafel (siehe Ausgangspunkte) dem Schotterstäßchen noch 100 Meter folgen. Dann scharf rechts (vor einer Rastbank) mit Markierung 22. Einen Wasserbunker passieren und durch den Fichtenwald. Nach seinem Verlassen in 10 Minuten zur *Raffalthütte* (1732 m). Weiter bergan in ¼ Stunde zur *Engelalm* (1826 m), auf deren Weiden etwa 70 Tiere sömmern. Vom Parkplatz 1¼ Stunden.
Fünf Minuten sind es zur Asenalm (1850 m). Daran links vorbei (Lawinenschutz), nun spürbar steiler bergan, kehrenreich über eine Talstufe in knapp 1 Stunde zur gemauerten *Kompfosalm* (2181 m). Westlich, unterhalb des Gebäudes über den »Ternerbach« und 5 Minuten danach wieder in Kehren, durch den Südosthang des Berges. Nach ½ Stunde rechtshaltend zu einem stumpfen Rücken. Davor wendet sich das Weglein links und erreicht mittels einiger Schleifen die Ausläufer des Ostrückens. An ihm rechts entlang in die hinterste Geröllmulde der Nordostflanke. Von dort ziemlich steil auf den *Gipfel*.

Touristische Angaben

Talort: *Terenten* (1209 m), an den Südausläufern des Gruppachkammes der Pfunderer Berge. Hotels, Gasthöfe, Pensionen. Mittelpunkt ist der Platz vor dem Rathaus (Parkraum) unweit der Pfarrkirche. Zufahrtsstraßen von Niedervintl/Pustertal (6,5 km), von Kiens sowie von Bruneck (18 km); von der Autobahn-Ausfahrt Brixen-Pustertal 17 Kilometer. Busverbindungen. *Sehenswert:* Pfarrkirche St. Georg, vermutlich in den Ursprüngen romanisch (12. Jahrhundert), 1684 neues Langhaus, Deckengemälde aus dem Leben des hl. Georg (Drachenkampf, Martyrium, Aufnahme in den Himmel). Friedhof, »eine der schönsten Anlagen dieser Art im ganzen Lande« (Dr. Josef Rampold).
Ausgangspunkte: Parkplatz im *Winnebachtal* (1550 m), von Terenten (Verkehrsamt) 4,2 Kilometer, Abzweigung 1,5 Kilometer östlich von der Straße nach Pfalzen (Hinweistafel). Zu Fuß von Terenten etwa 1 Stunde.
Parkplatz im *Terententał* (1450 m). Zufahrt: Am westlichen Ortsrand von Terenten (Hotel Tiroler Hof) auf der Asphaltstraße 1 Kilometer in Richtung Margen, dann rechts ab und hinauf zu den Höfen von Sonnenberg (Tiefblick zu den Erdpyramiden). Weiter auf dem Sträßchen bis zur Fahrverbotstafel. Vom »Tiroler

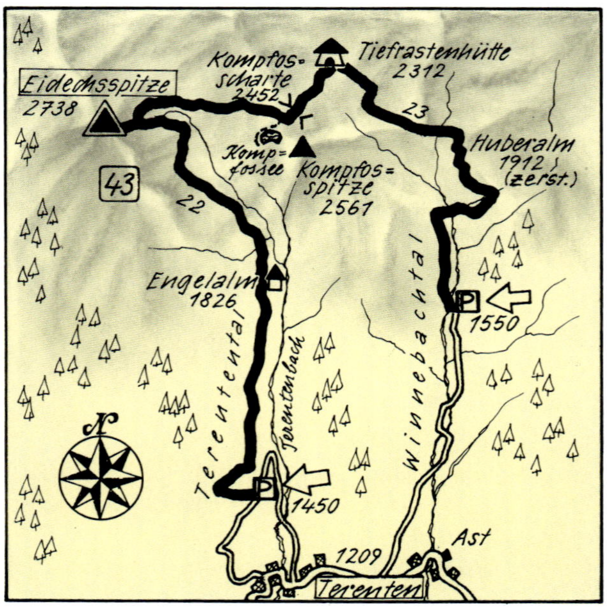

Aus dem Winnebachtal führt der Weg zur Eidechsspitze zunächst in den Hochtalkessel von Tiefrasten, wo die gleichnamige Hütte steht.

Hof« 3 Kilometer. Zu Fuß, vorbei an den Erdpyramiden, in ¾ Stunden.
Höhendifferenzen: Parkplatz Winnebachtal–Gipfel 1200 Meter; Parkplatz Terententai–Gipfel 1300 Meter.
Gehzeiten: Parkplatz Winnebachtal–Gipfel nicht ganz 4 Stunden; Parkplatz Terententai–Gipfel 4 Stunden.
Zwischenstation: *Tiefrastenhütte* (2312 m), AVS-Sektion Brixen, nordöstlich der Eidechsspitze. Bewirtschaftet von Anfang Juli bis Anfang Oktober; 11 Betten, 30 Lager. Tel. 0474/46333.
Karten: Mapgraphic Wanderkarte 1:25000, Blatt Terenten–Pfalzen–Kiens, Herausgeber: Verkehrsvereine Terenten, Pfalzen, Kiens; Freytag & Berndt Wanderkarte 1:50000, Blatt S4 Sterzing, Jaufenpaß, Brixen.

Tour 44

Hochwartspitze, 3061 m

Augenweide auf die höchsten Zillertaler Berge

Tagestouren.

Ab der Eisbruggjochhütte hochalpines Unternehmen an die Randzone des Gliderferners, jedoch so gut wie keine Gletscherberührung. Am Gipfelaufbau plattiger Blockfels. Überwiegend markiert. Ohne Schatten.

Unschwierig bis in die Untere Weißzintscharte. Von dort leichte Urgesteinskletterei, stellenweise I– und I; bei Schnee oder Vereisung der Felsen schwieriger.

Beste Jahreszeit: Mitte Juli bis September.

Als der einundzwanzigjährige Nordtiroler Hermann Delago mit seinem Gefährten Joseph March 1896 die Hochwartspitze entzauberte, war er gewiß begeistert vom Sehschmaus, den die Tour bietet. Selbst ein so verwöhnter und südtirolkundiger Mann wie Delago – unter anderem Eroberer des Delagoturmes von Vajolet sowie des Murfreidturmes am Grödner Joch, Führerautor (»Dolomiten-Wanderbuch«) – mag ob der Eis-Vision gestaunt haben, denn damals besaßen die Gletscher weit größere Ausmaße. Zu Füßen der Hochwartspitze strömt der Gliderferner dem Pfitschtal zu. Nördlich, oberhalb der Hochfeilerhütte, sind im felsdurchsetzten Weißkarferner die breitgetretenen Spuren des Normalweges zum Hochfeiler, an die »Schulter« des höchsten (3509 m) Gipfels der Zillertaler Alpen erkennbar. Links davon der dritthöchste, das Hochfernerspitze-Dreieck (3470 m). Im Nordosten der zweithöchste: Großer Möseler (3497 m). Anschließend der Turnerkamp (3418 m), wo das 2,20 Meter hohe, 1986 geweihte Kreuz grüßt. Südöstlich erhebt sich aus dem Eisbruggjoch die Napfspitze, geschätzt wegen ihrer reichen Kristallvorkommen. Und südwärts lustwandelt der Blick durch die lange Furche des Pfunderer Tales bis zur Plose bei Brixen.
Mit der Hochwartspitze distanziert sich der Kreuzspitzkamm (Pfunderer Berge) vom Zillertaler Hauptkamm. Sie entspringt der Unteren Weißzintscharte und gipfelt im Duett: Haupt-(Ost-)gipfel (3061 m), Westgipfel (3045 m), von dem der Kamm über das Röteck, südlich des Pustertales fortläuft. Das Eis reicht in den Nordflanken nicht mehr so hoch, wie es in den Karten erscheint. Südwestlich entsendet der Westgipfel einen Gratrücken zum engen Schieferplattenspalt des Gaisschartls. Es bildet einen Übergang des sechstägigen Pfunderer Höhenweges, nämlich seiner viereinhalbstündigen Etappe Brenninger-Biwak–Eisbruggjochhütte. Gut Konditionierte können auf diesem anspruchsvollsten Südtiroler Weitwanderweg die Hochwartspitze sogar »mitnehmen«!
Üblicherweise tritt man den Aufstieg am Westufer des 1964 fertiggestellten Nevesstausees an. Bis 1986 (Eröffnungsfeier der Hochfeilerhütte, aus dem Pfitschtal) war er fast ausschließlich Hochfeiler-Startrampe, via Eisbruggjochhütte–Untere Weißzintscharte–Gliderferner. Nebenbei: Heute noch kürzeste und bequemste Route!
Ab dem entlegenen *Dun* im hintersten Winkel des Pfunderer Tales dauert der Hüttenmarsch 1¼ Stunden länger als vom Nevesstausee. Keine Menschenseele. Überhaupt: Dun ist einen Besuch wert. Jahrhundertealter Kulturboden, urkundlich Bergbau (1541, 1729) im Weitenbergtal, wahrnehmbare Er-

Eisbruggsee unterhalb der Eisbruggjochhütte. Im Hintergrund ein Teil der Pfunderer Berge.

denschwere im Banne schwingender alpiner Wucht, eines der letzten dörflichen Paradiese. Der Sage nach soll »Daan«, so die Bauern, Keimzelle des Pfunderer Tales gewesen sein. Früher heizte der Walderhof eine Badstube mit kalter (1,5 Grad) Heilquelle. Von den ehemals zwölf Höfen funktionieren nur mehr drei landwirtschaftlich. Im Juni 1987 wurden acht Steinböcke ausgesetzt, vier Geißen und vier Böcke. Damit ist der Talschluß von Pfunders nach dem Pfossental die zweite Steinwildkolonie Südtirols.

Am *Eisbruggjoch* oberhalb des märchenhaften Eisbruggsees münden beide Gipfelzugänge. Hier baute die Wiener Alpenvereinssektion Edelraute 1908 ein Schutzhaus. Es teilte nach 1919 das Elend aller deutschen Hütten auf italienischem Staatsgebiet: Enteignung. Neueröffnung 1950 unter den Fittichen der CAI-Sektion Brixen als »Rifugio Ponte di Ghiaccio« (Eisbruggjochhütte) – Ex-Edelrautehütte.

Vom Nevesstausee

Am Westufer zunächst orographisch rechts eines Wildbaches bergan. Markierung 26. Nach 20 Minuten bleibt der Wald- und Buschgürtel zurück. Das Pfeifholder Tal öffnet sich. Aus dem schuttgefüllten Hintergrund des Hochtalbodens in ¾ Stunden empor zur *Eisbruggjochhütte* (2545 m). 1¾ Stunden vom Stausee.

Hinter der Hütte erklären rote Pfeile auf Felsblöcken verschiedene Tourenziele. Für uns gilt der, welcher halblinks zum »Hochfeiler« weist. In dieser Richtung vorerst durch Blockwerk. Bald ist der Weg ausgeprägt und mit Platten kommod gestaltet. Um einen Rücken herum in eine Geröllmulde, die man ansteigend quert. Am jenseitigen Rand der Mulde führt die Route rechts hoch – stellenweise wie eine Riesentreppe – und geht in ein Felsenmeer über. Dort beginnt der abschließende Aufschwung in die *Untere Weißzintscharte* (2930 m). Von der Hütte nicht ganz 1¼ Stunden.

Aus der Scharte links (südwestlich), einige Schritte im Firn des Gliderferners, rechts des von Platten gebildeten Schartenrückens zum Gipfelaufschwung. Jetzt am besten rechts, etwas unterhalb der vielzackigen Schneide über wacklige Platten und Blöcke vorsichtig und behutsam zum höchsten Punkt der hohen Warte. 1 Stunde.

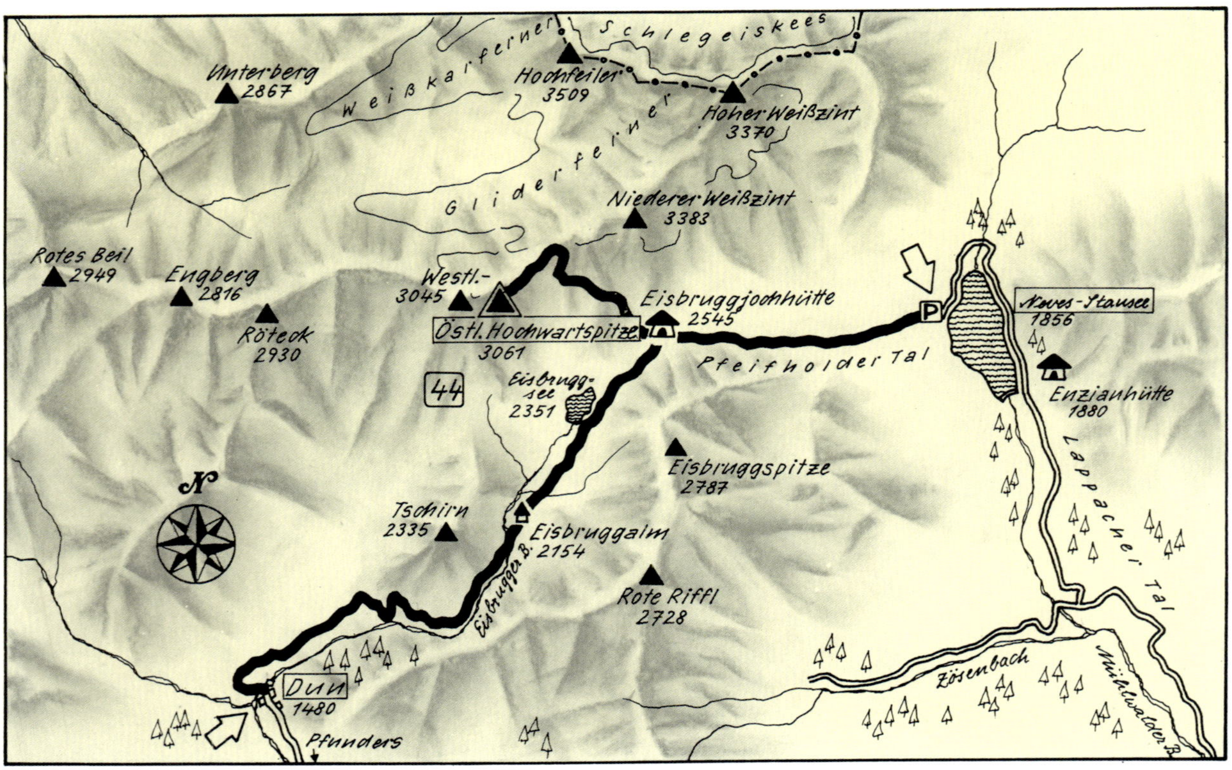

Von Dun

Ab den empfohlenen Parkplätzen auf einem Schottersträßchen in ½ Stunde zum höchstgelegenen Anwesen von Dun, dem *Walderhof* (1608 m). Unter der Scheunenauffahrt hindurch zu einer kleinen Holzhütte. Das Holzgatter passieren. Links zwischen Holzzäunen und einem Trockenmäuerchen zum nächsten Gatter. Über einen Bach zur Wegegabel vor einem Markierungsfelsblock. Hier mit Markierung 13 halbrechts hinunter zum *Eisbruggbach* (Holzsteg). Am anderen Ufer links talein, etwa ¼ Stunde, worauf der Bach erneut überschritten wird. Kurz bergan, dann rechts an Almhütten vorbei in die sogenannte »Eisbrugge«, ein Hochtal. Dort stößt man auf den Pfunderer Höhenweg (Abschnitt Eisbruggjochhütte–Tiefrastenhütte). Zwischen Schaflahner (steiler Lawinenhang) auf der rechten und Tschirn auf der linken Talseite geht es am Eisbruggbach entlang zu den Hütten der *Eisbruggalm* (2154 m). 1¾ Stunden.
Nun hält sich der Wiesenweg an die östliche Talflanke. Farbzeichen leiten in ½ Stunde in die große Karmulde mit dem *Eisbruggsee* (2351 m), der keinen sichtbaren Zufluß aufweist; Länge 370 Meter, Breite 250 Meter. Fundstelle eines Bronzedolches aus der Zeit um 1400 v. Chr. Vom Parkplatz 2¼ Stunden. Rechts, oberhalb des Sees in knapp ¾ Stunde zur *Eisbruggjochhütte* (2545 m). Vom Parkplatz etwa 3 Stunden. Auf den *Gipfel* wie vorstehend beschrieben in ungefähr 2¼ Stunden.

Touristische Angaben

Ausgangspunkte: *Nevesstausee* (1856 m), in der Talweitung der vormaligen Nevesalm, östlich der Hochwartspitze. Von Mühlen/Tauferer Tal 14 Kilometer auf Asphaltstraßen, die letzten 4 Kilometer hinter Lappach ziemlich schmal. Busverbindungen, letzter Bus ins Tal gegen 16.30 Uhr. Etwas oberhalb der 95 Meter hohen Sperrmauer steht im Hang die *Enzianhütte* (1880 m), bewirtschaftet von Pfingsten bis Anfang Oktober, 8 Betten. Der Aufstieg beginnt am Westufer. Fahrweg (2,7 km) von der Staumauer bis zu den Parkgelegenheiten etwas südlich der Ochsenalm.
Dun (1480 m), verstreute Höfesiedlung im innersten Pfunderer Tal. Zufahrtsstraße (3,5 km) von Pfunders beziehungsweise vom Gasthof Brugger. Parkraum am Ende der Talenge. Im Interesse des Natur- und Landschaftsschutzes nicht weiterfahren!
Höhendifferenzen: Nevesstausee–Gipfel 1220 Meter; Dun–Gipfel 1650 Meter.
Gehzeiten: Nevesstausee–Gipfel etwa 4 Stunden; Dun–Gipfel 5 bis 5¼ Stunden.
Zwischenstation: *Eisbruggjochhütte* (2545 m), CAI-Sektion Brixen, auf dem gleichnamigen Joch zwischen Niederer Weißzint und Napfspitze an der Nahtstelle des Zillertaler Hauptkammes zum Gruppachkamm der Pfunderer Berge. Bewirtschaftet von Mitte Juni bis Mitte September; 17 Betten, 30 Matratzenlager. Tel. 0474/490 13.
Karten: Freytag & Berndt Wanderkarte 1:50 000, Blatt S4 Sterzing, Jaufenpaß, Brixen; Kompass Wanderkarte 1:50 000, Blatt 82 Tauferer-Ahrntal.

Tour 45

Speikboden, 2517 m

Liebling des Tauferer-Ahrntales

Halbtagestour von der Michelreiseralm sowie von Pieterstein. Ansonsten Tagestouren.

Markiert. Auf den Zugängen von Sand in Taufers etwa 1200 Höhenmeter Schatten.

Unschwierig.

Beste Jahreszeit: Anfang Juni bis Spätherbst.

Jawohl, beim Speikboden handelt es sich um einen Berg, wenn dies der Name auch verschweigt: höchster und östlichster Gipfel des Mühlwalder Kammes (Pfunderer Berge) vom Nevesjoch, zwischen Weißenbachtal und Lappacher Tal–Mühlwalder Tal, bis an die Ortsränder von Sand und Luttach. Freilich weder achtbare Spitze noch rühmliche Formen – eher eine Kuppe, da hier die Quarzphyllite der alten Gneise weniger resistent sind gegen Verwitterung als zum Beispiel in der benachbarten Durreckgruppe. Speikboden deshalb, weil in der Umgebung das Baldriangewächs Speik vorkommt. Genau gesagt der Echte Speik *(Valeriána céltica),* häufig im Borstgras, mit glänzenden dunkelgrünen Blättern, in der Blüte – Juli, Anfang August – weiß-gelblich, außen rötlich. Die bis zu 15 Zentimeter hohe, aromatisch stark duftende

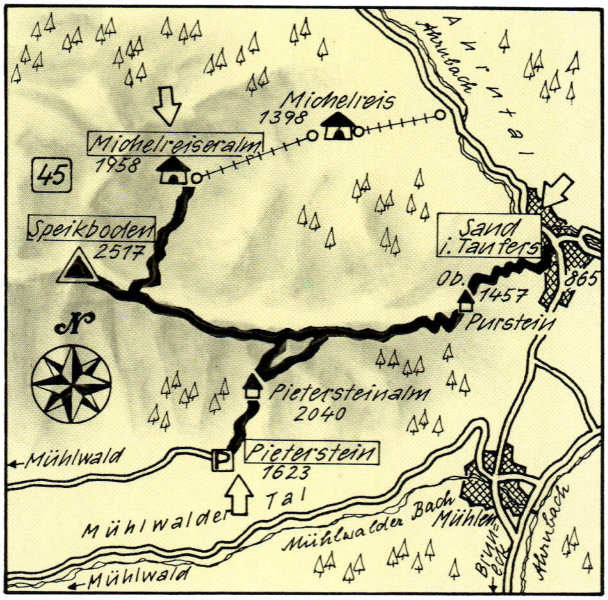

Pflanze gedeiht auf sauren, ausgelaugten, kalkarmen Böden. Früher waren ihre Wurzeln begehrt und wurden korbweise gesammelt. Sie fanden nämlich Verwendung als Parfümrohstoff in der Seifenherstellung. Heute, geregelt durch das Südtiroler Landesgesetz vom 28. Juni 1972, dürfen vom Speik wie von anderen wildwachsenden Pflanzen, die eingeschränkten Schutzvorschriften unterliegen, insgesamt pro Person und Tag allenfalls zehn Blütenstände (-stengel) gepflückt werden. Das Ausreißen ist grundsätzlich verboten!

Ehe das Liftgeschäft dem Kessel um die Michelreiseralm seine Makellosigkeit raubte, genoß der *Speikboden* exklusiven Applaus. Einfach wegen der raumgreifenden und intimen Blicke auf den Zillertaler Hauptkamm, vom Großen Möseler über den Schwarzenstein (direkt nördlich) in die hinteren Gründe des Ahrntales. Mehr als 20 Kilometer ländertrennende Wallmauer: Zackengrate, Gipfel, zivilisationsferne Hochkare, aus denen Gletscherfirn schimmert, kahle Schutthalden, quergestellte lange, schroffe Felsrippen. Ein festliches Bild voll von schöpferischer Urgewalt. Die 1873 gegründete Alpenvereinssektion Taufers favorisierte den Speikboden zu ihrem Arbeitsgebiet. Ein klassischer Aufstieg erinnerte an den 1. Vorsitzenden Dr. Joseph Daimer. 1876 entstand unweit des Gipfels, etwa 100 Meter tiefer auf der Südseite, die längst verfallene Sonklarhütte. Ihr Standort kann aber noch an überwachsenen Grundrissen lokalisiert werden. Daran knüpfte die 1892 institutionierte (aus den in Chemnitz wohnenden Mitgliedern der Sektionen Dresden und Erzgebirge-Vogtland) Sektion Chemnitz. Die Sachsen schufen in den Jahren 1906 und 1907 den 13 Kilometer langen *Kellerbauerweg*, getauft nach Professor Kellerbauer, Gründungsmitglied und Vorstand 1893/94. Er führt am Mühlwalder Kamm entlang zur Nevesjochhütte, 1894 den Tauferern abgekauft, 1895 neu und größer erbaut als Chemnitzer Hütte.

Am schnellsten (1½ Stunden) erreicht man den Gipfel ab der Sessellift-Bergstation bei der Michelreiseralm, allerdings angesichts eines Skizirkus. Seine der Landschaft zugefügten Wunden mögen (und können) nicht heilen. Darunter leidet auch der alte »Daimerweg«, denn sein oberster Teil führt ebenfalls durch den Pistenkessel. Frei von solcherart Eingriffen ist der viereinhalbstündige Aufstieg von Sand über die Pursteinhöfe, aber auch der kürzere (2¾ Stunden) »Geheimpfad« von Pieterstein im Mühlwalder Tal. Dem Zugang von Luttach indes dient ein breiter Forstfahrweg zur Michelreiseralm.

Gipfelsprint

Vom Baum-Wegzeiger etwas oberhalb der Sessellift-Bergstation bei der *Michelreiseralm* geht es zunächst 10 Minuten auf der Skipiste. Anschließend rechts auf schmalem Weg durch Alpenrosen über einen Rükken. Bald wendet sich die Route links zu einem Karkessel. Links zweigt ein Stichpfad ab zu einem kreisrunden Seelein (2280 m). Markierung 27 windet sich hoch an den Kammrücken (2387 m). Hier mündet die Route Sand–Pursteinhöfe; Wegweiser »Hochebene-Sand«. Von der Michelreiseralm knapp 1¼ Stunden. Jetzt rechts (westlich) weiter mit dem Hauptweg. An seiner Gabelung nicht links (Kellerbauerweg), sondern rechts, vorbei an einem Vorgipfel zum Kreuz.

Von Sand über die Pursteinhöfe

Am nördlichen Ortsrand bei der *Schloßbrücke* die Talstraße hangwärts verlassen und auf einem Asphaltsträßchen (Michelreiserweg) ansteigen. Vor dem Gasthaus »Panorama« die Rechtskurve ausgehen, dem Sträßchen noch 5 Minuten folgen. Dann links, aber nur 50 Meter, worauf Markierung 27 A halbrechts als Waldpfad abgeht. Wenig später das Gütersträßchen (links sieht man den Oberen Feuerschwendhof) kreuzen. Jenseits setzt sich die schmale

Spur steil fort, geht in Kehren über, passiert ein Kreuz und stößt nach einiger Zeit wieder auf das Sträßchen zum Oberen Pursteinhof. Entweder auf dem Sträßchen, oder (mühsamer) seine Serpentinen abkürzend, zum *Oberen Pursteinhof* (1457 m); im Sommer zeitweise Jausenstation. Von Sand 1½ Stunden.

Zwischen Wohnhaus und Stallungen hindurch, begleitet von Holzzäunen, nach 10 Minuten rechtshaltend aufwärts zum Wald. Dort links, vorbei an einer Jagdhütte, in 40 Minuten zur sogenannten »Hochebene«, über die die Farbzeichen westwärts lenken, nun merklich flacher als bisher, zum Treffpunkt mit dem Weg von der Michelreiseralm, der uns das letzte Stück zum 1967 aufgestellten Gipfelkreuz führt.

Von Pieterstein

Vom Wendeplatz vor dem *Eggerhof* am Hang ansteigen, linkshaltend auf einem Steiglein neben einem Holzzaun her. Kurz danach rechts ab (Tafel: »Purstein–Sand«) und im Wald steil aufwärts in etwa 25 Minuten zu einem Bachgraben. Rechts über den Bach, gleich danach links, hinauf zu Wiesen und zur *Pietersteinalm* (2040 m), deren Hütten sich am Hang hochstaffeln. Von der obersten Hütte mit dem Weg-

Blick von der Michelreiseralm (Ausgangspunkt zum Speikboden) über Luttach auf den Zentralkamm der Zillertaler Alpen.

lein rechtshaltend, wobei man den lichten, von Schneisen unterbrochenen Hangwald traversiert. Später oberhalb der Waldgrenze auf schwachen Pfadspuren nordöstlich, bis man auf die Markierung 27 A des Weges Sand–Pursteinhöfe stößt. Von Pieterstein knapp 2 Stunden.

Touristische Angaben

Talorte: *Sand in Taufers* (865 m), Hauptort des Tauferer-Ahrntales. Sitz einer Verwaltungsgemeinde mit den Fraktionen Taufers, Mühlen, Kematen, Ahornach, Rein. Hotels, Gasthöfe, Pensionen. Von Bruneck 15 Kilometer. Bus-Bahnhof neben dem Hotel Plankensteiner. Nördlich im Ahrntal (2 km) Talstation der Speikboden-Sessellifte. *Sehenswert*: Burg Taufers aus der Mitte des 13. Jahrhunderts, eine der besterhaltenen Burgen Südtirols; Führungen: Anfang Juni bis Mitte Oktober täglich um 10.00, 11.00, 14.00, 15.15 und 16.30 Uhr. – Ansitz Schrottwinkel, schon 1277 erwähnt, 1510 umgebaut, Hotel. Davor Gedenkstein für den hiesigen Bergführer Johann Niederwieser, vulgo »Stabeler«, u. a. Erstbesteiger des Stabelerturmes von Vajolet. – Ansitz Zeilheim (Rathaus). – Im Dorfpark 2,70 Meter hohe, von einheimischen Schnitzern gestaltete »Geschichtssäule« der hundertjährigen Fremdenverkehrstradition (1985).
Pieterstein (1623 m), Höfegruppe am Sonnenhang des Mühlwalder Tales, südöstlich des Speikboden. Von Mühlwald asphaltierte Straße (7,7 km). Parkraum auf dem Wendeplatz des Sträßchens beim Eggerhof.
Ausgangspunkt: *Michelreiseralm* (1974 m), Selbstbedienungs-Restaurant neben der Bergstation des Speikboden-Sesselliftes; Betriebszeiten: Ende Mai bis Ende September von 9.00 bis 11.45 Uhr und von 13.00 bis 16.00 Uhr, letzte Talfahrt 16.30 Uhr. Talstation an der Straße Sand–Luttach; Parkplätze. Bushaltestelle.
Höhendifferenzen: Michelreiseralm–Gipfel 550 Meter; Sand–Pursteinhöfe–Gipfel 1660 Meter; Pieterstein–Gipfel 900 Meter.
Gehzeiten: Michelreiseralm–Gipfel 1½ Stunden; Sand–Pursteinhöfe–Gipfel 4½ bis 5 Stunden; Pieterstein–Gipfel 2¾ Stunden.
Karten: Mapgraphic Wanderkarte 1:25 000, Blatt 16 Ahrntaler Berge; Kompass Wanderkarte 1:50 000, Blatt 82 Tauferer-Ahrntal; Freytag & Berndt Wanderkarte 1:50 000, Blatt S3 Pustertal-Drei Zinnen.

Tour 46

Großer Mostnock, 3059 m

Herrscher des Tauferer Talkessels

Tagestour.

Anstrengender Aufstieg, der das für gewöhnliche Wanderungen vertretbare Maß sprengt. Überwiegend gut markiert. Am Südwestgrat leichte Kletterei. Noch im Hochsommer Firnreste. Schatten im unteren Teil auf etwa 300 Höhenmeter.

Am Südwestgrat stellenweise I und I+, luftig. Bis dorthin Wege und Pfadspuren. Bei Vereisung der Gratfelsen schwierig, bei Nässe unangenehm.

Beste Jahreszeit: Ende Juli bis Spätherbst.

In Gestalt der Durreckgruppe, deren zweithöchsten Gipfel unser Berg verkörpert, reicht die Venedigergruppe ein gutes Stück, rund 15 Kilometer in Südtiroler Gebiet, was allgemein kaum zur Kenntnis genommen wird. Sie erstreckt sich in durchschnittlich 2700 Metern als vorwiegend komplexer Zug ab der Gabelspitze im Grenzkamm, flankiert vom Ahrntal im Norden sowie von der Furche Knuttental–Reintal im Süden. Herausragender südwestlicher Vorposten ist hoch über Ahornach der Große Mostnock, auf manchen Karten »Moosstock«. Ihn verbindet ein zwei Kilometer langer Grat mit dem Kulminationspunkt Durreck (3130 m).
Der Große Mostnock entsendet zwei Kammrücken. Einen Ast über Kleinen Mostnock–Innerstein, den anderen über Zintnock–Speikwand–Kleines Jöchl. Dazwischen, in der am Auslauf fast einen Kilometer offenen Mulde, verläuft ein Drittel des Normalweges. Ein »Stockwerk« über dem obersten Karkessel der Mulde, annähernd 300 Meter höher, hat der Mostnocksee sein Bett in glazial geschliffenem Gestein: 50 Meter lang, 25 Meter breit. Selbst weitgereiste Alpinisten sind fassungslos vom naturgebannten Zauber

Großer Mostnock von Südosten, aus dem Gelttal.

dieses Erdenfleckens. Grabesruhe, regungsloses azurblaues Leuchten aus fahlgrauem Felsoval in sonst farbloser Umgebung, ein Himmelstropfen! Hier sollte man rasten, etwas oberhalb des nordöstlichen Ufers, Kraft sammeln für den Endspurt. Schließlich sind seit dem Aufbruch schon bald vier Stunden vergangen. Schwach nordwestlich zeigt sich der Schwarzsee vor der Klausnock-Mauer. Sie fällt ins Klausjoch ab, einem beliebten Übergang von Steinhaus/Ahrntal nach Sand in Taufers. Halblinks unterhalb des Joches, aus dem der Rauchkofel ansteigt, lagert das Schloßbergseelein. In der Verlängerung des Klausnocks auf den Zillertaler Hauptkamm besticht die gletscherumflossene Felspyramide des Großen Löfflers. Links von ihm liegt der Grenzkamm Trippachspitze–Flötenspitzen–Trippachkopf und wird vom Rotbachkees mit dem Schwarzenstein unterbrochen. Es folgt augenscheinlich der Turnerkamp-Dreispitz und letztlich der aus den Nevesfernern wachsende Große Möseler.

Obwohl das Mostnock-Horn unmißverständlich Aufmerksamkeit erheischt und mit betörendem Sirenengesang lockt, ist es niemals überlaufen. Beobachtungsgemäß wird der Gipfel mehr von Südtirolern frequentiert als von Urlaubern. Das liegt bestimmt an den Anforderungen der Tour und – trotz magischer Dreitausenderquote – im relativ geringen Bekanntheitsgrad des Berges begründet.

Durch die Westflanke und über den Südwestgrat

Von der bei »Ausgangspunkt« erklärten Parkmöglichkeit zunächst zwei Möglichkeiten:

1. Zum nahen *Gasteigerhof* (1572 m), auf seiner Talseite vorbei und zu einem Fahrsträßchen. Mit ihm rechts. Gleich nach dem *Stockerhof* (1642 m) links ab. Auf schmalerem Weg (Nummer 10 b) in den Wald und dort ¼ Stunde bergan zu Punkt 1786.
2. Auf der Straße weiter, an ihrer Rechtskurve geradeaus, die Forstschranke passieren und 50 Meter danach rechts in den Wald (links mündet der Mostnockweg von Ahornach in die Forststraße). Auf steinigem Weg in 20 Minuten zu Punkt 1786.

Nun zusammen aufwärts in ¼ Stunde zur untersten Hütte (1877 m) von *Schlafhäuser*. Über den Wiesenhang 20 Minuten bergan zur obersten Schlafhäuser-Hütte (2010 m). Hier kreuzt man den *Durreck-Höhenweg* (Rein–Pojen, 6½ Stunden). – Geradeaus, die prächtigen Zirbelkiefern bleiben zurück, schwach rechtshaltend in die Mulde zwischen Außerstein (links) und Innerstein (rechts), beziehungsweise westlich des Kleinen Mostnocks. Etwa ¾ Stunden später erzählt ein Marterl von zwei im Winter 1970 durch Lawinen verunglückten jungen Skialpinisten aus Sand. Nach etwa ¼ Stunde verschwindet die Wegspur auf einem grasigen, felsbesetzten Rücken. Im Osthang des Karkessels, rechtsseitig auf Steigspuren und von roten Farbzeichen geführt, schräg über die streckenweise rutschige Geröllflanke. Bald müssen die Hände zu Hilfe genommen werden. Von der stumpfen Südwestschulter nun flacher in guten 5 Minuten an das Ostufer des *Mostnocksees* (2774 m). Das Gipfelkreuz weist die Richtung. Am Südwestgrat ist ein bißchen Kletterfertigkeit gefragt. Über Blöcke und Platten geht es ausgesetzt zum höchsten Punkt.

Touristische Angaben

Talort: *Ahornach* (1333 m), Fraktion der Gemeinde Sand an den Südwesthängen des Großen Mostnocks. Gasthöfe, Pensionen. Die asphaltierte Zufahrtsstraße (3,5 km) zweigt 600 Meter östlich der Gaststätte Toblhof von der Reintalstraße ab. Busverbindungen. Der Pietzerhof ist die Heimat von Hans Kammerlander (geboren 1956), einem der momentan erfolgreichsten und fähigsten Südtiroler Bergsteiger. *Sehenswert*: Pfarrkirche St. Anna, 1512 in typischer Pustertaler Spätgotik von Valentin Winkler als »Mi-

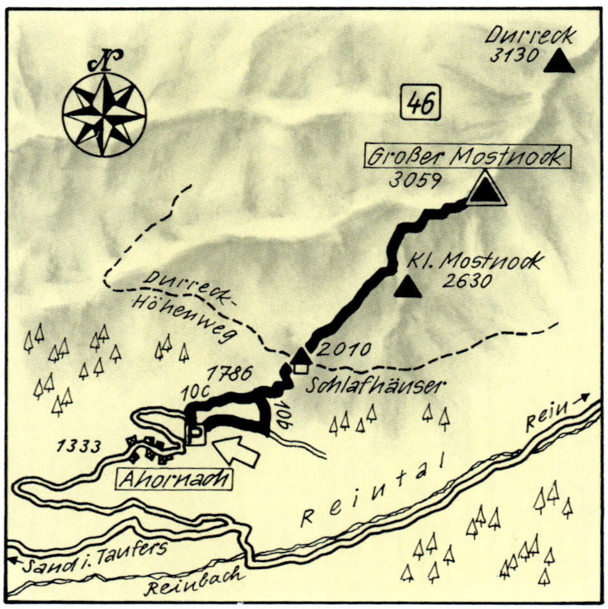

niatur« der Tauferer Pfarrkirche erbaut: neugotisch ausgestattet.
Ausgangspunkt: Ende der für den öffentlichen Verkehr freigegebenen Asphaltstraße ab der Pfarrkirche in Ahornach, vorbei am Gasthof Moosmair. Fahrverbottafel (ca. 1550 m), letzte Parkgelegenheit. Zu Fuß 35 Minuten.
Höhendifferenz: Parkplatz–Gipfel 1520 Meter.
Gehzeit: Anstieg 5 Stunden.
Karten: Mapgraphic Wanderkarte 1:25 000, Blatt 16 Ahrntaler Berge; Kompass Wanderkarte 1:50 000, Blatt 82 Tauferer-Ahrntal; Freytag & Berndt Wanderkarte 1:50 000, Blatt S3 Pustertal, Bruneck, Drei Zinnen.

Tour 47

Gelttalspitze, 3126 m

Haus-Dreitausender der Rieserfernerhütte

Tagestouren.

Gletscherfrei. Aus dem Reintal langgezogener Hüttenweg. Aus dem Antholzer Tal streckenmäßig kürzer, aber mühsamer und stärker der Sonne ausgesetzt; Firnfelder bis August. Beide Hüttenzugänge markiert; etwas Schatten im unteren Teil.

Am Gipfelaufbau einige Stellen I–, sonst Geröllsteig. Überwiegend unschwierig.

Beste Jahreszeit: Ende Juli bis Ende September.

Hat man erst einmal die *Rieserfernerhütte* erreicht, ist weit mehr als die »halbe Miete« gewonnen. Nur noch 334 Höhenmeter auf den Gipfel! Das blitzsaubere Schutzhaus im Gemsbichljoch darf mit »Eins« benotet werden. Gefügt aus Steinmaterial des Gebirges, paßt es geradezu ökologisch in seine hochalpine Heimat. Ein anderes »sehr gut«: mustergültige Gastlichkeit, individuell abgestimmt auf die Erfordernisse des Bergsteigers. Sogar lehrreich: in einem Schaukasten sind die Gesteine der Rieserfernergruppe ausgestellt. Bei der Pächterwahl haben die AVS-Sektionen Brixen und Bozen eine glückliche Hand bewiesen. Arm in

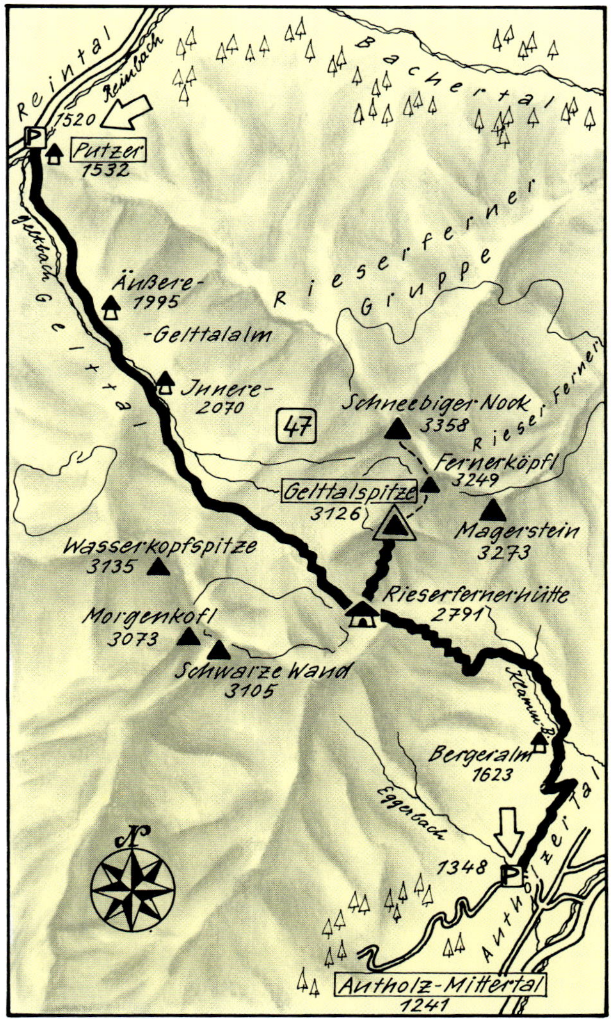

Arm schufen sie den praktikablen Tourenstandort, im Herbst 1979 seiner Bestimmung übergeben als Nachfolge der 1903 erbauten Fürther Hütte des damaligen Deutschen und Oesterreichischen Alpenvereins. Trubel wird hier wohl nie herrschen. Davor schützen die vierstündigen Anmärsche aus den Tälern.
Gut ein halbes Dutzend Dreitausender machen im Nahbereich ihren Knicks. Da wäre einmal der Kranz um den Gelttalferner: Rothwipfel (3065 m), Schwarze Wand (3105 m), Morgenkofl (3073 m), Wasserkopf (3135 m). Gehzeiten ab Hütte zwischen 1½ und 2 Stunden, allerdings verflochten mit Gletscherüberschreitungen und leichten Klettereien in vielfach unzuverlässigem Fels. Nordöstlich ballen sich Gipfel mit teilweise klangvollen Namen. Zuvorderst der

Schneebige Nock (3358 m, 3–4 Stunden), früher »Ruthnerhorn« genannt, zweithöchste Erhebung der Gruppe. Dann der vom Hüttenvorbau sichtbare Magerstein (3273 m, 1½ Stunden), dritthöchster. Mittendrin als topographischer Knoten das Fernerköpfl (3249 m, 1½ Stunden). Schließlich das am wenigsten schwierige und nächste Ziel, die Gelttalspitze. »Dreigratige Felspyramide im Rieserferner Hauptkamm...«, schreibt Werner Beikircher aus Sand in Taufers, universalster Kenner des Gebietes, im »Alpenvereinsführer Rieserfernergruppe«. Fortfahrend: »Der an sich recht hohe Berg geht in der unmittelbaren Nachbarschaft von Schneebigem Nock und Magerstein fast völlig unter, trotzdem wird er als Abstecher von der Hütte und von nicht ausgerüsteten Hochgebirgswanderern ersatzweise gerne erstiegen.«

Geographische Lage: Wir befinden uns sozusagen im Kern der Rieserfernergruppe, eine der kleinsten in den zentralen Ostalpen. Ausdehnung etwa 250 Quadratkilometer, wovon knapp ein Zehntel vergletschert sind, und zwar nordexponiert. Der Hauptkamm mißt 16 Kilometer Luftlinie vom Wasserfalleck über dem Tauferer Tal im Westen zum Almerhorn über dem Osttiroler Defereggental im Osten. Soweit die Visitenkarte der Rieserfernergruppe als Einladung!

Aus dem Reintal

Von den Parkplätzen auf der Brücke über den Reinbach und rechtshaltend mit breitem Weg. Vor der *Putzeralm* (1532 m) links, jetzt bergauf, zwischen riesigen Felssturzblöcken (vom Rasentalnock) hindurch. Lange Kehren leiten im locker bewaldeten Hang – streckenweise Holzgeländer – über die erste Steilstufe in das wunderschöne Gelttal, einen flachen Hochtalboden. Vorbei an der *Äußeren Gelttalalm* (1995 m) und wieder etwas ansteigen zu der 1983 erbauten

Die Rieserfernerhütte mit dem Normalweg zur Gelttalspitze.

Der Große Mostnock (Tour 46) aus schwach südöstlicher Richtung, aus dem Gelttal, beim Aufstieg zur Rieserfernerhütte.

Hütte der *Inneren Gelttalalm* (2070 m). Der Hirte betreut rund zwei Dutzend Rinder eines Bauern aus Aufhofen. Vom Parkplatz 1¾ Stunden.
Über zwei Bachläufe. In der Folge auf der orographisch linken Talflanke mit einem Hangweg bergan, der sich bald links wendet und die zweite Talstufe bewältigt. Riesige Felsplatten liegen herum. Kurz abwärts, halblinks über Bachläufe und den Farbzeichen folgen. Streckenweise ist der alte »Erlanger Weg« mit Platten ausgelegt. Seine Trasse findet selbst ein Blinder! Links schwingt sich die Gelttalspitze auf. Gegen Nachmittag strömt der rotbraune Gneis Wärme aus. Sobald sich ein erster Blick auf den Gelttalferner ergibt, ist der hauptsächliche Aufstieg geschafft, die *Rieserfernerhütte* erscheint. Abschließend eben dahin, ein Seelein passierend, zur nahen Unterkunft. 4 Stunden.

Aus dem Antholzer Tal

An der Nordseite der Straßenbrücke über den Eggerbach linkshaltend ansteigen (Forstschranke), auf der Rückseite der uralten *Eggerhöfe* (1348 m) mit dem Fahrweg durch das Kofelholz zur *Bergeralm* (1623 m). Anschließend wird der Fahrweg links verlassen; Wegweiser. In 10 Minuten hoch zum *Klammbach* (1689 m). Ein Holzsteg hilft zum anderen Ufer. Dort links (Markierung 3) und parallel zum Bach durch Buschwerk und über kleine Wiesenflächen. Etwa ½ Stunde später bei einem Markierungsfelsblock (Aufschrift »Rieserfernerhütte 2½ Stunden«, Zeit stimmt!) links über den Bach. In ¾ Stunden erreicht man die Ausläufer der Geröllströme aus dem Gemsbichljoch. In einer »Zickzackorgie« durch das schmaler werdende Kar. Vorsicht bei eventuellen Firnfeldern! Die Hütte wird erst im letzten Augenblick sichtbar.

Gipfelgang

Rückseitig der *Rieserfernerhütte* zunächst auf deutlich erkennbaren Pfadspuren nördlich und nordöstlich ansteigen, etwa 25 bis 30 Minuten. Dann zweigt links (geradeaus zum Fernerköpfl) ein Geröllsteig zum felsigen Gipfelaufbau ab. Und schon ¼ Stunde

6

später betreten wir den höchsten Punkt der *Gelttalspitze.*
Nordwärts bäumt sich über dem Gelttalferner die fast 400 Meter hohe Südwand des Schneebigen Nocks auf. Im Osten winkt das Kreuz des Magersteins. Beiläufig 2000 Meter tiefer das Wäldergrün des Antholzer Tales.

Touristische Angaben

Talort: *Antholz-Mittertal* (1241 m), Hauptort des inneren Antholzer Tales, im Volksmund »Gassen«, abseits der Talstraße. Hotels, Gasthöfe, Pensionen. Von der Pustertalstraße 8,5 Kilometer; Busverbindungen, Haltestelle neben der Kirche. *Sehenswert:* Georgskirche, spätgotischer Spitzturm, Neubau 1798 im Stil des Barock. Im Gasthof Wegerhof (neben der Kirche) im Erdgeschoß der »Wegerkeller« mit allegorischem Wandschmuck. Gaststube des »Bruggerwirts«. Kirchtag am 3. Sonntag im Oktober, an dem üblicherweise der Almabtrieb erfolgt.
Ausgangspunkte: *Reintalstraße* (1520 m), 8,3 Kilometer von Sand, 3,5 Kilometer von Rein. Unterhalb von Haus Bergblick. Parkplätze an der Brücke und längs der Straße.
Eggerbachbrücke (1348 m), von Antholz-Mittertal asphaltiertes Sträßchen, 1,5 Kilometer. Bei der Brücke beschränkter Parkraum. Oberhalb der Brücke der Egger-Wasserfall (10 Minuten).
Zwischenstation: *Rieserfernerhütte* (2791 m), AVS-Sektion Bruneck, schwach südwestlich der Gelttalspitze. Bewirtschaftet von Anfang Juli bis Ende September; 2 Betten, 20 Matratzenlager, 20 Notlager. Tel. 0474/2228. Vom Reintal 4 Stunden, vom Antholzer Tal 4½ Stunden.
Höhendifferenzen: Reintal–Rieserfernerhütte 1280 Meter, Antholzer Tal–Rieserfernerhütte 1450 Meter; Hütte–Gipfel 335 Meter.
Gehzeiten: Anstieg zur Rieserfernerhütte aus dem Reintal 4 Stunden, aus dem Antholzer Tal 4½ Stunden; Hütte–Gipfel ¾ Stunde.
Karten: Mapgraphic Wanderkarte 1:25000, Blatt 16 Ahrntaler Berge; Kompass Wanderkarte 1:50000, Blatt 82 Tauferer-Ahrntal; Freytag & Berndt Wanderkarte 1:50000, Blatt S3 Pustertal, Bruneck, Drei Zinnen.

Tiefblick vom Rammelstein ins Hintere Wielental, über dem sich die Rieserfernerberge aufbauen.

Tour 48

Rammelstein, 2483 m

1400 Meter über dem Antholzer Tal

Tagestour.

Obwohl der Rammelstein bis nahe an den Kamm bewaldet ist, bietet er nur spärlich Schatten. Baumloses Gelände im Abstieg zum Hochnall, längere Strecken weglos. Rundwanderung.

Unschwierig. Am Ostgrat kurze Blockkletterei, Stellen I–. Bei schlechter Sicht zwischen Rammelstein und Hochnall Orientierungsprobleme.

Beste Jahreszeit: Ende Juni bis Spätherbst.

Von den insgesamt fünf größtenteils selbständigen, bezeichneten Wegen auf den felsigen Hauptgipfel des gleichnamigen Seitenkammes der Rieserfernergruppe sind zwei ausgewählt und zu einer Rundwanderung kombiniert worden. Anfang und Ende ist in Oberrasen, zu Füßen der Burgruine Neurasen. Dadurch sollen die Reize der Routen von Antholz-Niedertal über die Grentealm und den Nordgrat, der Zugang von Oberwielenbach – etwas eintönig – durch das wildreiche Wielenbachtal und ebenfalls am Nordgrat, sowie der »Grentersteig« vom Pustertaler Bergdorf Platten (Erdpyramiden) beileibe nicht geschmälert werden. Die Zusammenstellung entspricht lediglich der nach den Eindrücken des Verfassers lohnendsten Möglichkeit.
Der Rammelstein kam als schönster Aussichtsgipfel des mittleren Pustertales zu Lorbeeren. Ihre Früchte erhalten die Begeisterung im Rahmen der Überschreitung aus dem vorderen Antholzer Tal: Oberrasen – Laneralm – Rammelstein-Ostgrat – Hochnall – Aschbacheralm – Oberrasen. Zwar gestaltet sich der Verlauf des Forstfahrweges gleich zu Anfang nicht gerade abwechslungsreich, erlaubt jedoch umfangreiche Blicke über das Antholzer Tal. Hier und dort mit einem Hirten plaudern! Am Rammelstein-Ostgrat wartet lustige Kraxelei in gewaltigem Urgesteinsblockwerk. Flechten kriechen über den Gneisfels, breiten sich der rauhen Witterung trotzend aus. Es sind die letzten pflanzlichen Lebewesen in der Kahl-

heit des Gipfels. Die Rastbank vor dem Kreuz ist nach Süden ausgerichtet, zu den Dolomiten hin. Im Abstieg eine Stiefelei durch vegetationsarme, leicht bewegte Kuppenlandschaft. Manchmal wirbelt der Wind feinen Sand auf, treibt ihn zwischen harten Grasbüscheln. Oberhalb der Kampfzone des Waldes verlieren sich die Wegspuren in Feldern von Rostroten Alpenrosen. Aufgelockerter Baumbestand – Lärchen und Fichten. Urwüchsigkeit ohne Pfade und Steige. In der Aschbacher Alm wird frische Milch kredenzt. Zum Schluß vielleicht noch ein Abstecher zur *Burgruine Neurasen*, die selbst in morbidem Zustand verhallte Ritterromantik ausstrahlt. Einst war sie Stammsitz der Herren von Rasen, die vorher auf Altrasen (bei Niederrasen) saßen. Ulrich von Rasen errichtete die Anlage um 1230. Vergrößert von 1328 bis 1336 durch den Brixener Fürstbischof Albert von Enna. Seit dem 17. Jahrhundert döst das Gemäuer in Ohnmacht.

Zum Antholzer Tal muß gesagt werden, daß dort vitale Naturbelassenheit pulsiert. Es trennt die Rieserfernergruppe von den Villgrater Bergen und stellt obendrein ersichtlich eine Kulturgrenze für den Pustertaler Raum dar. Mundart und Hausformen ändern sich. Von Westen kommend, sieht man erstmals auf den Wiesen sogenannte »Harpfen«, hölzerne Gestelle zum Heutrocknen, wie sie weiter östlich Usus sind. Im hinteren Tal ist ein internationales Biathlon-Zentrum entstanden. Skilanglauf und Wandern sind die touristischen Angebote. Das schließt störende Zugeständnisse im Landschaftsbild aus. Ich meine, solch vornehme Zurückhaltung sollte man als Naturfreund honorieren!

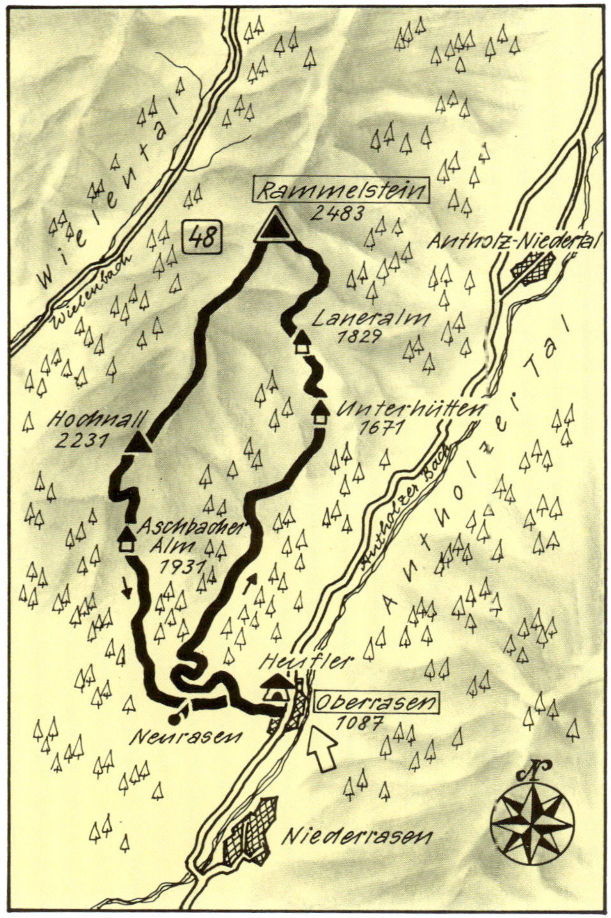

Die Runde

In *Oberrasen*, an der Straßenkreuzung beim Ansitz Heufler, geht es neben dem Lebensmittelgeschäft auf asphaltiertem Sträßchen westlich in 10 Minuten zu einem Wasserbunker; letzte Parkgelegenheit. Rechts, die Schranke passieren und auf dem Fahrweg in mäßiger Steigung – einmal kurz abwärts – zur oberen Hütte der ansonsten offensichtlich dem Verfall preisgegebenen *Unterhütten* (1671 m), zu denen ein Dutzend Stück Vieh gehört. Wenig später wird der Fahrweg links verlassen, beschildert und gut markiert (Nummern 4, 15). Aufwärts, nach 5 Minuten rechts über ein Bächlein. Mittels Pfadspuren den Hang hoch in aufgelockerten Tannenwald, wo sich das Gelände zurücklegt. Quer durch den von Blöcken besetzten Hang zu einer Wiesenflanke. Dort links (Materiallift) und zur *Laneralm* (1829 m). Selbst hier noch sömmert Vieh, etwa 30 Tiere. Von den Unterhütten 25 Minuten.

Hangseitig der Hütte weiter in eine grasige Mulde. An ihrem linken Rand bergwärts, zunächst weglos, danach auf deutlicher Trasse etwa ½ Stunde und rechts zu einer ständig offenen Forstdiensthütte. Von Oberrasen 2¾ Stunden.

In der Folge nahezu eben eine Mulden queren, etwas ansteigen, dann die nächste Mulde ausgehen. Der Waldgürtel gibt uns frei. Die Route wendet sich rechts, traversiert eine Flanke, hinaus zum Ostrücken des Rammelsteins. Von Oberrasen 3¼ Stunden. Nun über den Rücken in Richtung des Gipfels. Nach 10 Minuten stellt sich grobes Felsblockwerk entgegen. Rot-weiße Farbkleckse weichen unhandlichen Hürden aus. Und schon ½ Stunde später begrüßt uns

das *Gipfelkreuz*. Von Oberrasen 3¾ bis 4 Stunden. *Abstieg*: Direkt von der Rastbank südlich auf schmalem Geröllpfad, anschließend über Blöcke und plattigen Fels auf die linke (östliche) Seite des Kammes, wo ein Weglein verläuft, hinunter in eine Senke (2283 m) mit kleinem See. Um den folgenden niederen Kammaufschwung rechts herum und schwach südwestwärts – weitgehend weglos – über grasarme, sandige Böden zum schlichten Holzkreuz des *Hochnalls* (2231 m), einem stillen Aussichtsplatz. Vom Rammelstein 1 Stunde.
Im weiteren Abstieg ist darauf zu achten, daß man sich schwach links hält, in Südrichtung also. Weder Pfad noch Markierung! Etwa 20 Minuten nach dem Hochnall tritt man in die Waldzone ein. Hat man den richtigen »Riecher«, kommt man links der *Aschbacher Alm* auf eine Rodungswiese. Die Almleute erklären gerne den Weiterweg, offiziell Nummer 4, aber erst etwas später, östlich des Baches, als solcher vorhanden. Eine Rechtsabzweigung (nach Redensberg) bleibt unbeachtet. Anhaltend steil im Wald abwärts zu den Wiesen oberhalb des Burgfriedenhofes. Eine Tafel erklärt die Rechtsabzweigung zur Burgruine Neurasen. Der kürzeste Rückweg führt jedoch geradeaus, vorbei am »Burgfrieden« und auf dem Fahrsträßchen vollends hinunter nach *Oberrasen.*

Touristische Angaben

Talort: *Oberrasen* (1087 m), im vorderen Antholzer Tal. Gasthöfe, Pensionen. Von der Pustertalstraße 2,5 Kilometer. Bushaltestelle.
Sehenswert: Ursprünglich gotische (Spitzturm) Andreaskirche. Neubau des Langhauses 1959/60 unter Einbezug des ehemaligen gotischen Hauptportals und der rechten Schiffswand. – Ansitz Heufler (an der Umgehungsstraße), geschlossener Viereckbau von 1578. Besitz einer italienischen Versicherungsgesellschaft, Hotel. Zu besichtigen ist die alte Küche (Bar).
Höhendifferenz: Oberrasen–Rammelstein 1430 Meter.
Gehzeiten: Zum Rammelstein 3¾ bis 4 Stunden; Abstieg über den Hochnall etwa 3½ Stunden; insgesamt 7¼ bis 7½ Stunden.
Karten: Mapgraphic Wanderkarte 1:25000, Blatt Bruneck und Umgebung oder Blatt Antholzer Tal (herausgegeben vom Verkehrsverein Antholz); Freytag & Berndt Wanderkarte 1:50000, Blatt S3 Pustertal, Bruneck, Drei Zinnen.

Tour 49

Karbacher Berg, 2518 m

Gsieser Almenparadies

Tagestouren.

Wanderungen in Almregionen: dort weglos, ohne Bezeichnung. Aus dem Karbachtal wenig Schatten, sonnengeschützter aus dem Gsieser Tal.

Unschwierig. Am Gipfelaufbau ist ein gewisses Maß an Trittsicherheit empfehlenswert, bei Nässe oder Schnee Rutschgefahr. Im Nebel treten nicht zu unterschätzende Orientierungsprobleme auf.

Beste Jahreszeit: Juni bis Spätherbst.

Das *Gsieser Tal* erstreckt sich von Welsberg im Hochpustertal nordostwärts durch einen Teil der Villgratner Berge. Es birgt unter allen Talschaften des Landes die verhältnismäßig am intensivsten betriebene Almwirtschaft. Indiz für fundamentale Ökologie. Die Gsieser haben sich ganz bewußt dem »sanften Tourismus« verschrieben – seitab vom lauten Verkehr. Ihre scharfsinnige Logik und ein starkes Heimatbewußtsein finden lebhaften Niederschlag in unverbildetem Bauerntum. Man hat gleichsam die Kirche im Dorf gelassen, Modetrends den Eingang verwehrt. Nirgendwo gehen Symptome von Verstädterung auf die Nerven oder wäldersabotierende Liftschneisen. Schlaraffenland für natursuchende Wandersleut' – Skilangläufer-Glückseligkeit im Winter.
Von den zwei Dutzend Gipfeln in der langen U-Form der Talumrandung nimmt der Karbacher Berg, in Gsies auch »Fellhorn« genannt, zwar keinerlei Sonderstellung ein, vermittelt jedoch einen gepflegten, repräsentativen Streifen des angesprochenen Almenparadieses. Er gehört zum Schindelholzer Kamm, entspringt einem Ast, der bei der Regelspitze südlich abzweigt. Sein höchster Punkt hat mehr Ähnlichkeit mit einem Krater als mit einem Gipfel landläufiger Art. Gegen Süden senkt sich der Karbacher Berg als breiter Wiesenrücken – Hochweide Vigein – zum grünen, kreuzgezierten Hörneckele an der Wald-

Der Karbacher Berg von Osten. Rechts der Anstieg von St. Magdalena; links vom Gipfel der Abstieg zurück ins Gsieser Tal.

grenze, zwischen Gsieser Tal und Karbachtal, nordwestlich von St. Martin. Das 12 Meter hohe Kreuz ist aus 270 Lärchenholzteilen zusammengesetzt und wurde im Herbst 1988 von der Alpenvereinsgruppe der Außenstelle Gsies errichtet.

Um der Gesamtheit des Berges gerecht zu werden, erfolgt die Vorstellung des Weges aus dem Karbachtal über die Kapaiernalm sowie eine Rundtour St. Magdalena – Karbacher Berg – Hörneckele – Ragotzalm – Harmberg – St. Magdalena, also aus dem Gsieser Tal. Welcher Möglichkeit man den Vorzug geben soll, kann ich objektiv selbst nicht sagen. Jede hat ihre eigenen Effekte.

Aus dem Karbachtal

Vom *Karbacher Hof* dringt ein Almgüterfahrweg ins Karbachtal ein. Nach ¾ Stunden befindet sich links etwas unterhalb des Weges eine originelle Gedenktafel für Gregor Kahn. Etwa ¼ Stunde später geht es am Stausee (für das Elektrizitätswerk des Gsieser Tales) vorüber, zu den Holzhäusern der malerischen *Gallfallalm* (1667 m). Ihr folgen die drei Hütten der *Gröffleralm* (1681 m). An der Wegegabel geradeaus in 5 Minuten an das Ufer des Karbaches. 1¾ Stunden.

Vor dem Bach wird das Sträßchen (zur Ochsenfelder Alm) rechts verlassen; Tafel. Jetzt auf anfangs steingepflastertem Militärfahrweg, der sich bald verschmälert und in Kehren hochleitet, zum untersten Gebäude (1974 m, Milchausschank) der *Kapaiernalm.* Bis zur Brandkatastrophe 1830 standen die drei Häuser etwas unterhalb. Rund 60 Stück Vieh gehören dazu. Vom Karbacher Hof 2½ Stunden.

Ab dem obersten Almgebäude (2050 m) schwach linkshaltend noch einige Minuten dem Militärsträßchen folgen, dann rechts ab und weglos über den Alpenrosenhang. Danach links des tief eingeschnittenen Baches. Im Hintergrund dieses Sekundärtälchens ein Bächlein überschreiten. Nun rechts der Bachmulde. Vorbei an einem Felsstock (Markierungsfarben). Anschließend über den flachen Rücken zwischen den Bachläufen, wobei man sich mehr an die rechte Mulde hält, bis eine deutliche Spur über den Bach führt,

in 5 Minuten hinaus in einen flachen Wiesenkessel. Dort linkshaltend in die hinterste Talmulde, in der grobes Geröll lagert. Daran links vorbei, den steilen Grashang empor in die *Außerpfinnscharte* (2395 m), einer Einsattelung am Nordrücken des Karbacher Berges. Vom Ausgangspunkt 3¾ Stunden.
Rechts (südlich) etliche Meter auf dem Sattelrücken, wonach der Steig linkshaltend dem Felsaufschwung ausweicht. Die Spuren verschwinden im Trümmerwerk einer Mulde. An ihrem rechten Rand hoch, Felsbrocken umgehen, etwas später am linken Rand des Gipfelrückens auf einen kleinen Absatz. Schließlich zur Gipfelfläche und zum großen Steinmann. 4¼ Stunden.

Rundwanderung von St. Magdalena

Vom Feuerwehrhaus auf dem Asphaltsträßchen in ¼ Stunde ansteigen nach *Huiben* (1526 m), eine ursprüngliche Höfegruppe. Geradeaus, unter einer Stadelauffahrt hindurch und querend in die Mulde des Pfinnbaches. Auf einer Brücke über den Bach. Etwa 50 Meter danach rechts dem Wegweiser und Markierung 10 folgen durch den Pfinnbachtobel in ungefähr 1 Stunde zur Waldgrenze. Der Bach bleibt unser Begleiter. Auf den Heuwiesen stehen verstreut die Pfinnhütten, in denen zeitweise die Mäher nächtigen. Weiter oben geht man auf einen markanten Steinmann zu. Von dort halblinks – schwache Wegspuren – hinauf in die *Außerpfinnscharte* (2395 m), die linke der beiden Scharten, am Nordrücken des Karbacher Berges. Nun links (südlich) wie vorher beschrieben in etwa ½ Stunde zum Steinmann auf dem *Karbacher Berg*. Von St. Magdalena 3¼ Stunden.
Abstieg: Ohne Weg südlich über einen Grashang in ¼ Stunde zu einem aus Natursteinen gefügten Hirtenhüttchen. In der Folge hält man sich am besten auf der rechten Seite des Kammrückens und gelangt in einen kleinen Wiesensattel, an dem beiderseits Wege münden. Leichter Gegenanstieg zum nahen *Hörnekkele* (2127 m). Vom Karbacher Berg 1 Stunde.
Zurück in den Wiesensattel und rechts abwärts, nordöstlich über Wiesen, eine Bachmulde queren und zu der sommers einfach bewirtschafteten (Milch, Käse etc.) *Ragotzalm* (2014 m), wo meist Jugendgruppen ihre Ferien verbringen. Vom Hörneckele ¼ Stunde. Weiter abwärts, nach 20 Minuten auf eine Lichtung. An der Heuhütte links vorbei und im Wald in steilen Kehren hinab zu einem breiten Querweg. Rechts, wenig später erneut rechts, in den Weiler *Harmberg* (1349 m), der aus zwei Höfen besteht: »Innerharmer« und »Außerharmer«. Das Asphaltsträßchen von Harmberg mündet nach guten 5 Minuten in die Talstraße bei der Ortstafel von St. Magdalena. Entweder auf der Straße in ½ Stunde zum Ausgangsort, oder zur nahen Bushaltestelle bei der überaus reizvollen Höfegruppe von *Kapaiern*.

Touristische Angaben

Talort: *St. Martin* (1276 m), Ortsteil der Gemeinde Gsies, 13 Kilometer von Welsberg/Pustertal. Busverbindungen. Ortskern etwas abseits der Talstraße. Hotels, Gasthöfe, Pensionen. *Sehenswert*: Pfarrkirche St. Martin, heutiger Barockbau von 1782, gotischer Turm der 1425 erstmals erwähnten Kirche. Im Chor Reste eines Ecce-homo-Freskos (Christus als leidender Heiland) des Simon von Taisten. – Haspinger-Denkmal (zugleich Krieger-Ehrenmal), Bronzefigur des Kapuzinerpaters Joachim Haspinger aus St. Mag-

Im Karbachtal, am Weg über die Kapaiernalm zum Karbacher Berg.

dalena, »Ideologe« Andreas Hofers. – Oberhalb des Kirchenwirts die Haspinger-Gedenkstätte im ehemaligen Schießstand. – Wirtshaus Kahn, historischer Gasthof; im Flur die bis ins frühe 15. Jahrhundert zurückreichende Geschlechtertafel einer der ältesten auf dem gleichen Hof lebenden Tiroler Familien, die überdies in ununterbrochener Reihenfolge seit bald 600 Jahren den Mesnerdienst versieht; 1985 feierte Kassian Kahn sein 50jähriges Mesnerjubiläum; der Sohn Josef führt das Gasthaus.

St. Magdalena (1398 m), letzte Ortschaft im Gsieser Tal, 16 Kilometer von Welsberg. Busverbindungen. Hotels, Gasthöfe, Pensionen. *Sehenswert*: Pfarrkirche St. Magdalena, spätgotisch, 1488 geweiht, 1952 Anbau des Hauptschiffes. – Haspingerhof (»Spekker«), Geburtsstätte (28.10.1776) von Johann Simon Haspinger, dem Kapuzinerpater Joachim. Der rothaarige Geistliche trieb Andreas Hofer 1809 zum letzten Widerstand (siehe auch St. Martin). Der Hof (Haus Nr. 18) wurde 1640 erbaut.

Ausgangspunkt: *Karbacher Hof* (1430 m), Gasthof-Pension über der Mündung des Karbachtales ins Gsieser Tal. Die asphaltierte Zufahrtsstraße (1,3 km) zweigt 400 Meter von St. Martin bei dem 1830 geweihten Kirchlein Maria Heimsuchung von der Talstraße ab.

Höhendifferenzen: Karbacher Hof–Karbacher Berg 1100 Meter; St. Magdalena–Karbacher Berg 1120 Meter.

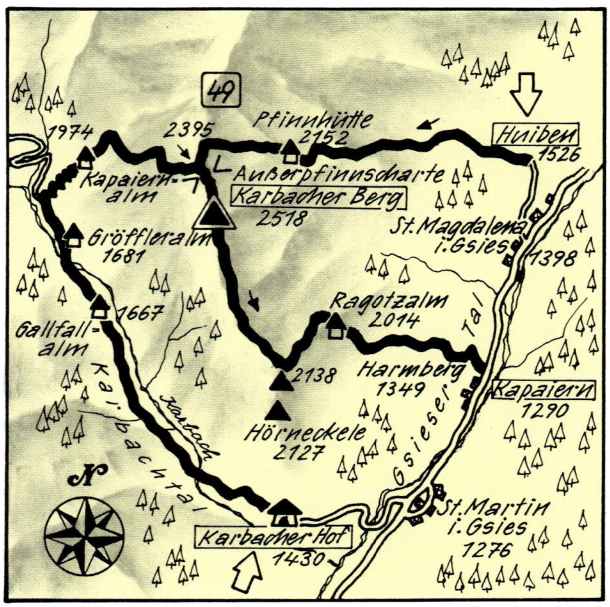

Gehzeiten: Karbacher Hof–Karbacher Berg 4¼ Stunden; St. Magdalena–Karbacher Berg 3¼ Stunden; Abstieg und Rückweg etwa 3¼ Stunden; insgesamt 6½ Stunden.

Karte: Freytag & Berndt Wanderkarte 1:50 000, Blatt S3 Pustertal, Bruneck, Drei Zinnen.

Tour 50

Hochkreuzspitze, 2739 m

Am Ende der Gsieser Welt

Tagestour.

Durch Wälder und über Almen in felsiges Gelände; markierte Wege. Schatten im unteren Teil auf etwa 500 Höhenmeter. Rundwanderung.

Unschwierig, am Übergang Südgipfel–Nord-(Haupt-)gipfel jedoch Trittsicherheit angebracht.

Beste Jahreszeit: Mitte Juni bis Spätherbst.

Die Sackstraße durch das Gsieser Tal sperrt nach 17 Kilometern bei St. Magdalena eine Fahrverbotstafel. Den Talschluß säumen in weitem Bogen die Villgrater Berge. Höchster im östlichen Halbrund, im Kalksteiner Kamm, ist die Hochkreuzspitze. Sie versteckt sich allerdings nordöstlich von St. Magdalena hinter einem Vorgipfel, so daß man in der Ortschaft vergebens danach Ausschau hält. Dessen ungeachtet: erstrebenswertestes Alpinziel in diesem Abschnitt des Grenzkammes. Er scheidet das Gsieser Tal vom Osttiroler Defereggental. Dort liegen die Gewichte der Rundsicht – über das Defereggental hinweg zum Lasörlingkamm, über dem die entfernten Gletscher des Großvenedigers blinken. Nordwestlich erkennt man am Gsieser Törl italienische Militärgebäude der dreißiger Jahre, Reste eines unter Mussolinis Marschall Pietro Badoglio gegen Österreich beziehungsweise Hitlers Großdeutsches Reich konzipierten »Alpenwalls«, die »Linea Badoglio«. Jenseits des Törls erhebt sich das Deferegger Pfannhorn.

Wie überall am Kalksteiner Kamm bleiben auch Besteigungen der Hochkreuzspitze in erträglichem Ausmaß. Den Jausenbetrieb läßt man bei der Uwaldalm

Am Ortsanfang von St. Magdalena. Hinter der vorgelagerten Wald- und Wiesenkuppe spitzt ein Teil der Hochkreuzspitze hervor.

zurück. Sie bildet den Auftakt des Almweges 2000. Ab Uwald empfängt uns saubere Landschaft, zunächst auf den lichten Weidewiesen der sogenannten »Platte«. Unterhalb des Pfoisattels ruht in alten Gneisen bewegungslos der finstere Pfoisee: nachtdunkle Lake, ohne hoffendes Grün an den Rändern, allein Schutt und Trümmer. Im Pfoisattel hat man sich auf 140 Höhenmeter an den Gipfel herangetastet, der immer noch unsichtbar ist, jetzt aber nur mehr ½ Stunde entfernt. Grenzsteine leiten das Finale am Kammscheitel ein – 1200 Meter den Tälern entflohen.

Von St. Magdalena

Vom Ausgangspunkt über den Pidigbach. Gleich danach links auf einem Fahrweg in 10 Minuten zum Pfoibach; letzte Parkmöglichkeiten vor und nach dem Bach. Nun entweder auf dem Almgüterfahrweg, oder abwechslungsreicher etwa 100 Meter vor dem Pfoibach rechts über eine Wiese bergan zum Markierungsfels, wo der »Talblickweg« gekreuzt wird. Geradeaus zum Wegweiser. Links über den Pfoibach, wenig später beim Kreuz rechts und dem alten Weg folgen, bis er in den Fahrweg mündet.

Vor der Pfoibachbrücke links. Bei der Rastbank scharf links und im Waldhang aufwärts, erneut zum Almgütersträßchen, auf dem man noch etwa 20 Minuten bleibt. Dann schwenkt Wegnummer 12 rechts ein und führt uns in 10 Minuten zur *Uwaldalm* (2042 m). Vom Ausgangspunkt 1¾ Stunden.

Am Brunnentrog vorbei und mit den Farbzeichen (Markierung 12) nordöstlich ansteigen, am Weidezaun entlang. Etwa 35 Minuten nach der Uwaldalm legt sich der Hang etwas zurück. Links der Spur ein kleiner Tümpel. In der Folge wieder steiler durch Grasflanken. Nach insgesamt knapp dreistündigem Aufstieg führt der Weg abwärts in der Ostflanke des felsigen Nieder-Hochkreuzes. An der Gabelung gerade, das heißt Gegenanstieg in eine Karmulde und aus ihr rechts zu Mauerfundamenten. Nach 5 Minuten übernimmt uns der Pfoitalweg zum hintersten Talgrund. Von dort kehrenreich hoch in den Kessel des Pfoisees. Links oberhalb des Sees weiter in die nächste Mulde (Tümpel), aus der es nur noch wenige Schritte zum *Pfoisattel* (2508 m) sind. Vom Ausgangspunkt etwa 3½ Stunden.

Aus dem Sattel links, nördlich von Grenzsteinen und

Kurz unter der vom ersten Schnee bedeckten Hochkreuzspitze.

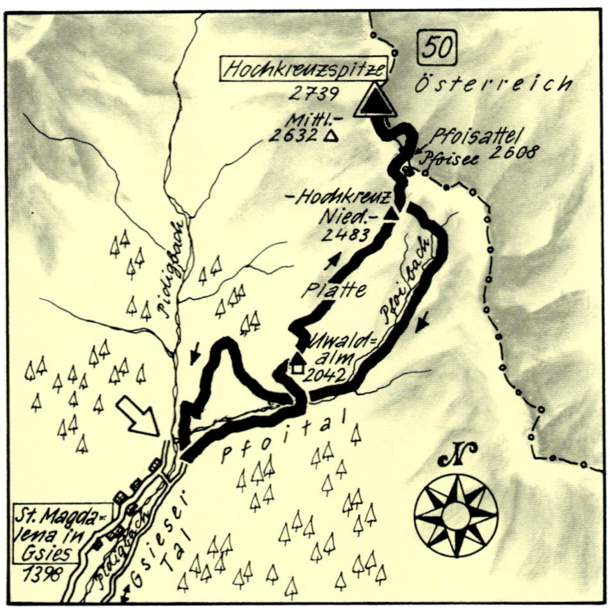

Markierungsfarben geleitet weglos hoch, etwas später auf Pfadspuren rechtshaltend zum Ostrücken des Südgipfels. Über ihn erreicht man in 10 Minuten den Grenzstein 98 auf der Kuppe des Südgipfels. Ein teilweise felsiger Grat stellt die Verbindung (300 m) zum *Hauptgipfel* dar. Von St. Magdalena 4 Stunden.

Abstieg: Zurück bis zur Einmündung der Aufstiegsroute. Wir bleiben auf dem breiten, einstigen Militärfahrweg auswärts im Pfoital. In langgezogenen Schleifen hinunter zur *Pfoialm* (2024 m). Der willkommene, kniegelenkschonende Almgüterfahrweg liefert uns schließlich wieder bei den Parkplätzen ab.

Touristische Angaben

Talort: *St. Magdalena* (1398 m), siehe Tour 49.
Ausgangspunkt: Ende der Asphaltstraße, von der Kirche 1 Kilometer talein. Parkplätze; ca. 1500 Meter.
Höhendifferenz: Ausgangspunkt–Gipfel 1300 Meter.
Gehzeiten: Aufstieg 4 Stunden; Abstieg 2½ bis 3 Stunden; insgesamt 6½ bis 7 Stunden.
Karte: Freytag & Berndt Wanderkarte 1:50 000, Blatt S3 Pustertal, Bruneck, Drei Zinnen.

Anhang

Zeitbedingte Toureneinteilung

HALBTAGESTOUREN

1 Rötlspitze
3 Hintere Schöntaufspitze (ab Schaubachhütte)
22 Flecknerspitze
23 Jaufenspitze
27 Johanniskofel
28 Rittner Horn
34 Tatschspitze
39 Rotbachlspitze
42 Gitsch
45 Speikboden

TAGESTOUREN

3 Hintere Schöntaufspitze (ab Zufallhütte)
4 Hinteres Schöneck
5 Tschenglser Hochwand
6 Orgelspitze
7 Hasenöhrl
8 Naturnser Hochwart
9 Laugenspitze
10 Gantkofel
11 Monte Roèn
12 Elferspitze
13 Rotebenkopf
14 Im Hinteren Eis
16 Nockspitze
17 Vermoispitze
18 Roteck
19 Spronser Rötelspitze
20 Mutspitze
21 Hohe Kreuzspitze
24 Alplerspitze
25 Hirzer
26 Großer Ifinger
28 Rittner Horn
29 Villanderer Berg – Sarner Scharte
30 Kassianspitze
31 Lorenzispitze – Plankenhorn
32 Königsangerspitze
33 Tagewaldhorn (vom Durnholzer See)
35 Weißhorn
36 Telfer Weißen
38 Wolfendorn
40 Wilde Kreuzspitze
41 Rensenspitze – Plattspitze
43 Eidechsspitze
44 Hochwartspitze
45 Speikboden
46 Großer Mostnock
47 Gelttalspitze
48 Rammelstein
49 Karbacher Berg
50 Hochkreuzspitze

ZWEITAGESTOUREN

2 Ortler
15 Hohe Wilde
18 Roteck
33 Tagewaldhorn (von Mittewald)
37 Becher

Literaturhinweise

Beikircher, Werner; Alpenvereinsführer Rieserfernergruppe. Bergverlag Rudolf Rother, München.

Beikircher/Hellweger; Alpinführer Tauferer-Ahrntal. Verlagsanstalt Athesia, Bozen.

Diener, Carl; Die Zillertaler Gruppe. Erschließung der Ostalpen, Seite 3-109. Berlin 1894.

Dondio, Willy; Schutzhütten in Südtirol. Landesfremdenverkehrsverband für Südtirol, Bozen.

Dumler, Helmut; Höhenwege im Vinschgau, zwischen Meran, Ortler und Passeier. Bruckmann Verlag, München.

– Wanderwege vom Bodensee nach Oberitalien (Europäischer Fernwanderweg 5). Bruckmann Verlag, München.

– Gebietsführer Südtirol, Band 2 (Sarntaler Alpen, Texelgruppe). Bergverlag Rudolf Rother, München.

– Gebietsführer Südtirol, Band 3 (Pfunderer Berge, Antholzer Tal, Gsieser Tal). Bergverlag Rudolf Rother, München.

– Burgen und Schlösser in Südtirol. Fink-Kümmerly & Frey-Verlag, Ostfildern.

– Wanderführer Südtirol. Fink-Kümmerly & Frey-Verlag, Ostfildern.

Ellmenreich, Helmut; Die Meraner Bergwelt. Südtiroler Verlagsservice.

Fink, Hans; Wanderlandschaft Südtirol. Volkskundlich erforscht, erlebt, erzählt. Verlagsanstalt Athesia, Bozen.

– Volkskult und Ahnenbrauch in Südtirol. Tyrolia Verlag, Innsbruck.

Gufler, Christoph; Passeier. Südtiroler Gebietsführer, Band 36. Verlagsanstalt Athesia, Bozen.

Haller, Franz; Die Welt der Felsbilder in Südtirol. Hornung Verlag Viktor Lang, München.

Holl, Peter; Alpenvereinsführer Ortleralpen. Bergverlag Rudolf Rother, München.

Jäckh, A.; Der zentrale Teil der Rieserfernergruppe. Zeitschrift des Deutschen und Österreichischen Alpenvereins 1911, Seite 226–263.

Keim, Maike; Ist Südtirols Kulturlandschaft zum Untergang verurteilt? Zeitschrift »Schlern« 1974, Seite 137.

Klebelsberg, Raimund v.; Die Geologie Tirols. Berlin 1935.

Klier, Heinrich; Alpenvereinsführer Ötztaler Alpen. Bergverlag Rudolf Rother, München.

– Alpenvereinsführer Stubaier Alpen. Bergverlag Rudolf Rother, München.

– Alpenvereinsführer Zillertaler Alpen. Bergverlag Rudolf Rother, München.
Koch, Giovanna; Untervinschgau. Südtiroler Gebietsführer Band 34. Verlagsanstalt Athesia, Bozen.
– Vinschgauer Oberland. Verlag Tappeiner, Lana.
Lammer, Guido; Die Texelgruppe. Zeitschrift des Deutschen und Österreichischen Alpenvereins 1901, Seite 298–318 sowie 1902, Seite 281–311.
Lunz, Reimo; Archäologie Südtirols, Band 7. Manfrini, Calliano.
Mahlknecht, Bruno; Sarntal. Südtiroler Gebietsführer, Band 9. Verlagsanstalt Athesia, Bozen.
Mayr/Ortner; Südtiroler Naturführer. Verlagsanstalt Athesia, Bozen.
Menara, Hanspaul; Sarntaler Alpen. Verlagsanstalt Athesia, Bozen.
– Südtiroler Bergseen. Verlagsanstalt Athesia, Bozen.
– Südtiroler Urwege. Verlagsanstalt Athesia, Bozen.
– Südtiroler Waalwege. Verlagsanstalt Athesia, Bozen.
– Sterzing und Umgebung. Verlagsanstalt Athesia, Bozen.
Ortner, Peter; Tierwelt der Südalpen. Verlagsanstalt Athesia, Bozen.
Rampold, Josef; Südtiroler Landeskunde Band 1 (Vinschgau), Band 2 (Pustertal), Band 5 (Eisacktal), Band 7 (Bozen und Umgebung). Verlagsanstalt Athesia, Bozen.
Rochlitz, Karl-Heinz; Der Vinschgauer Sonnenberg. Zeitschrift »Bergwelt«, 4/1987, Seite 74–78.
Schwarzgruber, Hermann; Die Durreck-Gruppe. Zeitschrift des Deutschen und Österreichischen Alpenvereins 1878, Seite 318–337.
Staffler, Johann Jakob; Das deutsche Tirol und Vorarlberg topographisch. Band 1 und 2. Innsbruck 1841 und 1846.
Staindl, Alois; Kurze Geologie von Südtirol. Reihe »An der Etsch und im Gebirge«. Brixen.
Trenker/Dumler; Die schönsten Höhenwege in Südtirol. Bruckmann Verlag, München.
Weber, Beda; Das Land Tirol. 3 Bände. Innsbruck 1837/38.
Weingartner, Josef; Die Kunstdenkmäler Südtirols, Band 1 und 2. Verlagsanstalt Athesia, Bozen.

Bildnachweis

Farbdiaarchiv Gunda Amberg, Gröbenzell: 77, 89, 90, 91, 94;
Bildarchiv Bernd Bräuer, Mainz: 18, 37, 38, 104, 151;
Willy Dondio, Bozen: 2, 40, 41, 43, 47, 48, 65, 66, 71, 72, 75, 83, 84, 86, 96, 101, 118, 128, 154, 177, Einband-Rückseite rechts;
Peter Dörr, Feldafing: 175;
Dieter Drescher, Meran: 81, 85, 93;
Helmut Dumler, Augsburg: 17, 24, 27, 28, 51, 54, 57, 58, 60, 62, 67, 69, 73, 98, 100, 102, 110, 111, 115, 116, 121, 124, 125, 129, 131, 137, 139, 141, 142, 146, 149, 159, 163, 165, 168, 169, 174;
August Forkel, Dinkelsbühl: 145, 147, 157, 170, 178;
Ernst Höhne, Unterschleißheim: 9, 12, 19, 21, 23, 97, 127, 152, Einbandtitel;
Hanspaul Menara, Oberbozen: 133, 135;
Hans Pescoller, St. Martin in Thurn: 16;
Tappeiner Werbefoto, Lana bei Meran: 33, 80;
Vittorio Tosi, Bozen: 35, 70, 122, 123;
Fritz Ziegast, München: 31, 53, 107, 108, 112, Einband-Rückseite links.
Die Kartenskizzen zu den Touren und auf dem Vorsatz zeichnete Bernd Riffler, Bernried.

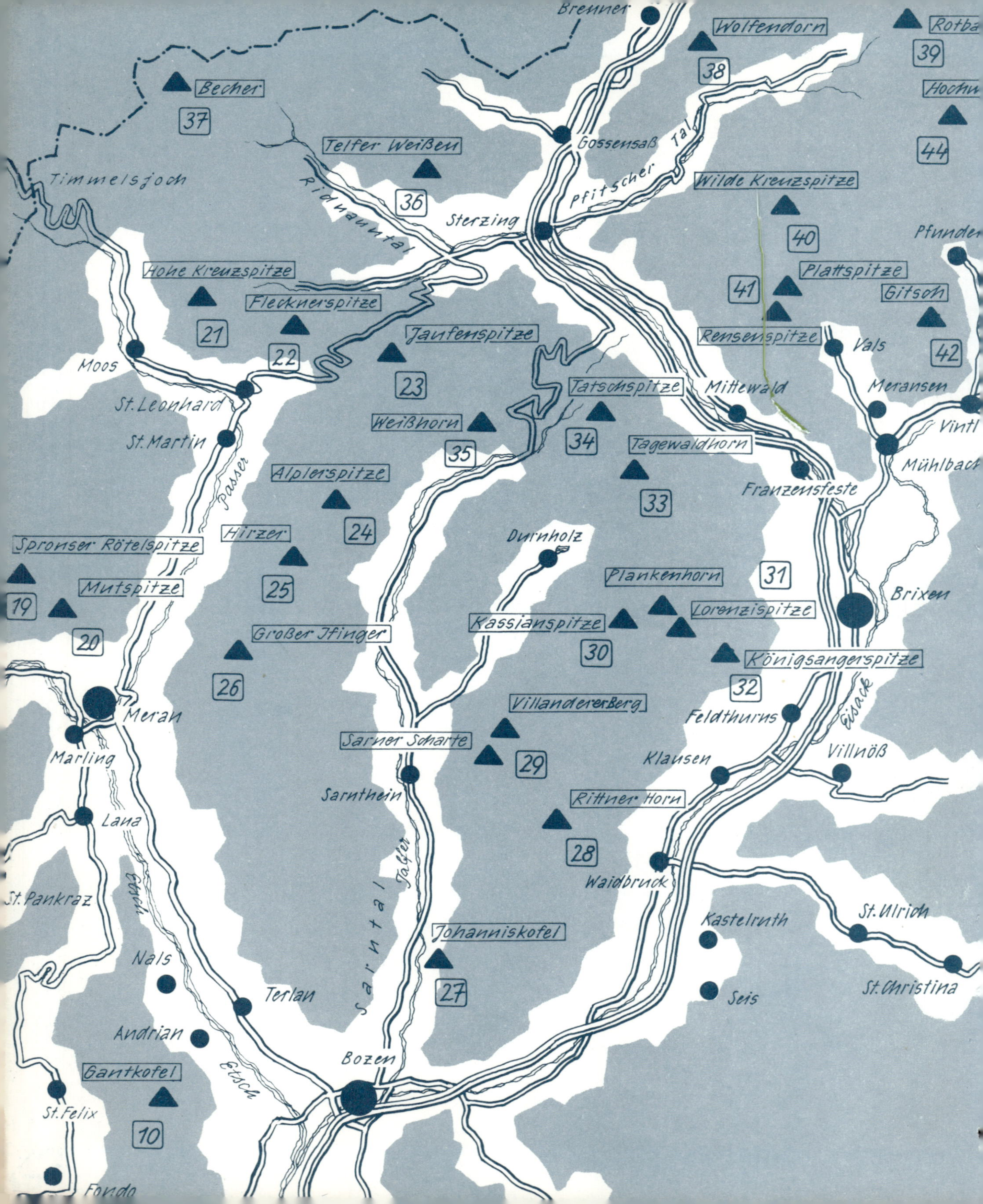
Brenner
Wolfendorn
38
39
44
Becher
37
Telfer Weißen
36
Timmelsjoch
Ridnauntal
Gossensaß
Pfitscher Tal
Sterzing
Wilde Kreuzspitze
40
Plattspitze
41
Gitsch
42
Rensenspitze
Vals
Hohe Kreuzspitze
Flecknerspitze
21
22
Jaufenspitze
23
Moos
St. Leonhard
St. Martin
Passer
Tatschspitze
34
Mittewald
Meransen
Vintl
Weißhorn
35
Tagewaldhorn
33
Franzensfeste
Alplerspitze
24
Hirzer
25
Spronser Rötelspitze
19
Mutspitze
20
Durnholz
Plankenhorn
31
Brixen
Kassianspitze
Lorenzispitze
30
Königsangerspitze
32
Großer Ifinger
26
Meran
Marling
Villandererberg
29
Sarner Scharte
Feldthurns
Eisack
Klausen
Villnöß
Sarnthein
Rittner Horn
28
Lana
Talfer
Waidbruck
St. Pankraz
Sarntal
Kastelruth
St. Ulrich
Johanniskofel
27
Nals
Terlan
Seis
St. Christina
Andrian
Etsch
Bozen
Gantkofel
10
St. Felix
Fondo